安徽师范大学传媒视界丛书

设计艺术学定量与混合研究

——方法论的分野及融合

SHEJIYISHUXUE DINGLIANG YU HUNHE YANJIU

FANGFALUN DE FENYE JI RONGHE

秦臻珍 ◎ 著

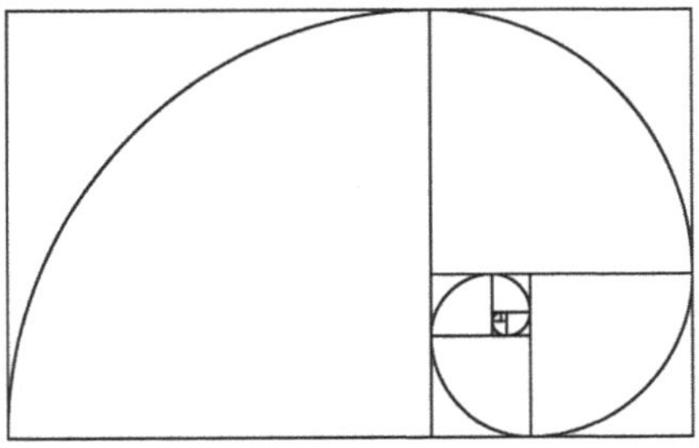

安徽师范大学出版社
ANHUI NORMAL UNIVERSITY PRESS
·芜湖·

图书在版编目(CIP)数据

设计艺术学定量与混合研究:方法论的分野及融合/秦臻珍著.—芜湖:安徽师范大学出版社,2023.1(2025.2重印)

(安徽师范大学传媒视界丛书)

ISBN 978-7-5676-4403-8

Ⅰ.①设… Ⅱ.①秦… Ⅲ.①艺术-设计-研究Ⅳ.①J06

中国版本图书馆CIP数据核字(2022)第235387号

设计艺术学定量与混合研究:方法论的分野及融合　　秦臻珍◎著

责任编辑:王　贤　　　　责任校对:吴　琼

装帧设计:王晴晴　冯君君　　　　责任印制:桑国磊

出版发行:安徽师范大学出版社

芜湖市北京东路1号安徽师范大学赭山校区　　邮政编码:241000

网　址:http://www.ahnupress.com

发行部:0553-3883578　5910327　5910310(传真)

印　刷:苏州市古得堡数码印刷有限公司

版　次:2023年1月第1版

印　次:2025年2月第4次印刷

规　格:787 mm × 1092 mm　1/16

印　张:15.25

字　数:251千字

书　号:ISBN 978-7-5676-4403-8

定　价:68.00元

总　序

安徽师范大学新闻与传播学院成立于2010年5月，原名传媒学院，2015年1月改为现名。学院是学校应用性专业综合改革试验田，承载着创新办学模式和人才培养模式的使命。2013年，学院与中国人民大学、南京大学、武汉大学等高校新闻学院一起，入选中宣部、教育部10所部校共建新闻学院试点单位。根据部校共建新闻学院的协议精神，中共安徽省委宣传部和安徽师范大学围绕建设一流新闻学院、培养卓越新闻传播人才这一目标，共建管理体系、共商培养方案、共建核心课程、共建双师队伍、共建实验基地、共建研究平台，投入专项资金，推动新闻与传播学院加速发展成为特色鲜明、国内一流的现代化新闻与传播学院。

学院现有教职员工96人，其中专职教师（含实验系列）80人，正高职13人（含高级记者1人），副高职28人，博士（含在读）40人，博士后4人，博士生导师4人，硕士生导师35人，国家级领军人才1人、邹韬奋奖获得者1人、安徽省学术和技术带头人2人，二级教授1人，国务院政府特殊津贴专家2人，皖江学者特聘教授1人。学院现有新闻学、广告学、网络与新媒体、文化产业管理、摄影、动画、播音与主持艺术、航空服务艺术与管理等本科专业，以及中韩动画、中英新闻等合作办学形式。新闻学入选国家“双万计划”一流专业建设点，新闻学、动画、摄影专业为省特色专业，播音与主持艺术为安徽省综合改革试点专业。拥有新闻传播学、戏剧与影视学2个一级学科硕士学位点，新闻与传播、广播电视2个专业学位硕士点，“文艺、文化与传播”博士招生方向，“马克思主义新闻学与意识形态建设”目录外二级点。获得省级一流专业、省级教学团队、省级教学成果奖、省级“六卓越一拔尖”卓越人才培养创新项目、省重大教改项目、省示范实验实训中心、省校企合作实践教育基地等60项省级质量工程；承担了17项国家社科基金项目、近40项省部级科研项目以及30余项应用研究课题和社会服务项目。学院建有安徽省重点人文社科基地——“创意产业发展研究中心”。学院是中网联网络传播专业委员会首批成员单位，拥有首批“安徽省青少年网络素养教育基地”；拥有安徽省网络舆情调查与分析研究中心、安徽师范大学经致科技文化传播有限公司、安徽师范大学“创意港”省级众创空间、“新时代中国国家品牌传播协同创新中心”校级科研平台等。

自部校共建新闻学院工作开展以来，学院依托部校共建新闻学院的平台资源，发挥省属重点师范大学学科较为齐全的传统优势，确立“人文与科学并重、理论与实践结合”的目标定位，坚持以学科建设引领专业、学位点建设的发展之路。广大师生围绕马克思主义新闻观和中国特色社会主义新闻传播理论进行系统设计，开展专题研究，撰写了系列论著；打造课程群，组建专门教学团队，建设名师工作坊，编写了系列专业教材；进行创、采、写、摄、编、播、评、管一体化实践，取得了系列创作成果。学院在此基础上，策划了“安徽师范大学传媒视界丛书”，呈现学院在部校共建新闻学院工作中科研、教学、实践方面的成果。

出版“安徽师范大学传媒视界丛书”，旨在充分发挥部校共建新闻学院的平台优势，在新闻传播、品牌传播、媒介文化、艺术传播等研究领域，促进高显示度的标志性成果产生，形成相对明确的学术格局，打造部校共建的安徽师范大学新闻与传播学院学术品牌。我们将以丛书出版为推动，强化团队建设，合理布局研究方向，突出研究的前沿性，将新闻传播学建设成省内一流、国内知名学科；不断提升团队科研能力，凝练研究方向，强化成果的学术水平，将戏剧与影视学建设成目标明晰、特色鲜明的学科；共同打造特色鲜明、优势明显的文化传播学研究团队。

根据学院规划，“安徽师范大学传媒视界丛书”分为学术成果、教材、艺术作品三个子系列。这其中既有学院特聘教授、学术骨干的精品，又有学术新锐、新传学子的力作；既有科研领域的最新探索，又有教学方面的长期思考；既有研究思考的宏观论述，又有实践育人的具体案例；既有隽永文字的深邃详述，又有优秀图片的精彩呈现……综合反映了学院师生在部校共建新闻学院建设中的理论与实务成果。

“安徽师范大学传媒视界丛书”是部校共建新闻学院“十个一工程”中重点项目之一。对此，安徽省委宣传部新闻处给予了充分肯定，并提出了指导性意见。学校领导以及相关职能部门一直关注新传学院的建设与发展，“传媒视界丛书”的出版正是他们的关心的成果之一。新传学院汇聚了新闻传播、品牌传播、艺术传播、文化传播等领域人才，展示出人文与艺术兼容、理论与实践并重的学科发展特色，呈现出“求真、至善、尚美、笃行”的学院文化风貌。学院成立了“安徽师范大学传媒视界丛书”编委会，负责进行丛书的评选等工作。第三届编委会成员由杨柏岭、张师帅、沈正赋、马梅、赵昊、秦枫、丁云亮、朱晓凯、肖叶飞组成。同时，在策划“传媒视界丛书”的过程中，得到学院师生的大力支持，保证了丛书的质量。最后，特别要感谢安徽师范大学出版社领导对这套丛书出版的高度重视，感谢责任编辑为丛书出版所付出的辛勤劳动。我们将以“传媒视界丛书”为抓手，探索学院转型发展之路，以不辜负师生对学院发展的期待。

“安徽师范大学传媒视界丛书”编委会

二〇二一年九月

目　录

第一章 引 言

现代设计在包豪斯之后的百余年历经变革，其中，“科学研究范式”的出现成为最具代表性的进步之一。虽然设计艺术研究的科学性仍在学术界存在争议，但其对当代设计实践的影响无疑是明确的。在过去的五十年间，为了回应外界的质疑，无数学者致力于解决方法论层面的设计艺术研究困境[①]。当纽约帕森斯设计学院教授克莱夫·迪尔洛特（Clive Dilnot[②]）谈及设计学研究的发展时，他认为设计学界对研究方法的不断思考与改进可能才是迄今为止设计艺术研究最大的进步之一。

设计艺术学的研究范围涉及所在社会环境从个人到组织的各个层面的描述性阐述，以及设计活动作为一种理论方法如何解决给定命题的过程[③]。从这个角度来看，当代设计艺术研究的主题无疑是丰富而宽泛的。这在导致了其研究方法的复杂性的同时，也使得艺术设计研究人员时常面临着许多来自其他学科范式的挑战与质疑。有学者不断提出设计艺术研究需要更多地考虑严谨性以提升知识的通用性与学科兼容性，否则设计艺术研究有可能被其他相关领域超越或取代。从另一个角度来说，设计艺术研究本身

① Dixon, B. Experiments in Experience: Towards an Alignment of Research through Design and John Dewey's Pragmatism[J]. Design Issues, 2019, 35(2): 5-16.

Charlton, P., Koumpis, A., Kouroupetroglou, G.etal. Wunderkammers: Powerful Metaphors for 'Tangible' Experiential Knowledge Building[J]. Multimodal Technologies and Interaction, 2018, 2(3): 34.

李立新.设计艺术学研究方法[M].南京:江苏美术出版社,2010.

胡飞.民族学方法及其在设计学中的应用[J].南京艺术学院学报:美术与设计版,2007(1):78-80.

陈庆军.转型时代与设计转型[J].美术观察,2016(10):7-8.

② Dilnot, C. Thinking design: A personal perspective on the development of the Design Research Society[J]. Design Studies, 2018, 54: 142-145.

③ Cash, P J. Developing theory-driven design research[J]. Design Studies, 2018, 56: 84-119.

是源于真实世界的实践活动，与社会现实的真实互动构成了设计学研究的本质意义。当这种互动需要被总结为可推广的经验或理论时，相对科学的验证过程是十分有意义的。

在这一背景下，实证研究方法（Empirical Method）被越来越多的设计学研究人员所认可与采纳[①]。作为一种哲学范式，实证主义（Positivism）的观点认为知识源于人类的经验，唯有通过观察（感官）获得的“证据化”的知识（包括测量），才具有学术可信度。换句话说，实证主义范式的研究纯粹基于事实，并认为世界是外在的和客观的。实证研究是基于观察和测量的现象，并从实际经验而不是从理论或概念中获得知识。通过量化证据或以定性形式理解证据，研究人员可以验证研究假设或问题。此外，这些问题应该被明确定义，且与收集的证据（通常称为数据）相关联。在实证研究中，研究者的作用仅限于以客观方式收集和解释数据，而非纯主观的臆断。在这些类型的研究中，研究结果通常是可观察、可量化的。

当然，跟其他的研究范式一样，实证主义研究不是完美无缺的。在解决非逻辑推导的研究问题时，学者们经常质疑其有效性。比如，设计活动作为一种社会现象，涉及利益相关的设计师、用户、制造者、市场规律、伦理道德等不同层面的许多变量因素。为了实现研究目的，经简化的问题可能与原问题的社会意义相去甚远。

因此，相较于传统社会科学研究的纯实证主义定量方法，本书引入了基于实证范式的混合方法，将定性和定量研究相关的不同认识论和本体论假设和范式进行整合，利用每种方法的优势和观点，认识到主客观世界的并存和人类经验的价值。

但需要强调的是，就本书而言，实证研究的局限性是需要被承认的。这里所论述的方法的目的在于通过引入国际主流的实证研究范式以丰富当前的设计艺术学研究，而非抱有替代其他现有的研究范式的不切实际的幻想。

① 娄永琪，姜晨菡，徐江．基于“创新设计”的国家设计竞争力评价研究[J].南京艺术学院学报(美术与设计)，2018(1)：1-6.

第一节　设计与设计艺术学研究

关于设计的定义至今仍是学界争论的议题。对应设计的英文单词（Design）的含义，从广义上是指“塑造或赋予形式”；从狭义上理解，指“赋予工业化制造的产品以形式”，也称之产品设计[①]。而这一过程中所涉及的一切知识，都应是设计艺术研究者所关注的。

根据香港理工大学邵建伟教授的观点，设计学研究的本质是“知识构建的过程（A process of knowing）”。他进一步补充到，这种知识构建是基于或受限于所在社会环境的，这也是为什么设计活动在过去的百年间逐渐脱离纯人文艺术的研究范式，更多地与跨学科领域研究相融合。虽然邵建伟教授的这一描述直击设计现象的理论本质，但对于试图理解设计艺术学研究内容边界的人来说，无疑是模糊的。

Christopher Frayling[②]提出的设计艺术研究框架可能是迄今为止最受设计学术界关注并被广泛传播的论述之一。从研究内容的角度，他将设计艺术研究分为三个方面即设计艺术研究（Research into art and design）、通过设计艺术进行的研究（Research through art and design）与支持设计艺术的研究（Research for art and design）。

一、设计艺术研究（Research into art and design）

三者中常规的研究方面，主要针对将设计艺术作为直接的研究对象的研究，例如设计艺术作品的历史研究、设计活动的技术方法、美学感知研究、设计艺术的理论概念，等等。毫无疑问，这是设计艺术领域主流的研究传统。尤其是历史悠久的艺术史研究，它拥有自己的权威性研究方法。这一类别的研究主要涉及概念阐释与推演，较少采取定量与混合等实证方法。

① Mejlhede, D. T. Design Research and Art-Based Design Education Programs[J]. Design Issues, 2015, 31(4): 44-55.

② Frayling, C. Research in Art and Design[J]. Royal College of Art Research Papers, 1993, 1(1): 1-5.

二、通过设计艺术进行的研究(Research through art and design)

这一方面的研究基于这样的认识，即设计活动的过程本身可以作为研究的一部分，并作为知识产生的直接源头，同时并得到越来越多的设计研究人员认可。在知识生成中发挥构成作用的设计活动，通常被认为是取决于设计师的专业技能的个体行为，例如对复杂问题的分析、框架梳理和重构过程，以及迭代的解决方法原型。设计与制作的活动要求设计师调和多种对抗关系，包括理论与技术、理想与现实的多重冲突。这一思维过程可以发掘出隐性的价值与需求，同时也带来了新的见解。因此，这一方面的研究是从个别到一般的认识过程，其数据收集与分析主要是定量、定性或混合的实证方法。

三、支持设计艺术的研究(Research for art and design)

Frayling使用毕加索的例子来说明设计艺术的创作过程并不只包括最后的传达或实现部分，还应考虑为促进设计的实现而进行的活动。例如毕加索在创作绘画前会参考与收集大量相关资料以辅助达到其创作目的[①]。严格的定量与混合方法在此类研究中被大量使用以促进研究结果在设计活动中的推广与演绎。

需要指出的是，一项具体的研究可能涉及不只一个以上方面的阐述，更多的是这些研究类别的有机组合。

第二节　设计艺术学实证研究范式

科学研究的目的是获取可推广的经验性知识。心理学家De Groot[②]提出的经验周期可以很好地描述科学研究的过程，如图1.1所示。

---

① Newbury, D. Knowledge and research in art and design[J]. Design Studies, 1996, 17(2): 215-219.

② Adriaan, D. de Groot. Methodology: foundations of inference and research in the behavioral sciences[M]. MTH,1969.

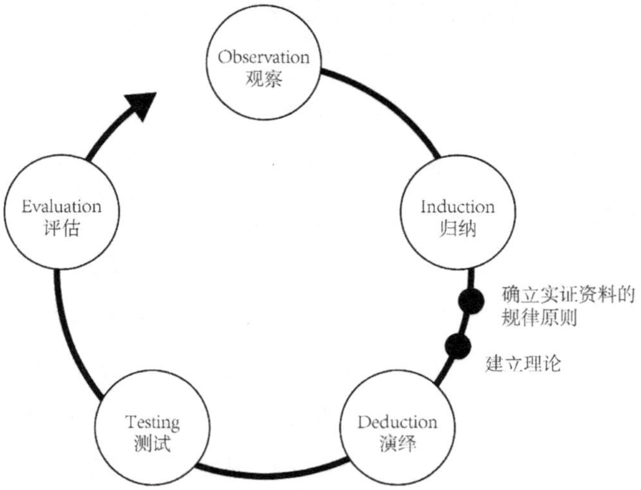

图1.1　改编自De Groot、Steenhuis与De Bruijn[①]的经验周期

经验周期作为基本构架可以引导科学的调查、思维与推理。它包含几个主要阶段[②]：

阶段1，观察（Observation），是指收集与分组化实证资料，形成试探性假设。这一过程一般涉及对现象的观察和对其原因的调查。

阶段2，归纳（Induction），这一过程通过制订假设，而形成规律性原则，从而建立理论。例如对某种现象的普遍性解释。

阶段3，演绎（Deduction），从理论假设中衍化成具体的可测试的预期因果关系，即将被测试的公式或条件（它必须是可证实或可证伪的）。

阶段4，测试（Testing），在新的实证材料中测试预期因果关系是否可以得到实现。这一阶段是测试假设和收集数据的具体程序。

阶段5，评估（Evaluation），理解与解释评估测试的结果，形成新的观点与理论。

De Groot的经验周期既具有描述性又具有规范性，因为它描述了（社会）科学家如何进行研究[③]。通常一项研究既可以包含着整个循环结构，也

① Steenhuis H, J., & de Brujin, E. J. Empirical research in OM: three paradigms[J]. OM in the New World Uncertainties. Proceedings of the 17th Annual Conference of POMS, 2006: 1-10.

② Detombe D. Handling societal complexity: A study of the theory of the methodology of societal complexity and the compram methodology[M]//Handling Societal Complexity: A Study of the Theory of the Methodology of Societal Complexity and the COMPRAM Methodology.

③ Drupsteen, L., & Guldenmund, F. W. What Is Learning? A Review of the Safety Literature to Define Learning from Incidents, Accidents and Disasters[J]. 2014.

可以是其中某一个独立阶段或两个相邻阶段。

在了解了学术研究的基本过程之后，研究者仍需要理解完成这一个过程或局部过程的思维方法，即研究范式。Thomas Kuhn①推广了科学研究中范式（Paradigm）的概念。Kuhn称范式是一种普遍接受的科学知识成就，它为科学家提供了一段时间内的研究问题构建和解决方法的范例模式。范式的英文单词来源于希腊语（παραδειγμα），是指模式、范例与样本。设计艺术研究的目的是提供“科学化的知识”，自然要基于科学研究的基本范式。

在理解设计艺术学所涉及的实证研究方法时，首先需要理解构成不同方法的基础范式。在下文中，列举了四种以实证为导向的方法：实证主义（Positivism）和后实证主义（Post positivism）、解释主义（Interpretivism）、设计科学（Design Science）、实用主义（Pragmatism）。

一、实证主义和后实证主义观点

Denzin和Lincoln②进一步将范式分为本体论（Ontology）、认识论（Epistemology）和方法论（Methodology）。本体论涉及现实的本质，认识论涉及研究者与研究对象之间的关系，方法论涉及我们如何获得有关世界的知识。显然，这三者是相关的，一些研究可能是两种范式的结合。对于实证主义者和后实证主义者而言，本体论观点认为存在一种不可改变的自然规律和机制驱动的可被理解的现实，例如，人在死亡后会有意识吗？研究人员和研究对象是彼此间相互独立的，首选的研究方法是进行实验操作和假设检验。借着这个例子，研究者可以通过对死者进行脑部活动实验检测，如脑电实验，以证明或否定人在死亡后会有意识。实证主义和后现代主义的方法某种程度上是相似的，即它强调对大样本的几个方面进行定量分析，以便检验假设并进行统计推广。它涉及从一般解释转向特定数据。这与De Groot提出的经验周期的最后阶段相吻合。

实证主义范式产生于19世纪30至40年代，由法国哲学家、社会学始祖

① Kuhn, T. The structure of scientific revolutions.[M].[Chicago]: University of Chicago Press, 1962.

② Denzin, N K., & Lincoln, Y. S. Handbook of qualitative research[M]. Thousand Oaks: Sage Publications, 1994.

奥古斯特·孔德等提出。这种类型的研究主要是通过尽可能多地使用客观的调查来获得可推广的结果。例如向样本受访者发放调查问卷，然后使用数据分析工具（统计技术）来得出科学结论用于假设检验。研究者会对结果的客观性和普遍性进行评估，主要涉及：调查工具的客观性，受访者的适当选择（抽样），以及确定统计方法的正确应用。

针对设计学研究而言，这种类型的研究与已通过设计进行的研究导向（Research through design）有很大不同。通过设计进行的研究导向主要关注设计过程的实现与知识的总结，而实证主义和后实证主义导向的实证研究关注的是设计理论是否达到客观和可推广的结果。数据收集的主要标准是有效性和可靠性，应根据所应用统计方法的适当性来评估数据分析。

二、解释主义观点

解释主义方法与实证主义和后实证主义方法的主要区别在于对认识论所持的不同观点。解释主义观点是认为研究者和研究对象由于相互作用而无法分离，例如，令人愉悦的设计概念是无法独立于研究者对于愉悦的基本认识而存在的。这就意味着解释主义所坚持的客观性与实证主义/后实证主义研究中的含义不同。为了理解意义世界，研究者必须对现象进行解释。因此，社会调查等定量研究工具不符合这一观点，因为他们“只见树木不见森林”，无法做出基于复杂背景的解释。基于这一范式的设计研究更为强调理解性的解释。通过设计进行的研究导向一般偏向于持解释主义的观点，研究人员的最终目的是通过提供丰富的描述信息进行理论概括。这类设计学研究不像实证主义和后实证主义研究那样强调客观性和普遍性。相反，它更侧重于“讲故事”，主要目标是提供丰富的描述性信息。回到De Groot的经验周期，解释主义导向的设计研究更多地涉及经验周期的开始阶段。简单来说，这种类型的研究是“建立”理论，而（后）实证主义方法是来测试理论。因此，解释性主义范式研究是以研究假设结束，而不是检验这些假设。

解释主义导向的研究并没有明确的标准。例如，（后）实证主义强调的外部有效性无法适用于解释主义，可靠性也是不合适的，因为该研究通常无法再次被复制。类似2008年奥运会的单个设计案例研究的价值在于它的独特性，因此，传统意义上的可复制性的可靠性在这里毫无意义。

在这类研究中，研究者和研究对象无法分割开来以实现客观性，因而通过查看真实性①和可信度来评估解释主义研究方法的有效性和可靠性。类似于实证主义和后实证主义，在一个解释主义研究方法中，例如定性访谈，只有一个受访者的数据通常是不充分的。另一方面，(后）实证主义方法侧重于通过抽离研究人员的存在，并提供无偏见的研究工具来达到客观性。例如，在一项调查中，解释主义的方法是沉浸在这种情况中并从各种角度收集信息以增强对研究结果的信心，以找到“共性”。这种方式也被称为三角验证（Triangulation）。在社会科学中，三角验证是指在研究同一现象时应用和组合几种研究方法（本书中的混合方法主要是基于这一理念）。通过结合多个观察者、理论、方法和实证数据，研究人员希望克服单一方法、单一观察者和单一理论研究中的弱点或内在偏见。Maxwell②提出了三角验证的几个方法：数据三角验证（使用各种数据源）、研究者三角验证（使用不同的研究人员)、理论三角验证（使用多个理论视角来解释单一数据集）和方法论三角测量（使用多种方法研究单一问题）。

解释主义数据分析的重点也不同于实证主义和后实证主义研究。首先，数据分析通常发生在（后）实证主义研究中的数据收集之后，但在解释主义研究中，数据分析和数据收集更多的是同步活动。此外，实证主义和后实证主义研究关注显着性水平和偏见，而解释主义者的数据分析涉及如何解释数据以创造新的见解。定性数据通常可以满足这一目的。通过对数据进行编码概念化数据中一组经验指标的基本模式，研究者可以进而寻找概念之间的关系。在解释主义的研究中，数据收集和数据分析不能严格分开。例如研究者Ma③通过一项实证研究来理解何为设计师眼中的“设计灵感”，在与不同访谈对象的交流中不断构建对于这一问题的认知，并且及时调整合适的访问问题。在这个例子中，研究者是将自己融入访问情境中，因此，从某种程度上来说，其数据的分析与收集是融为一体的。因此，对于解释主义者来说，定性的实证数据更具有解释性意义。

---

① Denzin, N. K., & Lincoln Y S. Handbook of qualitative research[M]. Thousand Oaks: Sage Publications, 1994.

② Maxwell, J. A. Qualitative research design: an interactive approach[M]. SAGE Publications, 2013.

③ Jin, M. A Phenomenological Inquiry into the experience of《Having a Design Concept》[D].

三、设计科学观点

第三种实证范式方法是将设计艺术研究视为设计科学，或者说“科学化”设计的过程。这一观点与前两种范式最大的不同是更关注设计解决实际问题的方法①。“科学化”设计的愿景源于20世纪现代设计运动中的想法。例如，在20世纪20年代早期，风格派（De Stijl）的主要发起人Theo van Doesburg阐述了他对艺术和设计新精神的看法：“我们的时代对艺术、科学、技术等方面的每一个主观猜测都持怀疑态度。新的精神已经统治了几乎所有的现代生活，它反对动物本性、自然的统治与艺术的昙花一现。为了构建一个新的设计对象，我们需要一种客观的系统性方法。”稍后，建筑师柯布西耶（Le Corbusier）将房子描述为经过客观设计的“提供生活的机器”。他进一步说明：“房屋的使用是由一系列明确的功能组成。这些功能的常规顺序是彼此间的协助，可以比作交通现象。为了使这个交通系统准确、经济、快速地运行，现代建筑科学需要进一步努力。”在整个现代设计运动中，基于客观性和合理性来创作艺术作品和设计的愿望是很明显的，这是一种关于科学的设计价值观②。

“设计科学”（Design Science）这个术语被认为是由Buckminster Fuller首先提出的。科学化设计的美好愿景引领了科学设计方法的探究，即一种连贯的、合理化的以及系统化的科学方法。一系列重要的工程设计国际会议（ICED）与“国际设计科学学会”诞生于此背景。在这一思想背景下，设计科学被认为是要认识设计领域中有逻辑联系的知识的集合，从而形成设计的科学规范。设计科学需要确定和分类目标设计的系统常规现象以及设计过程的问题，这一过程还融合了以用户为中心的使用形式。

基于以上论述可以看出，“设计科学”是具有实证主义性质的，但更强调跨学科的研究过程，研究结果可供所有参与创造性活动的人使用。再回到De Groot的经验周期循环，设计科学的范式更接近于理论建立的中期阶

① Dinar, M., Shah, J. J., Cagan, J., Cagan, J., Leifer, L., Linsey, J., Smith, S.M., & Hernandez, N. Empirical Studies of Designer Thinking: Past, Present, and Future[J]. Journal of Mechanical Design, 2015, 137(2): 021101.

② Cross, N. Designerly Ways of Knowing: Design Discipline Versus Design Science[J]. Design Issues, 2001, 17(3): 49-55.

段。它更强调科学的目标，而（后）实证主义通过强调过程以接近目标，即科学知识的可推广性。

四、实用主义观点

实用主义作为一种哲学立场支撑着设计思维①，起源于十九世纪末的美国。实用主义基于一种共同的假设和观点，它的起源通常归功于哲学家Charles Sanders Peirce，William James与John Dewey，是指考虑理论观念对物体的实际效果，并且认为评价应该直接来源于效果。实用主义通常被认为是一种思想流派。Dewey在实用主义原则的基础上处理了许多经验和艺术的相关论题。

实用主义对于理论与实践有着不同的观点。持实用主义观点的研究者认为一切意义、理论、假设等应该根据其在实践中的结果和影响来评估。简单来说，设计师在实践中的经验优先于学说。实用主义坚持理论源于实践，二者并不存在于彼此独立的抽象领域中。理论的价值依赖于其协助研究者掌握和作用于世界的方式。从这个角度来看，理论是实践的工具，必须在此基础上不断进行评估。因此，超越实践中可以探索的超验真理的概念是没有意义的。

针对设计艺术研究而言，实用主义强调了实践的首要地位以及其存在的不断发展的现象世界。这种充满不确定性的环境激励着研究者不断思考所能做出的改变。作为一种探究范式，实用主义提出了一种基于实用主义格言的世界观，认为实践是证明其理论概念价值的基本试验台。这与设计艺术是一种情景化和系统化的活动的理解在某种程度上是一致的，即设计师必须深入参与所在环境，以便初步了解他们所面临的挑战与正在进行的设计过程。

实用主义观点深刻影响了设计思维和设计过程。实用主义促使研究者系统地理解设计情况，所有的环境条件都可能会影响设计过程。实用主义将设计师的探究视为一个实验过程，在这个过程中，设计师利用手头的所

① Dalsgaard, P. Pragmatism and Design Thinking[J]. International Journal of Design, 2014, 8(1): 143-155.

有资源，产生对情况的理解，以便对其进行改造。例如，Gedenryd[①]强调了有能力的设计师在工作中所使用的工具和资源的至关重要性。实用主义的另一个核心原则是思想与行动之间的紧密联系。设计师根据他们对设计情况的预先理解，不仅要达到预定的目标，还要更好地了解情况。

在实用主义的观点中，设计活动的效果评估必须是实证性的，这一范式更接近于De Groot的经验周期的后期阶段。

第三节　设计艺术学实证主义研究的意义

目前，国际主流的设计学刊越来越多地收录基于实证方法的研究论文。笔者收集了2018年所有发表于权威设计学期刊*Design Studies*、*International Journal of Design*、*Journal of Engineering Design*共91篇原创研究论文，可以看到，使用实证研究方法的论文占到59%（如图1.2）。

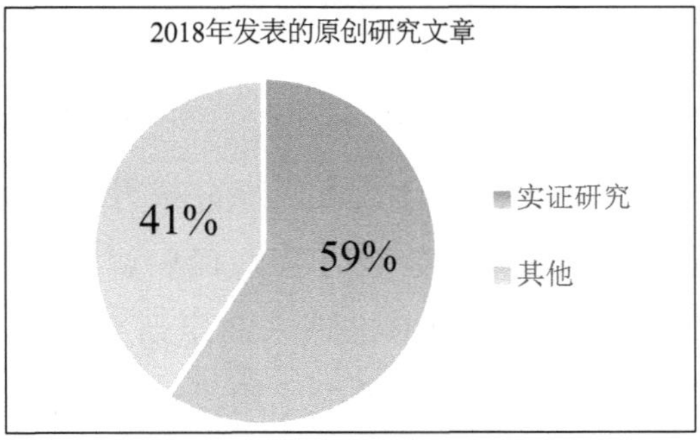

图1.2　权威设计学期刊发表的原创研究文章（实证研究）统计

其中，使用混合方法的实证研究论文占到了44%，定量研究占到了16%（如图1.3）。由此可以看出，实证研究是当前设计艺术研究的主流方法之一。

① Gedenryd, H. How Designers Work- Making sense of authentic cognitive activities [D].lund University, 1998.

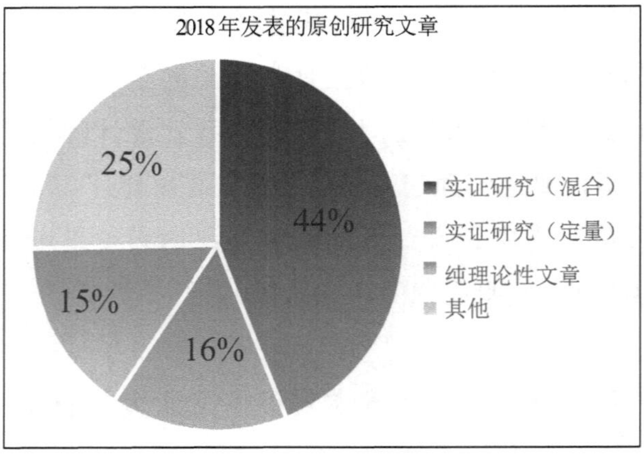

图 1.3　权威设计学期刊发表的原创研究文章统计

实证研究对设计艺术研究的意义是多重的。其一，实证方法为设计艺术研究提供了跨学科的通用性。设计艺术研究的成果是需要被包含不同学科的学术共同体所共享的，而不仅仅是为某一特定的设计领域所服务。从这个意义上来说，设计艺术研究需要更关注知识的跨学科通用性。实证方法在研究逻辑上是没有科学差异的，即所获取的知识或事实在跨学科领域的研究中能够被通用。从实际的角度来说，学科通用性对一个学术期刊来说，往往代表了文章引用率的提升，可以以此提升该期刊的影响因子与权威性。其二，实证研究结果可以为设计实践提供解释和预测。实证研究通过科学化的经验观察，即使用归纳推理来制定研究过程中要测试的假设。因此，实证研究可以评估在真实场景中应用设计理论的有效性、效率和可用性。例如基于人机交互的用户建模设计研究是需要科学的实证评估以降低实践风险的。

本书内容将主要涉及定量与混合的实证研究方法，侧重点在于讲解方法的逻辑与实施建议，而非背后的数理知识，具体的计算机辅助工具也会一一介绍以便后续研究者开展工作。在本书的介绍过程中，会大量使用发表在以英语为主的国际期刊论文为案例辅助读者理解。这样做的目的并不是为了过度夸大国外研究的优势，仅在于帮助研究者更多地了解国际设计艺术研究的近期动向，以丰富知识结构。

第二章　定量研究

现代设计艺术是一种科学化的创造性活动，因此需要充足的信息输入以支持决策判断。实证方法的首要意义即是提供“科学”的信息，也就是一般学术研究意义上的数据。由于收集方法的区别，实证数据通常被分为定性数据（Qualitative Data）与定量数据（Quantitative Data）。定性数据是指与描述有关的数据，它可以被观察到，但原则上不能直接被计算。例如某个消费者的主观描述是“我看到这个设计就很心动”，这一数据需要被研究者所理解但无法被直接计算（现在在一些混合方法中，这些数据可以经转化成为可量化数据）。而定量研究被定义为一种系统化地收集可量化的实证数据和执行统计或计算分析的现象，其结果可以直接用数字的形式呈现。作为一种被广泛接受的标准研究方法，它适用于设计活动的前期数据收集与效果评估阶段。区别于定性数据，定量数据的收集需要依据更为严谨的方法论支持。本章节将论述设计艺术学研究中主要的定量研究方法，包括社会调查、实验评估，以及一些新兴的定量方法。

第一节　社会调查与数据分析

社会调查（Survey）主要是指针对已知现象或问题的信息收集。在设计艺术研究中，通常具体被用于设计对象的用户需求调查、认知现状与竞品分析，涉及的具体工具为调查问卷。例如，Blizzar等学者[①]实施了一项针对

① Blizzard, J., Klotz, L., Potvin, G., ed. Using survey questions to identify and learn more about those who exhibit design thinking traits[J]. Design Studies, 2015, 38: 92-110.

美国大学生设计思维特征的调查。通过调查问卷的详细设计，使用9个问题映射设计思维的五个特征：协作、实证主义、乐观主义、反馈需求和综合思维等。研究结果发现设计思维与个人成就、职业生涯，以及社会责任感相关联。此项研究为美国的设计教学现状研究提供了信息支持。部分大学生作为未来的设计工作者，其与整体社会现实的关联性可以为美国社会的设计教育发展提供基于实证信息的理性建议。

通过社会调查得出的数据可以用于两种类型的分析：①描述型统计。描述性统计是用于分析数据的术语，是以有意义的方式描述、显示或汇总数据。例如，我们可以从大量的原始数据中得出某种规律模式。然而，这里需要说明的是，描述性统计数据不允许我们总结超出所分析数据之外的结论，或者就我们可能做出的任何假设得出结论。例如，男性手机用户或女性用户的数量、产品用户的平均年龄不能直接推导出手机产品用户的性别年龄。②数据的关系和差异性统计。在统计中，数据间可以是相互关联（例如因果相关），或彼此间有差异的。例如，Heisig等学者①分析了一组英国调查数据，发现设计选项与抉择是具有逻辑相关性的。

一、调查问卷设计

当研究者确定使用社会调查方法以探索设计相关的课题时，首先需要考虑的是调查问卷的设计。使用问卷调查的数据收集方法在国内外设计艺术学研究中是很普遍的。在解释问卷的结果时，问卷设计的过程应该有足够的细节并具有严谨性，以使研究者能够对数据结果做出合理的推论。问卷本身是以一种标准化的方式收集信息，当从一个被定义的人口的代表样本收集问卷时，可以将结果推断到更广泛的人口。当我们想要评估设计因素的有效性时，这一点很重要。研究人员使用问卷来测量知识、态度、情绪、认知、意图或行为。这种方法可以获得主观的自我报告的观察结果，通常用于测量用户或目标受众对设计因素的许多方面的感知。在设计问卷时，项目或问题的产生需要被调查者回答一系列的问题或作出陈述。然后将参与者的回答转换成数字形式并进行统计分析。这些项目必须可靠地运

① Heisig, P., Caldwell, N. H., Grebici, K., ed. Exploring knowledge and information needs in engineering from the past and for the future – Results from a survey[J]. Design Studies, 2010, 31(5): 499–532.

作，使其在具体研究问题中详细阐述的关键概念具体化，且必须与目标群体相关并为其所接受。这种数据收集方法的主要好处是，问卷通常可以快速完成而且比较容易分析。一份调查问卷通常包含不同性质、不同维度与方面的多层次问题，并以此准确衡量人们的意见、经验或者行为。问题的形式主要包括开放型问题（比如：你为什么喜欢这个产品？）与封闭型问题（比如：你在多大程度上喜欢这个产品？）。

一份调查问卷中一般包含两个大类问题：①人口统计学特征；②相关因素变量。对于设计活动来说，用户的人口统计学特征包括基本的年龄、性别与地区等信息，他们对于设计决策的制定有着一定程度的影响，这在后续的数据分析章节中将会详细阐述。同时为了更为细致地判断所获信息的适用性，因此在调查中会注重搜集研究参与者的相关人口统计学特征。简单来说，变量代表一个可测量、可量化的属性，无论是在多个组、多个人或者单个人之间比较结果，还是在一段时间内进行的调查或实验中，都可以改变或变化。例如在调查人们对于绿色产品的喜好度时，可以假设产品的外观是一个变量。通常在一个调查中，会涉及多个变量。例如，Blizzar等学者调查了针对美国大学生设计思维的五个变量。变量的相反值是常量，它是对于每个人或研究中包含的所有单位保持相同的值或类别。

变量又可以被进一步分类，首先可以分为定量变量（Quantitative variable）与定性变量（Qualitative variable）。定量变量的值是来自计数或测量某些东西，它们是可以加、减、乘或除的变量。例如产品的高度、重量、运行时间、销售给购物者的产品数量等。定性变量也称为分类变量（Categorical variable），通常是采用名称或标签分类的数值，但不可以通过数值测量的变量。换句话说，它们的值不是测量或计数的结果，在设计学研究中通常指用户性别（例如，男性、女性、其他）或产品的颜色（例如，黄色、蓝色、白色）。

此外，变量还可以分为自变量（Independent Variable）与因变量（Dependent Variable）。自变量与因变量可以被理解为一个事件的因与果。自变量为原因，因变量为其导致的结果。例如，研究假设中垃圾桶的美观度可以提升人们规范扔垃圾行为的意愿，其中垃圾桶的美观度即为自变量（原因），扔垃圾行为意愿即为因变量（结果）。研究中得出的结果即可为相关的设计活动提供信息指导。

问卷作为一种数据生成方法并不是没有缺点的。它假定研究者和被调查者对语言有共同的潜在假设，并以相似的方式解释语句措辞。通常使用的封闭式问题可能会限制参与者回答的深度，因此收集的数据质量可能会降低或数据不完整。

二、测量量表

对于初次听到测量（Measurement）这一术语的人，他们可能会首先想到测量某物的长度（即一块木头的长度）或测量某物的数量（即一袋苹果的个数）。而在统计学中，术语测量也称为测量量表，被更广泛地使用。测量量表是指定义和分类变量/数字的方式。每个测量量表都具有某些特性，这些特性又决定了某些统计分析的适用性。四种测量量表分别是类别、序数、间隔与比率量表。

1. 类别量表（Nominal Scale）：仅用作标识符或名称的分类数据和数字代表的度量标准。足球运动员衣服背面的数字和个人的证件号码是标识数据的例子。如果研究者进行一项研究，并且将性别作为一个变量，那么将数据输入计算机时可以将女性编码为1，将男性编码为2，或反之亦然。因此，数字1和2表示数据类别，而不是可以计算的数值。

2. 序数量表（Ordinal Scale）：有序度量标准表示有序的一系列关系或排名顺序。参加比赛的个人可能有幸获得第一名、第二名或第三名。第一、第二和第三名代表顺序数据。如果王某获得第一名，李某获得第二名，我们不知道比赛是如何具体评判的，只知道王某的表现优于李某，但详细的优度是不清楚的。李克特式量表（Likert scale）也代表了序数数据。从根本上说，这些尺度并不代表可测量的数量。例如在1到10的范围内，1代表没有疼痛，10是高度疼痛，李某选择1，王某选择5，那么不代表王某的痛感是李某的5倍，只是可以推测王某比李某更疼痛。因此，李克特式量表只代表等级排序。

3. 间隔量表（Interval Scale）：表示数量具有相等单位的标度。华氏温标是测量间隔尺度的明显例子。因此，60华氏度或-10华氏度是间隔数据。海平面的测量是间隔尺度的另一个例子。换句话说，变量是以实际值而不是以相对方式测量的，这意味着刻度上两个变量之间的差异是实际且相等的距离。例如，68华氏度到58华氏度之间的差异与101华氏度和91华氏度完全相同。

4. 比率量表（Ratio Scale）：表示测量的比例尺度类似于间隔尺度，因为它也代表数量并且具有相等的单位。但是，该标度具有绝对零（零以下不存在数字）。通常物理测量将代表比率数据（例如，身高和体重）。如果用厘米测量一块木头的长度，则有数量相等的单位，并且该度量不能低于零厘米。负长度是不可能的。

间隔和比率数据有时称为参数，类别和序数数据称为非参数。参数意味着它满足关于总体参数的某些要求（例如，数据将是正态分布或与钟形曲线平行）。此外，这意味着可以添加、减去、乘以和除以数字。通常用于分析参数数据的统计技术选项更多，并且参数统计被认为比非参数统计更强大。非参数数据缺少相同的参数，无法加、减、乘和除。

测量量表的项目生成。在问卷制定过程中，测量项目的产生需要大量的试点研究来完善措辞和内容。为了确保构面或内容的有效性，项目可以包括与该领域的专家协商、参与者的描述和相关文献的审查等内容。项目生成的一个关键策略是经常回顾研究问题，并确保项目可以反映这些问题并保持高度相关性。问卷制定过程中的项目和因素分析阶段可以用来确定这些项目是否确实代表了预期的因素。

问题的类型、使用的语言和项目的顺序都可能使参与者产生偏见。首先应考虑测量项目呈现的顺序，例如，最好避免在问卷开始时呈现有争议的项目。为了避免让参与者产生一些猜疑，有时候可能会在问卷最后提供人口统计相关问题。同时，一些具有引导性的问题也应该避免。

5.测量量表的改编使用。测量量表的改编是指基于测量项目（每个项目都是一个问题或需要评估的陈述）对特定研究背景的适用性来添加或删除项目。在定量研究中，相关变量的针对性问题需要严谨的研究证明。因此，研究者可以从已发表的研究论文中找到已被编制和验证的量表进行改编使用，以保证研究的严谨性与有效性。

下表是一份已经在使用的问卷，本章将对此予以分析。

表2.1　问卷范例与注解

<table>
<tr><th colspan="9">问卷范例</th><th>注　解</th></tr>
<tr><td colspan="9">您被邀请参加XXX大学XXX的课题研究调查。本项目已经获得XXX批准。本次研究的目的是探索产品设计当中的设计实践，主要涉及问卷回答。所有关于你的信息将保密处理，经由编码，仅对研究人员开放。
请认真填写问卷，我们将对你的观点进行评估，非常感谢你的参与。
XXX</td><td rowspan="22">一般来说需要在问卷的开头表明本次研究的目的与所涉的伦理规范。如某研究获得相关组织的批准与支持，需要在此说明，以免产生误解，影响信息收集。
问题1—2是针对性别与年龄的问题，用于收集相关的人口统计学特征。
问题3是针对单个因素，即产品态度、购买意愿、产品创新性等的测量。问卷的问题项目是根据已有的定量研究量表改编而来，以保证研究效度与可信度</td></tr>
<tr><td colspan="9">1.你的性别：
□男　□女　□其他</td></tr>
<tr><td colspan="9">2.你的年龄：</td></tr>
<tr><td colspan="2">3.请观察图片中的台灯，并对以下描述的符合程度进行打分。</td><td>非常不同意</td><td>很不同意</td><td>稍微不同意</td><td>一般</td><td>稍微同意</td><td>很同意</td><td>非常同意</td></tr>
<tr><td rowspan="6">产品态度因素</td><td>这个台灯很好</td><td></td><td></td><td></td><td></td><td></td><td></td><td></td></tr>
<tr><td>这个台灯很令人满意</td><td></td><td></td><td></td><td></td><td></td><td></td><td></td></tr>
<tr><td>这个台灯很令人愉悦</td><td></td><td></td><td></td><td></td><td></td><td></td><td></td></tr>
<tr><td>这个台灯很迷人</td><td></td><td></td><td></td><td></td><td></td><td></td><td></td></tr>
<tr><td>这个台灯很美观</td><td></td><td></td><td></td><td></td><td></td><td></td><td></td></tr>
<tr><td>这个台灯很令人心动</td><td></td><td></td><td></td><td></td><td></td><td></td><td></td></tr>
<tr><td rowspan="3">购买意愿因素</td><td>我愿意购买这个台灯</td><td></td><td></td><td></td><td></td><td></td><td></td><td></td></tr>
<tr><td>我购买这个台灯的概率很高</td><td></td><td></td><td></td><td></td><td></td><td></td><td></td></tr>
<tr><td>我考虑购买该产品的可能性很高</td><td></td><td></td><td></td><td></td><td></td><td></td><td></td></tr>
<tr><td rowspan="2">产品创新度因素</td><td>这个台灯的设计满足了我的好奇心</td><td></td><td></td><td></td><td></td><td></td><td></td><td></td></tr>
<tr><td>这个台灯让我感觉在探索新的世界</td><td></td><td></td><td></td><td></td><td></td><td></td><td></td></tr>
<tr><td rowspan="2">传统文化的可持续性认知因素</td><td>我对传统文化充满信心</td><td></td><td></td><td></td><td></td><td></td><td></td><td></td></tr>
<tr><td>我觉得传统文化会有美好的未来</td><td></td><td></td><td></td><td></td><td></td><td></td><td></td></tr>
<tr><td rowspan="5">传统文化的适应性因素</td><td>我会很高兴地向朋友分享关于传统文化的体验</td><td></td><td></td><td></td><td></td><td></td><td></td><td></td></tr>
<tr><td>我认为传统文化可以适应多种冲击</td><td></td><td></td><td></td><td></td><td></td><td></td><td></td></tr>
<tr><td>我认为传统文化可以对多种冲击做出迅速的反应</td><td></td><td></td><td></td><td></td><td></td><td></td><td></td></tr>
<tr><td>我认为传统文化有足够的能力适应各种冲击</td><td></td><td></td><td></td><td></td><td></td><td></td><td></td></tr>
<tr><td>我认为传统文化可以很快地调整自身以应付各种各样的影响</td><td></td><td></td><td></td><td></td><td></td><td></td><td></td></tr>
</table>

三、抽样

在完成问卷的整体设计后，需要对研究参与人，即问卷填写人进行选择。通常而言，针对单一的研究项目研究整个人群，通常是不切实际的。因此研究人员需要根据实际情况绘制样本，对其进行研究，并通过推断样本的真实情况以代表整个群体。

针对设计艺术学研究而言，一般使用的抽样方法为随机样本（Random Sample）与系统样本（Systematic Sampling）。系统抽样技术在操作上比简单的随机抽样更方便。同时也保证了每个单元在样本中包含的概率相等。在这种抽样方法中，首先利用随机数选择第一个单元，然后根据预定的模式自动选择其余单元。这种方法称为系统抽样。系统样本意味着指一个群体中的每个成员被赋予相同的机会被包含在样本中的抽样方法。随机样本的选择可以通过使用一些服务网站，例如 RESEARCH RANDOMIZER、Stat Trek、问卷星等。当完成抽样后，研究人员通常进行试点研究（Pilot Study）以测试问卷的可行性，例如确定是否有任何问题含糊不清，或者是否存在参与者拒绝回答的问题。试点研究通常以小样本量进行，例如10到100人之间，根据结果测试结果，可以修改个别有歧义的问题，以便正式开始发放问卷进行数据收集。

四、回复

一般认为，回复率表示在调查中回应的单位与符合资格的单位之间的比率。美国舆论研究协会（AAPOR）制定了相关标准，包括回复率计算公式。随着时间的推移，调查回复率的水平是呈现下降趋势的。早前的一项针对美国全国调查的研究发现，在20世纪50年代至70年代，针对某一特定人群的调查，拒绝回答的人数不断增加。这可能是由于研究人员、学术学者、学生、内部调查、市场研究等不断地向人们发放调查问卷。那么结果是，人们在回答问卷类型上变得更有选择性。此外，由于工作和生活的双重压力，人们花在填写问卷上的时间和精力更少。

参与者不回复问卷有两个主要原因：一是他们没有收到问卷，二是他们不想回复。前一种情况在很大程度上（但不完全）是在研究人员的控制下进行的，对更新的邮箱地址进行严格的初始搜索并生成一份清晰的地址打印列表可能会减少这一因素。然而，在许多情况下，研究者并没有真正接触潜在的受访者的机会。仔细规划研究设计，可以显著减少可能的无回复情况。另一种情况是受访者不愿意完成问卷，这主要取决于研究者使用的方法。研究实施人员应考虑一些提问的艺术，尽量让受访者感到愉悦与舒适。

开放的互联网几乎影响了社会的各个方面。这也为研究人员创造了新的机会，可以接触到数以百万计的潜在受访者。与传统的邮件和电话技术相比，网络调查有许多明显的优势。进行网上调查有四种方法：

①嵌入在电子邮件中的调查问卷。

②调查问卷作为文本文档（如Microsoft Word文档）附加到电子邮件中。

③作为自动执行程序附加到电子邮件中的调查问卷。

④服务器网页上的调查问卷。提供参与者一个网站的链接，并要求他们填写调查问卷和提交数据，然后将数据存储在服务器上。

互联网使研究人员更容易、更便宜地获取大量样本。受访者响应的速度通常更快，数据的质量（更少的项目遗漏和更多的书面补充评论）更高。因为不需要（手动）将数据输入数据库，管理更简单。数据库可以用来跟踪谁回复了、谁没有回复，然后研究者可以发送有针对性的提醒。问卷的设计可以使用各种自动化方式，如背景、颜色、声音、图像、跳转问题等。跳转问题是指自动根据受访者回答转接特定问题。例如，如果受访者选择是，请转到问题5；如果选择否，请转到问题17。它的好处之一是更少的数据缺漏。使用互联网进行调查也有一些缺点。通过网络调查，研究人员可以接触到大量人群（可能有数百万人）。然而，互联网用户人群可能是一个非常有偏见的人群。因此，可能会发生覆盖率错误（感兴趣的总体的一部分不能成为样本的一部分）。其他可能发生的错误是抽样误差（只有一个子集的目标人群调查，然而对整个人口进行推理），以及测量误差（回复者对调查问题的回答是不准确的）。

使用互联网进行调查的另一个缺点是不可识别性、缺乏匿名性和计算机安全问题。由于电子邮件地址错误或不复存在，20%的互联网调查无法成功发送。此外，缺乏匿名性可能是阻碍网络调查的另一个问题。例如，如果受访者对一项调查作出回应，并通过电子邮件发送他们的回应，他们的回复地址就将被知道。最后，在网络调查中，计算机安全风险也是可能存在的，如病毒等。

五、计算机辅助的定量数据分析

当完成数据收集后，研究者可以着手具体的数据分析过程。数据的分析可以使用专业的统计分析软件。SPSS（Statistical Product and Service Soluticns）是最广泛地用于定量数据统计分析的软件，具体的分析包括：

1.频率分析。定量描述一组数据特征的研究称为描述性统计，而频率分析是描述性统计的一部分。在调查统计中，频率是事件/变量发生或出现的次数。频率分析可以通过SPSS执行，从屏幕顶部的菜单中单击“分析”，然后单击“描述性统计”，然后单击“频率”，即可完成分析过程。

2.区间变量集中趋势的度量。除了分析分类数据的频率，研究者还可以查看间隔变量数据，如年龄和对服务的满意度等，目的是获得有关这些变量的基本描述性信息。例如，在一项关于微信用户的信息调查中，研究者希望了解微信用户的年龄范围以及平均（或中位数）年龄。在SPSS运行屏幕顶端的菜单中单击“分析”—“描述”—“频率”中选择变量“年龄”—“统计”—“均值”或“中位数”即可完成分析。

3.交叉制表是问卷数据最常用的分析方法之一。比起单个变量的简单频率统计，它使研究者能够更详细地查看变量之间的关系。比如，在一项关于产品满意度的调查表中，有两个分类变量：患者的性别（男性或女性）和正在使用的产品类型（某品牌手机或某品牌电脑）。研究者需要查看这两个变量之间的关系。也就是说，使用这两个产品类型的用户性别是相似，还是他们的比例差异很大。为了找到答案，可以在SPSS中运行交叉制表。在SPSS运行屏幕顶部的菜单中单击“分析”—“描述性统计”—“交叉表”，以运行分析。研究者在输出的分析结果中可以分别查看到某品牌手机与某品牌电脑的男性和女性用户数量和相对百分比，由此发现，女性用户更倾向于使用手机，男性用户更倾向于使用电脑。因此，研究者可以根据这一情况，有针对性地制定设计决策。

4.卡方统计（Chi-Square Statistic）是一种测试，用于衡量预期与实际观察数据（或模型结果）的比较。用于计算卡方统计量的数据必须是随机的、原始的、互斥的，且从独立变量中提取的，并从足够大的样本中提取。卡方统计通常用于检验假设是否成立。例如，设计专业学生和专业设计师经常使用类比的思考方法，Alipour等学者[1]通过卡方统计发现设计师在设计过程中对于类比源类别和形式的选择存在关联性。卡方统计可以通过SPSS的菜单栏中“分析”—“非参数测试”—选择“卡方统计”。

5. 相关性可以检查区间数据之间的关系。相关性描述了两个变量之间关系的方向和强度，并且方向可以是正的也可以是负的：正相关是指一个变量的值的增加与另一个变量的值的增加相关联，例如，随着鞋子尺寸的增加，身高也会增加；负相关是指一个变量的值增加与另一个变量的值减少相关联，例如，温度会降低用于加热的电力的使用。在SPSS中可以生成散点图以便研究者观察。从菜单中单击“Graphs”—“Chart Builder”—从图库中选择“散点/点”以显示可用的图形范围。

下一步是对该数据应用统计检验以确定该相关性的强度以及它是否具有统计学意义（偶然发生的概率较低）。在SPSS运行屏幕菜单中点击“分析”—“相关性”—“双变量（Bivariate）”—选择相应变量—勾选“Pearson”。相关强度以-1到+1的范围表示：基于一般准则，0.1至0.4的值将被归类为弱相关性；任何高于0.5的值都将被视为强相关性。接近零的值表示两个变量之间没有任何关系，换句话说没有相关性。在报告中记录此分析的结果时，应该将Pearson相关系数的强度值称为“r”，因此，我们可以得出结论，两个变量之间存在强烈的正相关关系（r = .53，p = .003），例如，手机外壳的色彩选择越多，用户满意度越高。

6. 回归分析（Regression Analysis）。虽然可以使用散点图来绘制两个连续变量，如设计师的年龄和收入相互之间的关系。然而在图片的基础上，我们无法准确描述变量之间的关联。线性回归是相关性分析后的下一步。当我们想要根据另一个变量的值预测目标变量的值时就可以使用线性回归分析（Linear Regression Analysis）。在设计艺术的研究中可以通过简单线性回归分析两个变量之间的线性关系。我们想要预测的变量即为因变量，用来预测另一个变量值的变量称为自变量。我们假设得出的关系结果可以应

① Alipour，L.，Faizi M.，Moradi，A. M.，& Akrami，G. The impact of designers' goals on design-by-analogy [J]. Design Studies，2017，51：1-24.

用到所有案例中。例如，Flager[1]等学者使用线性回归方法分析了建筑设计领域特有的参数设计问题。当代建筑、工程和施工（AEC）项目的设计涉及许多专家的合作。一般来说，这些专家按学科分成不同项目组，每个学科负责设计完整项目的特定组件或子系统（例如，结构系统）。这些子系统通常是耦合的，那就意味着一个子系统中的设计决策可能影响甚至控制耦合子系统中的设计决策。为了具体分析其中的耦合规律，研究者具体测量分析了大学生处理参数设计问题时的规模（设计变量的数量）和耦合（变量之间的相互作用）之间的相互影响。结果显示随着变量规模的增加，设计质量指数下降。在SPSS中可以通过点击“分析”—“回归”—“线性回归”—选择相应的自变量与因变量—使用“线性回归”以分析数据。

如果有两个或更多自变量，而不是一个，则需要使用多元回归（Multiple Regression）。多元回归是简单线性回归的扩展。当我们想要根据两个或多个其他变量的值预测变量的值时就可以运行多元回归分析。例如，根据设计师的性别、学历高低和工作经验，使用多元回归方法来预测其收入水平。在SPSS中可以通过点击“分析”—“回归”—“线性回归”—选择相应的自变量（多个）与因变量—使用“线性回归”以分析数据。

7.因子分析（Factor Analysis）。因子分析是研究复杂概念（如社会经济状况、饮食模式或心理量表）的变量关系的有用工具。它是一种统计方法，用于描述观察到的相关变量之间的变异性。因子分析允许研究人员通过将大量变量折叠成几个可解释的潜在因素来研究不易直接测量的概念，在定量分析中这些概念被称为理论构面（Construct）。因子分析的基本假设是，对于观察变量的集合，存在一组称为因子（Factor）的基础变量（小于观察到的变量），他可以解释这些变量之间的相互关系。设计学研究内容中有大量涉及感知心理的课题，因此因子分析在设计学的定量研究中十分常见。例如情感化设计中，产品愉悦度的概念就是一个无法直接被观察到或者测量到的构面。此前已经介绍过，我们在衡量一个构面时可以通过修改已有的量表。一个有效量表会用多个测量项目（Item）来问询个体对一个构面（如产品愉悦度）的评价值。但这些值是测量项目的值，因子却是未知的，因此在收集数据后需要通过因子分析来真正了解个体对于产品愉悦度的

① Flager. F, Gerber. D. J., & Kallman B. Measuring the impact of scale and coupling on solution quality for building design problems[J/OL]. Design Studies, 2014, 35(2): 180-199.

评价。

因子分析与主成分分析有关，但两者并不相同。关于这两种技术之间的差异，存在很大的争议。主成分分析可以被认为是在高速计算机出现之前的早期开发的探索性因子分析的更基础的版本。主成分分析和因子分析都旨在降低一组数据的维数，但采用的方法不同。因子分析的设计目的是从观察到的变量中识别某些不可观察的因素，而主成分分析是提供所需因素的近似值。

在多变量统计中，探索性因子分析用于揭示相对较大的变量集的基础结构。探索性因子分析是因子分析中的一种技术，其总体目标是确定测量变量之间的潜在关系。研究人员在开发量表（用于衡量特定研究课题的问题集合）时常用它，并用于识别基于一组测量变量的理论构面（本书第三章的范文即使用此方法）。当研究人员没有关于测量变量的因素或模式的先验假设时，就可以使用探索性因子分析。

探索性因子分析基于共同因子模型。在该模型中，显性变量表示为共同因子、独特因子和测量误差的函数。每个唯一因子仅影响一个潜在变量，并不解释潜在变量之间的相关性。共同因子影响多个明显变量，因子负荷是衡量共同因子对明显变量的影响。对于探索性因子分析而言，我们更感兴趣的是确定共同因子和相关的显性变量。

探索性因子分析假定任何测量变量可能与任何因素相关联。在制定量表时，研究人员应首先使用探索性因子分析，然后再进行验证性因子分析。验证性因子分析对于确定一组测量变量的潜在因子与构面至关重要，它允许研究人员检验观察到的变量与其潜在的因子之间存在关系的假设。由于没有通用的处理办法，探索性因子分析要求研究人员在分析中综合情况而做出决定。

拟合度是估计因子负荷和模型的唯一方差（因子负荷是项目和因子之间的回归系数，并测量共同因子对测量变量的影响），有几种因子分析拟合方法可供选择，但是没有一致的标准。最大似然和主轴因子分解是一般推荐的两种提取方法。通常而言，最大似然或主轴因子分解会给出最佳结果，具体取决于数据是否正常分布或是否违反了正态假设。最大似然法具有许多优点，因为它可提供给研究人员计算模型拟合优度的各种指标，也提供给研究人员测试因子负荷的统计显着性。

主轴因子分解，也称为“主要”轴因子分解。如果第一个因子占了尽可能多的共同方差，那么第二个因子占最大方差，依此类推。主轴因子分解是一种描述性程序，因此仅提供样本本身的描述，不适用于将结果推广到样本之外。主轴因子分解与最大似然相比，其缺点是提供了有限范围的拟合优度指数，并且不提供计算置信区间和显着性检验。

在统计学中，验证性因子分析是一种特殊的因子分析形式，最常用于社会科学研究。它是用于测试构面的测量是否与研究者对该构面（或因子）的性质的理解一致。因此，验证性因子分析的目的是测试数据是否符合假设的测量模型。该假设模型基于理论或先前的分析研究。验证性因子分析最初由瑞典统计学家约尔斯科格开发，并且已经建立并取代了分析构面有效性的旧方法，如多重方法多重特质矩阵。

在验证性因子分析中，研究人员首先提出一个假设，即他们认为哪些因素是所使用的指标的基础（例如，“抑郁症”是贝克抑郁量表和抑郁症汉密尔顿评定量表的基础因素），并且可能对模型施加约束。基于这些先验假设，通过施加这些约束，研究人员迫使模型与他们的理论保持一致。例如，如果假设有两个因素涉及度量中的协方差，并且这些因素彼此无关，则研究人员可以创建一个模型，其中因子A和因子B之间的相关性被约束为零。然后可以获得模型拟合度量以评估所提出的模型在模型中捕获所有项目或度量之间的协方差的程度。如果研究人员对模型施加的约束与样本数据不一致，则模型拟合的统计检验结果将表明拟合较差，并且模型将被拒绝。拟合较差可能是由于某些项目测量了多个因素，也可能是某个因素中的某些项目彼此之间的关系更为相关。

对于某些应用场景来说，“零负荷”（对于不应该加载某个因子的指标）是比较严格的要求。新开发的分析方法，如探索性结构方程模型，规定了关于观测指标与其假定的主要潜在因素之间关系的假设，同时允许估计其他潜在因素的负荷。

在验证性因子分析中，使用几个统计测试来确定模型与数据的匹配程度。模型和数据之间的良好匹配并不意味着模型是“正确的”。“良好的模型拟合”仅表明该模型是合理的。在报告验证性因子分析的结果时，需要研究者报告：a）建议的模型；b）所做的任何修改；c）哪些措施识别潜在变量；d）潜在变量之间的相关性；e）任何其他相关信息。关于选择要报告的模型拟合统计数据，不应简单地报告估计最佳拟合的统计数据。虽然存在多种不同的观点，但一般来说，研究者需要提供卡方检验结果、近似的均方根误差（RMSEA）、比较拟合指数（CFI）和标准化的均方根残差（SRMR）。

在SPSS中，基本的因子分析步骤为：

①确认变量之间是否存在较强的相关关系。可参考前文相关性分析。

②根据样本数求解因子负荷阵。点击“分析”—“降维”—“因子分析”—“抽取”。

③通过因子旋转的方式使一个变量只在尽可能少的因子上有比较高的负荷，使得提取出的因子具有更好的解释性。点击“分析”—“降维”—“因子分析”—“旋转”。

④计算因子变量得分。点击“分析”—“降维”—“因子分析”—“得分”。

详细的因子分析方法，可以参考相关具体教程。

8.结构方程分析（Structural Equation Model）。结构方程模型（SEM）是一种因果建模形式，包括各种数学模型、计算机算法和统计方法，使构面网络与数据相适应。结构方程模型包括验证性因子分析、验证性复合物分析、路径分析、偏最小二乘路径建模和潜在生长建模。这个概念不能与计量经济学中结构模型的相关概念混淆。结构方程模型通常用于评估不可观察的“潜在”构面。他们经常使用一个或多个观察到的变量来调用定义潜在变量的测量模型，以及用于推算潜在变量之间关系的结构模型。结构方程模型的构造之间的联系可以用独立的回归方程或通过更复杂的方法估算。

结构方程模型在社会科学中的使用是有其合理性的，因为它能够将未观察到的构面（潜在变量）与可观察变量之间的关系归为一类。举例说明，设计师的设计水平这一概念无法直接测量，它不像身高或体重那样可以客观衡量。但是，设计心理学家可以建立一个与设计能力相关的假设，并根据他们的假设设计用于衡量设计水平能力的项目（问题）。然后，他们可以使用参加能力测试的设计师的数据，使用结构方程模型来测试他们的假设。在这种情况下，“设计水平”是潜在变量，测试项目将是观察到的变量。结构方程模型的具体分析执行相对复杂，研究者可以参考相关教程材料进一步学习。

9.信度与效度。定量调查不仅要考虑研究结果，还要考虑研究的严谨性，即研究人员致力于提高研究质量的程度。在定量研究中，这是通过测量有效性（Validity）和可靠性（Reliability）来实现的[①]。有效性被定义为在定量研究中准确测量概念的程度。例如，如果研究人员需要研究产品创新度，但实际测量的是美观度，那么调查结果就会被认为是无效的。定量研究中质量的第二个衡量标准是可靠性或测量的准确性。换句话说，如果研究工具在重复的情况下以相同的条件使用，无论它在多大程度上始终都能得出相同的结果。有效性和可靠性可能是相互独立的，有效的调查不一定可靠，可靠的研究结果不一定有效。在实施或评价一个研究时，考虑数据收集工具的有效性和可靠性非常重要。有效性有三种主要类型。

第一类是内容有效性（Content Validity）。此类别着眼于该工具是否充分涵盖了与变量相关的所有内容。换句话说，该工具是否覆盖了与变量相关的整个构面。

第二类是构面有效性（Construct Validity），它是指是否可以推断出与所研究概念相关的测试分数。例如，如果一个人在一项衡量产品愉悦度的调查中得分较高，那么这个人真的喜爱这个产品吗？有三种类型的证据可用于证明研究工具具有构面有效性：

①同质性（Homogeneity）。意味着测量工具测量的是同一个构造。

②收敛性（Convergence）。当测量同一个构面的测量项目彼此类似。

第三类是标准有效性（Criterion Validity），它是有效性的最终衡量标准。标准有效性是衡量一变量的测试分数与结果的相关程度的工具。标准有效性以三种方式衡量：

①收敛有效性（Convergent Validity）。表明相似变量的测量项彼此高度相关。

②辨别有效性（Discriminant Validity）。表明测量项目与测量不同变量的项目关联性差。在这种情况下，例如，测量动机的工具与测量自我效能的工具之间应该存在低相关性。

③预测有效性（Predictive Validity）。意味着该测量项目应与未来的结果具有高度相关性。例如，可以预测有高自我效能评分的设计师应有高可

① Heale, R., & Twycross, A. Validity and reliability in quantitative studies.[J]. Evidence-based nursing, 2015, 18(3): 66-7.

能性完成涉及任务。

可靠性与测量的一致性有关。完成测量项目的参与者每次测试完成时应具有大致相同的响应。虽然不可能精确计算可靠性，但可以通过不同的措施来估计可靠性。这里列出了可靠性的三个属性，如何测试每个属性如下所述。

①同质性（内部一致性）。使用item-to-total相关性，split-half可靠性，Kuder-Richardson系数和Cronbach的α来评估同质性。在split-half可靠性中，测试的结果被分成两半以计算两个半部的相关性。强相关性表明高可靠性，而弱相关性表明测量可能不可靠。Kuder-Richardson测试是split-half测试的更复杂版本。在该过程中，确定所有可能的分裂半组合的平均值，并生成0—1之间的相关性。此测试比分半测试更准确，但只能在有两个答案的问题上完成（例如，是或否，0或1）。

Cronbach的α是最常用的测试，用于确定测量的内部一致性。在该测试中，确定每个分半部组合中的所有相关的平均值。具有两个以上响应的问题的测量可用此测试。Cronbach的α结果是0到1之间的数字。可接受的可靠性得分是0.7或者更高的值。

②稳定性（Stability）。使用重测试和并行或交替形式的可靠性来测试稳定性。在类似情况下，当要求同一参与者多次对同一个测量问卷评分时，评估重测信度，对参与者完成测试的每个测试分数进行统计比较。并行形式可靠性（或替代形式可靠性）类似于重测试可靠性，除了在随后的测试中向参与者提供不同形式的原始问题。所测试的概念构面在两种版本的工具中都是相同的，但项目的措辞是不同的。每次参与者完成测试时，分数之间应该存在高度相关性。一般来说，相关系数小于0.3表示弱相关，0.3~0.5适中，大于0.5表示强相关。

③等效性（Equivalence）。该测试包括定性地确定两个或更多观察者之间的一致程度的过程。例如，在一次设计作品评价中，给予设计作品的分数中所有评委的一致性水平是衡量评估者间可靠性的标准。

确定研究中可靠性和有效性问题的严格程度是研究评价的重要组成部分，也是影响决定是否将研究结果应用于设计实践的重要组成部分。在定量研究中，通过评估研究中使用的工具或仪器的有效性和可靠性来确定严格性。高质量的研究将提供所有这些因素如何得到解决的证据。

第二节　实验法与数据分析

当提及实验（Experimentation）时，大多数人会首先联想到物理、化学等理工科的研究。作为一种社会科学的研究方法，实验法是指操纵和控制测试环境与条件来理解因果过程。在设计学研究涉及的实验中，研究者通常会操控一个自变量（原因）以测量因变量（效果），任何无关的变量都受到控制。实验法是用来检验设计方法与因素有效性的主要方法。通过实验研究而建立的因果关系，可以进一步建立理论模型。

一、变量和假设检验

自变量和因变量的概念在第一部分已经介绍，研究者使用实验法来检验自变量与因变量的统计学上的因果关系。在实验法中，研究者会预先设立实验假设以预测自变量和因变量之间的关系，例如：Fokkinga①在其情感化产品设计的研究中，假设被持续引起负面情绪的刺激所困扰的人可以更有效地被刺激以引起类似负面情绪，而不是被积极（或不同于消极）情绪的刺激所吸引和分心。

在提出实验假设之后，我们还应该制定所谓的“零假设（Null Hypothesis）”，说明自变量和因变量之间没有关系，例如：被持续引起负面情绪的刺激所困扰的人，与未被负面情绪刺激所困扰的人面对的负面刺激没有区别。实验结果将使研究者保留或拒绝零假设。

在运用实验法时，我们需要考虑的另一个因素是无关或混杂变量（Confounded Variable）的潜在作用。例如，如果我们发现有图片的广告在引起消费者注意方面优于纯文字广告，可能还有其他因素导致了这种结果：也许是消费者此前观看过这则广告；也许是消费者年龄较小，更容易接收图片信息等。这些问题突出了控制实验设计条件的重要性。在这个假设的例子中，为了能确保识别出所有可能的混杂变量，在实验设计时，需要列出能想到的所有影响消费者判断的内容，考虑这些列出的项目是否会影响研究结果。一般情况下，可以检索学术数据库找到此前学者所做的类似研究，从中了解、思考、学习实验内容的设计。

① Fokkinga, S. F. Design -|+ Negative emotions for positive experiences[D]. Delft University of Technololgy.

二、独立或相关样本

在实施实验研究时，研究者需要确定数据是来自两个独立样本还是两个相关样本。相关样本是指同一人提供两组分数/数据的样本。例如，在老龄化产品设计研究的实验数据中，研究者可能会要求老龄用户在使用产品前后完成产品功能使用体验的调查问卷，以测量他们的满意度。这么做是为了查看设计干预是否对评分有影响，即提升老年人生活体验的程度。而独立样本是随机选择的样本，其观察结果不依赖于其他观察值。许多统计分析都基于样本是独立的假设。在这个例子中，独立样本即比较不同老龄用户的满意度评分。每一组满意度评分来自两个独立的人群：使用过此老龄化产品的老龄用户与未使用过此产品的老龄用户。

三、实验设计

1. 变量处理（Treatment）。在实验中，自变量是由实验者操纵的解释变量。每个自变量具有两个或更多个级别，即不同值。自变量的组合称为变量处理。处理的方式可以进一步分为四种情况，研究人员可以酌情选择其一。

①前后效果设计（Before-and-After Design）。与其他非实验性设计相比，前后效果设计提供了更好的干预效果证据。假设一组学生A在早上进行了知识测试，得分为50%，经过一天的设计思维训练后，重复了相同的测试，学生得分为80%。如表2.2所示［“O”代表测试，“X”表示干预（训练）的引入，即变量处理］。在这种情况下，实验结果可以作为直接证据证明设计思维训练导致知识测试成绩增加。换言之，因果关系的证据会很强烈。

表2.2　前后效果实验设计

组　别	变量处理前测试	变量处理	变量处理后测试
A	O	X	O

前后效果设计在证明短期计划的直接影响方面最有用，相应地，它对评估长期干预措施不太有用。这是因为在较长一段时间内，可能会出现更

多可能掩盖干预影响的情况。这些情况统称为内部有效性威胁。

②匹配/控制组设计（Matched/Control Group Design）。它是指建立两个平行的实验。除了变量处理之外，被试者的环境条件都相同或相似。理想情况下，被试者是随机选择和分配的。实验情况如表2.3所示。

表2.3　匹配/控制实验

组　别	变量处理	测　试
A	X	O
B	-	O

需要注意的是，控制组设计存在着一个潜在的风险，即两组被试者的差异性导致实验结果的不同。例如在上述例子中，在同一个学校选择两个班级学生作为平行组A、B进行测试，A组进行变量处理——设计思维训练，B组则无处理。但可能发生的情况是，B组学生本身的知识水平较高，则会影响测试结果。

③随机组设计（Randomized-Groups Design）。在完全随机化的设计中，标记每个被试者，然后使用随机数表从标记的被试者中进行选择，以此将变量处理完全随机分配给不同组被试者。如表2.4所示。

表2.4　随机组实验

组　别	变量处理	测　试
A（随机分配）	X	O
B（随机分配）	-	O

混合组设计（Mixed Design）。为了进一步避免以上实验的问题与缺陷，研究人员可以混合前后效果实验与随机组设计。这样做的优点是可以进一步避免潜在的不明混淆因素，得到的实验结果更有信服力。如表2.5所示。

表2.5　混合组设计

组　别	变量处理前测试	变量处理	变量处理后测试
A（随机分配）	O	X	O
B（随机分配）	O	-	O
C（随机分配）	-	X	O
D（随机分配）	-	-	O

2. 组内/组间测试设计（Within / between subject design）。组内测试设计是指所有被试者都接触到每一种变量处理。而组间测试设计是具有两组或

多组被试者的实验，每组被试者同时接触不同的变量处理进行测试。组间测试通常成本更低，更不容易受到受试者个人的影响变异。组间测试一般情况下需要更多的被试者参与测试，且被试者个体差异会影响测试结果。

3.试验（Trials）。我们需要承认的是，许多科学概念仅适用于统计水平。即使在完美控制的实验条件下，重复试验的结果也可能会有差异。然而，在真实情况下，各种各样的其他因素，从混淆变量到视觉模糊，都会不同程度地造成一些误差。因此，研究人员可以进行多次试验以确保实验结果的可信度。

4.次序效应（Sequence）。次序效应是指研究被试者由实验材料（变量处理）呈现给他们的顺序不同（例如，第一、第二、第三）而产生的相应差异反应。次序效应通常出现在一些涉及设计教学步骤或心理治疗相关研究的实验中。

四、实验结果分析

在完成实验数据收集后，我们首先需要选择适当的统计检验。不同于社会调查的数据分析，当使用实验法时，需要检验数据的正态分布状况。正态分布是统计中最重要的概率分布，因为它适合许多自然现象。例如，高度、血压、测量误差和IQ分数皆是遵循正态分布，它也被称为高斯分布和钟形曲线。数据的正态分布可以通过SPSS运行界面中的探索（Explore）功能查看。

正态分布状态的查看是为了帮助研究者选择适合的分析方法，即参数（Parametric）或非参数测试（Non parametric test）。参数测试是一种假设测试程序，它基于这样的假设：观察到的数据是根据众所周知的一些分布形式（例如，正态分布等），以便推测到我们想要的一些未知参数（例如，平均值或成功概率）。例如，一组人群的身高大致是正态分布的，如果将一群人的身高用图表呈现，通常可以看到一个典型的钟形曲线。因此，研究者通过收集并测试一组某地大学生的身高数据，可以推测出所有大学生的平均身高。相应地，如果所收集的实验数据并非正态分布，研究者需要使用非参数测试。非参数测试不假设数据遵循特定的分布，例如正态分布数据的假设。大多数非参数测试是使用某种方式对测量进行排名，并测试分布的特异性。值得注意的是，参数测试的分析功能通常比非参数测试更强大。

在确定实验数据的基本性质后，研究者可以使用SPSS进行具体的分析测试。图2.1说明了选择适当统计检验的决策过程。

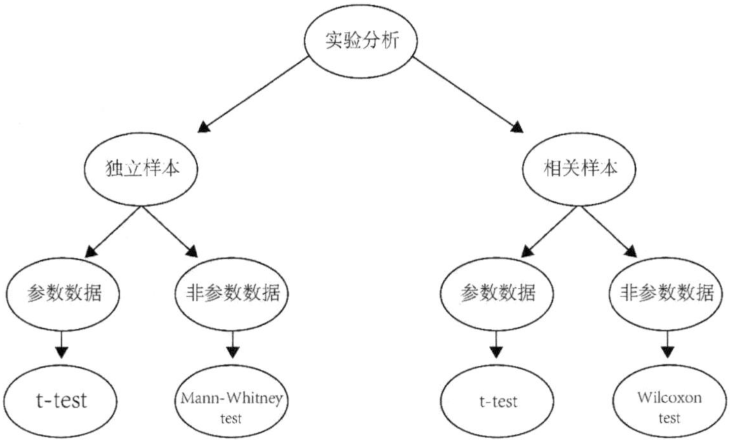

图2.1　选择适当统计检验的决策过程

1.t检验。如果数据满足参数测试的条件，那么研究者可以进行独立样本或相关样本的t检验。t检验是一种推论统计。它用于确定两组平均值之间是否存在着显著差异。方法是进入SPSS运行屏幕顶部的菜单，然后单击"分析"—"比较均值"—"独立样本或相关样本t检验"。

2.Mann-Whitney检验。如果数据不满足参数测试的条件，那么研究者可以选择Mann-Whitney检验来测试独立样本数据。它是用于比较两个独立样本的均值，并用于测试两个样本均值是否在统计学意义上相等。方法是进入SPSS运行屏幕顶部的菜单，然后单击"分析"—"比较均值"—"独立样本Mann-Whitney检验"。

3.Wilcoxon检验。它是一种非参数统计的假设检验，可以用于比较单个样本中的两个相关样本以评估其总体平均排名是否不同。方法是进入SPSS运行屏幕顶部的菜单，然后单击"分析"—"比较均值"—"相关样本"—勾选"Wilcoxon"。

4. ANOVA检验。它是另一个重要的参数统计测试。方差分析（ANOVA）是统计模型及其相关估计程序（例如组之间和组之间的"变化"）的集合，用于分析样本中组平均值之间的差异。ANOVA由统计学家和进化生物学家罗纳德·费希尔（Ronald Fisher）开发。在ANOVA设置中，特定变量中观察到的方差被划分为可归因于不同变化源的组分。在其最简单的形式中，ANOVA提供了几个群体的群体平均值是否相等的统计检验，也就是说将t检验推广到两个以上的群体。ANOVA可用于比较（测试）三个或更多个组平均值以获得统计显着性。

ANOVA分为单因素（One-Way）或双因素（Two-Way）两种，主要是指“方差分析”测试中的自变量的数量。单因素有一个自变量（有2个级别），双因素有两个独立变量（可以有多个级别）。例如，单因素方差分析可以有一个自变量（产品品牌），双因素方差分析有两个自变量（产品品牌、价格）。单因素ANOVA的分析方法是进入SPSS运行屏幕顶部的菜单栏，点击“分析”—“均值分析”—“单因素方差分析”即可。

第三节　其他新兴量化研究方法

一、机器学习

根据勒存（LeCun）等人的论述，机器学习（Machine Learning）技术可以为现代社会的许多方面提供动力与源泉，包括从网络搜索到社交网络上的内容过滤，再到电子商务网站的推荐[①]。同时，它作为一种研究方法，也逐渐受到设计学术界的关注。

机器学习系统目前主要在学术研究中用于识别图像中的对象、将语音转录成文本，匹配相关项目、条目或具有用户兴趣的产品，并选择搜索的相关结果。而其中，一种称为深度学习（Deep Learning）的技术越来越多被提及。例如近期发表在设计研究学刊*Design Studies*的一项研究，研究者提出了一种机器学习驱动的设计方法。它利用传感器检测个体的肢体语言。这种方法使研究人员能够在设计过程中量化个体团队成员的情绪变化，从而更好地了解团队状态。机器学习算法被使用在推断设计团队中的个体情绪状态上。该方法证明了传感器和机器学习算法在非设计任务中模拟个体

① Fitts, P. M., Jones, R. E., & Milton, J. L. Eye movements of aircraft pilots during instrument-landing approaches[J]. Aeronautical engineering review, 1950, 9(2): 24-29.

身体语言的功效，最终目标是应用这些方法来量化设计团队的相互作用[①]。

传统的机器学习技术在处理原始形式的自然数据方面受到很多限制。模式识别或机器学习系统的构建需要精心的工程和相当多领域的专业知识来设计一个特征提取器，将原始数据（例如图像的像素值）转换为合适的内部指示或特征向量，而学习子系统（通常是分类器）可以检测或分类输入中的模式。

深度学习方法是具有多级表征的学习方法，通过组合简单非线性的模块获得，其中每个模块将从一个层级（从原始输入开始）转换为更高层级的表征（稍微更抽象层次）。通过足够的这种变换的组合，计算机可以学习非常复杂的功能。对于分类任务，较高的表征层可以放大便于区分和抑制无关变量的输入信息。例如，图像以像素值阵列的形式出现，第一表征层中的学习特征通常表示图像中特定方向和位置处的边缘的存在与否。第二表征层通常通过点样特定的边缘排列来检测图案，而不管边缘位置的微小变化。第三表征层可以将图案组合成对应于熟悉对象的部分的较大组合，并且随后的表征层将检测对象作为这些部分的组合。深度学习的关键方面是这些功能层不是由人类工程师设计的，换句话说，它们是通过使用学习程序从数据中学习的。

这里主要讲解对设计艺术学相对意义重大的计算机视觉与自然语言处理。

1.理解神经网络。

神经网络试图模拟人类大脑的结构和功能，近年来在许多领域得到了广泛的关注。在实践层面上，人脑有许多电子计算机所需要的特征。人类的大脑有从抽象的概念中归纳、在噪声中识别信息、快速回忆记忆，并承受局部损伤的多种能力。从统计学的角度来看，神经网络在预测和分类问题中的潜在应用是非常有研究价值的。

计算机在数值计算方面速度极快，远远超过了人类的能力。然而，人类的大脑有许多能力是计算机所需要的。这些能力包括：即使在有噪声的情况下也能快速识别信息特征；理解、解释并根据概率或模糊概念采取行动；根据过去的经验作出推论和判断，并把它们与从未遇到过的情况联系

① Drèze, X., & Hussherr, F. X. Internet advertising: Is anybody watching?[J/OL]. Journal of Interactive Marketing, 2003, 17(4): 8-23.

起来；在不丢失完整功能（容错）的情况下遭受局部损坏。因此，尽管计算机在数字计算上比人脑快，但人脑在其他任务上远远超过计算机。这是众多研究者试图理解和模拟人类大脑最根本的潜在动机。

神经元是大脑的基本计算单元，人脑大约有1011个神经元并行活动。神经元是高度相互联系的，一个典型的神经元与其他几千个神经元相连。早期的大脑建模工作是从神经元模型开始的。McCulloch-Pitts模型是早期的神经元模型，它是一个简单的二元阈值单元。神经元从连接的单元接收一个加权的输入和，如果这个和大于一个阈值，则输出一个值（触发）。如果总和小于阈值，则模型神经元输出一个零值。该模型虽然简单，但在计算能力上可以等同于数字计算机。这意味着在传统的数字计算机上进行的任何计算都可以通过一组相互连接的McCulloch-Pitts模型神经元来完成。

虽然神经网络发展的最初动机是为人类大脑建模，但目前使用的大多数神经网络与生物大脑几乎没有相似之处。神经网络是一组高度互联的简单计算单元。这些单位也被称为节点，它们大致代表生物神经元。

大脑通过调整突触连接的强度来学习。同样地，神经网络中的突触权值，类似于回归模型中的系数，会被调整以解决网络问题。学习或训练是指用来描述找出这些权重值的过程。与神经网络相关的两种学习类型是监督学习和非监督学习。监督学习（Supervised Learning），也称师从学习（Learning with A Teacher），是指训练集中的每个输入都有一个已知的目标值，将网络的输出与目标值进行比较，利用这个差异来训练网络（改变权值）。使用监督学习训练神经网络有许多不同的算法，反向传播是一种比较常见的方法。

当训练数据缺少与输入模式相对应的目标输出值时，就需要无监督学习（Unsupervised Learning）。该网络必须学会根据一些共同的特征（类似于因子分析和主成分分析）对输入模式进行分组或聚类。这种类型的训练也被称为无师从学习（Learning without A Teacher），因为在过程中没有反馈的来源。例如，当一个孩子接触到一个正在冒热气的水杯时，很快就学会不要随意触碰否则会被烫到。这一过程不需要任何外界的教导，孩子就会把蒸汽和发热联系起来，并学会避免接触有这种特征的物体。

神经网络是由单元层构成的，因此被称为多层网络。多层网络中的一层单元由执行类似任务的单元组成。前馈网络（Feedforward Network）是指其中一层的单元只连接到下一层的单元，而不连接到前一层或同一层的单元。单元与同一层的其他单元、前一层的单元，甚至与自身相连接的网络称为递归网络（Recurrent Networks）。前馈网络是递归网络的一个特例。

神经网络表示法不同于统计回归分析，但其基本思想是一致的。例如，神经网络社区使用权重而不是系数，使用模式而不是观察值。神经网络可以看作是一种非参数回归方法。对于设计艺术而言，了解神经网络的能力和潜力是很重要的。

2.潜在的研究应用。

计算机视觉（Computer Vision）。深度学习可以通过卷积神经网络来理解图像。简单来说，就是教会计算机像普通人一样可以具有“视觉思维”，即通过观看而产生理解。自21世纪初以来，ConvNets已成功将深度学习应用于图像中对象和区域的检测、分离和识别。例如交通标志识别以及自然图像中人的面部和体型的检测。ConvNets最近取得的一项重大成功是人脸识别，现在常见的通关口岸中所使用的即是此项技术。那么这对设计学研究的意义在哪里呢？

①视觉内容捕捉与分析。机器学习首先可以教会计算机像人类一样通过眼睛分辨事物。既然可以像人一样进行视觉分辨，那么计算机就可以替代许多以往会花费研究人员很多时间的大量反复的视觉资料处理工作。比如传统的视觉内容聚类的工作就可以通过机器学习算法迅速收集大量的量化数据。

②视觉内容处理。一个十分有趣的例子就是最近流行的图片风格转换。比如你有一张自拍照，可以通过软件平台迅速转换为凡·高风格的一幅油画。这实际上是通过神经网络将这两者融合到一起去的。这种新鲜的计算机算法，实际上创作出了一种新的艺术化风格。当然，在设计艺术学研究中研究者不会满足于这样简单的混杂，但这背后的算法逻辑却可以应用在学术研究当中。

③自然语言处理（Natural Language Processing）。自然语言处理领域旨在将人类语言转换为易于计算机操控的表征。当前的应用领域主要包括信息提取、机器翻译、摘要、搜索和人机界面等。虽然想要教会计算机像人一样完整地进行语义理解仍然是一个遥远的目标，但研究人员已经完成了基础的语义解析算法。这一技术可以为设计艺术研究提供更为全面、深入的感知需求分析。

二、眼动追踪实验

眼球追踪技术可以分析视觉行为，揭示不同群体之间的视觉搜索策略。在过去十年中，眼球追踪技术在各学科领域的应用快速增长，如评估视觉感知效果。许多大公司在产品和推广开发以及视觉营销活动的前后测试中都是这种方法的主要使用者。直至最近，眼球追踪的商业应用还很有限，一方面是因为其实验过程对受试者来说很麻烦，对研究人员来说也很耗时，而且费用高昂。另一方面，设计商业相关研究和实践中忽略了对基于刺激的认知过程及其相互作用的重要性，这阻碍了眼动追踪研究的进展。多数学者认为注意力只是信息进入更感兴趣的高阶认知过程的开始。获得和留住注意力可以简单地通过刺激物的对比和重复，但通过眼动跟踪测量注意力是很困难的。此外，行为决策理论在很大程度上是基于记忆的，强调信息输入后的离线过程，而不是与刺激同时发生并反映在眼球运动的在线实时变化。更为普遍的是，视觉和感知过程在设计研究中被忽视，学者更倾向于关注高阶认知过程的剖析。

最新的研究指出眼球运动与视觉注意实际上是密切相关的，即眼球的运动是隐藏的视觉注意变化过程的显著标志。心理学研究表明，视觉注意力反映了高阶认知过程，更接近受试者的实际行为。在过去的研究中，获取和保持注意力是困难的，因为需要突破各种媒体间的视觉混乱。用现代眼球追踪设备测量视觉注意力现在变得很容易。眼动跟踪相对于其他方法的优势在于获得对即时信息处理和人们决策行为的详细观察。近年来，新一代红外线眼部追踪器以高精确度和低成本的特性可以对大量刺激和受试者进行眼球运动记录。

眼动追踪实验（Eye Tracking）是使用眼动仪来测量被试者的视觉注视点（正在观察的位置）或眼睛相对于头部的运动的过程。这种方法越来越多地被用于视觉系统、视觉心理、人机交互和产品设计的设计学研究话题中。跟踪人们的眼球运动可以帮助设计学研究人员，例如人机交互研究人员，理解基于视觉和显示的信息处理以及可能影响系统界面可用性的因素。通过这种方式，眼动测试记录可以为界面设计评估提供客观的数据来源，进而为改进界面设计提供信息支持。此外，眼动技术还可以捕获眼睛运动并将其用作控制信号，以使人们能够直接与界面交互而无须鼠标或键盘输入。这一功能这对于某些特殊用户群体（例如残疾人）来说是十分有意义的。

总体而言，眼动实验需要经过精心的实验设计才能有说服力。作为一种直接的客观数据收集方法，眼动实验收到越来越多的研究者关注。同时，大部分设计艺术学期刊也正在接收包含眼动实验的研究文章。

1.眼球运动的基本原理。

自从100多年前在阅读研究中率先使用眼球追踪技术以来，已经有许多不同的方法被用来追踪眼球运动。例如，电子眼震描记技术依靠安装在眼睛周围皮肤上的电极来测量电势的差值，从而检测眼球的运动。或者要求受试者佩戴较大的隐形眼镜覆盖角膜（覆盖眼睛前部的透明薄膜）和巩膜(从外部看到的眼睛白色部分)，并在晶状体边缘嵌入金属圈。当金属线圈随着眼睛移动时，通过电磁场中的波动来测量眼睛的移动。这些方法被证明是相当具有侵入性的，现在大多数现代的眼球追踪系统都使用眼睛的视频图像来确定一个人在看什么（即眼睛的位置）。许多可识别的眼部特征可用于推断视点，如角膜反射（称为浦金耶图像）、虹膜巩膜边界和明显的瞳孔形状。

眼球运动大致可分为两大类，包括稳定运动以及扫视运动。稳定眼球运动包括注视、平滑的追随运动和微型眼球运动。

注视（Fixation）是指眼球相对静止的时刻。当人们注视一个物体时，眼睛会移动，这样目标物体的图像就会出现在视网膜中央凹上。在注视过程中，兴趣物体的图像在视网膜上保持近似稳定。在固定过程中，将场景的一个连续区域投射到中央凹上进行详细的视觉处理。固定时间一般在100—1000毫秒，大部分在200—500毫秒，这主要取决于处理信息的质量和当前的认知负荷。在任何给定的时间点，只有大约8%的视野被投射到中央凹上，可供详细处理。

平滑的追随运动涉及眼球跟踪一个缓慢移动的目标的过程。当眼球跟随一个缓慢移动的目标发生跟随运动时，目标物体在视网膜上的图像或多或少会保持稳定。平滑的追踪动作能够跟踪一个移动速度为5—30度/秒的物体。平滑的追踪运动不能被自动诱导，也就是说，必须有一个缓慢移动的目标跟随。

微型眼球运动是在注视时发生的运动，即震颤、漂移和微眼跳。震颤是一种从30到100赫兹的高频振荡，漂移是眼睛从注视点缓慢随机移动。生理上的眼球震颤可由头部运动（前庭性眼球震颤）或视野模式（视动性眼球震颤）引起。这是一种平滑运动的模式，用来跟踪一个对象（因为头部的运动导致它在视野中移动），然后快速地向相反的方向移动以选择另一个对象。这类运动在动眼神经系统中被解释为噪声。微眼跳是一种空间上的随机眼球运动。

扫视（Saccades）是一种快速而精确的眼球运动。扫视是眼睛的快速弹跳，通常持续20—40毫秒，用来将场景的特定位置投射到中央凹。扫视是人体最快的运动，人类每天大约做17万次扫视。当人们突然改变注视点时，眼球会快速、剧烈地运动。它涉及阅读时的小幅度动作，到环视房间时的大幅度动作。扫视可以自动触发，但当眼睛睁开时，即使是注视目标时，也会反射性地发生。在睡眠时，快速的眼球运动也属于扫视。在确定扫视的目标后，大约需要200毫秒眼睛运动才开始发生。扫视被认为是弹道性的，因为在眼球运动过程中，产生扫视的系统无法对目标位置的后续变化做出反应。如果目标在这段时间内再次移动（15—100毫秒），扫视将错过目标，必须进行第二次扫视来纠正错误。

2.眼动追踪原理与测量方法。

眼球追踪提供了受试者接触到视觉刺激时的即时测量，包括视频动画、平面广告和交互网页等。目前的技术使得眼球跟踪在视觉设计相关理论发展和研究实践中可以发挥越来越重要的作用。因为视觉处理是消费者行为研究中的重要过程性因素，视觉刺激在设计艺术中长期以来扮演着重要的角色。然而，眼球追踪方法在实践中的应用仍需要进一步的关注。过去，视觉注意力的研究在学术文献中主要基于几个前提。首先，注意力是一个先决条件，信息通过它进入更感兴趣的高阶认知过程。其次，获得和保留注意力是很容易的，例如，通过对比和重复。最后，测量注意力的眼球追踪是很困难的。早期眼球追踪的成本很高且没有必要，因为可以通过简单而有效的记忆测量来实现。

近期的心理学研究表明，视觉注意力不仅是一个阶段性过程，而且可以作为一个关键的协调机制以维持信息处理的时间。当人们在面对视觉刺激时，他们会移动眼球以处理视觉对象或位置。然而，当通过视神经传递的信息量超过了大脑所能处理的容量时，大脑就进化出了注意力机制，选择了一部分相关信息进行强化处理。当注意力在场景中选择一个特定的位置或对象时，既增强了对它的处理，同时抑制了对未选择的位置和对象的处理。原则上，注意力可以作用于空间位置、视觉特征或场景中的物体。受试者的特征和状态（自上而下的因素）和视觉刺激的特征（自下而上的因素）都会影响注意力。基于刺激的（自下而上的）因素对注意力的影响是众所周知的，这些知识可以有效地应用于视觉刺激的设计。如绿色的番茄酱包装会在一片均匀红色系的包装产品中脱颖而出。这些基本的感知特征包括颜色、边缘、亮度、形状和场景中物体的大小。这些特征对注意力的自下而上的控制在很大程度上是不由自主的。目前对这类自上而下的自发机制在引导注意力方面的影响还知之甚少。然而，自下而上和自上而下的过程都会影响注意力。自上而下的因素，如消费者的搜索目标（例如“找到新造型的手机”或“找到最便宜的手机”）和已知的基本特征（“新亨氏瓶子的颜色是什么?”），可以通过选择性地提高视觉功能和选择性地抑制特性来影响视觉处理。这种从上到下地对感知特征的自发增强和抑制是很费力的，且通常比较缓慢。因此，在商业场景中，由于自下而上和自上而下两种因素的综合作用，注意力优先于物体，可以反映在眼球的运动上。在注视过程中提取的信息最终会有助于基于刺激的行为效果，如学习(记忆)、偏好形成、选择和销售。

注视和扫视刺激（如广告）的模式称为扫描路径。眼球追踪器记录下受试者在视觉刺激下的注视和扫视模式。目前可用的大多数商业眼动仪是通过角膜重选或瞳孔中心方法测量注视点。这类追踪器通常由一台标准的台式电脑组成，在显示器下方（或旁边）安装了一个红外摄像机，并配有图像处理软件，用于定位和识别被跟踪的眼睛的特征。在商业营销和学术应用中，这种红外眼球追踪具有足够的时间和空间分辨率的准确性。现代的台式设备（如Tobii systems）将微型头眼跟踪摄像机集成到一个LCD监视器中，使个人能够在眼球跟踪过程中自由移动头部。在操作中，嵌入在红外摄像机中的LED红外光先被引导到眼睛中以在目标眼睛特征中产生强烈反射，目的是使受试者眼球更容易被跟踪。当光线进入视网膜，大部分光线会被反射回来，使瞳孔看起来像一个明亮、清晰的光盘（称为亮瞳效果)。角膜反射也是由红外光产生的，看起来像一个小而明亮的闪光。一旦图像处理软件识别出瞳孔的中心和角膜反射的位置，就会开始测量它们之间的矢量距离，并且通过进一步的三角计算找到关注点。新一代眼球追踪系统以相对较低的成本、较短的校准时间、自然暴露条件等因素，极大地促进了眼球追踪在商业实践中，以及在学术研究中理论建立和测试的应用。

①眼动追踪的测量指标。根据分析的类型，眼动追踪的指标可以应用于眼动行为的不同方面。兴趣区域是刺激的重要部分。与兴趣区域相关的典型度量是基于两个兴趣区域之间的移动的转换。典型的基于兴趣区域的任务包括对图像或多媒体内容的视觉搜索，通常这些图像或多媒体会被分成若干个兴趣区域。其他基于兴趣区域的测试应用是基于时间的度量分析，例如到达特定区域所需的时间、注视此区域所需的时间或注视区域的持续时间与注视总持续时间的比值。例如在视觉配对比较任务中，先给用户呈现一个对象，然后相同的对象与一个新对象再一起呈现给用户。用户会更关注以前看过的对象（即“新颖性偏好”效应）。

最常见的眼动追踪指标是基于注视（Fixations）和扫视（Saccades）。注视是以眼睛注视的稳定点的离散样本来表示的。扫视被定义为注视之间的眼球运动。眼球运动的可视化就像一张地图，可以鸟瞰自己的旅程，但是为了更精确地回答问题，仍然需要结合时间和距离的具体度量。同样的想法也适用于眼动追踪实验，需要使用定位和时间来更精确地确定人们在看什么，以及他们可能感知到什么。

应用最广泛的是以注视为基础的指标，包括注视次数、每个感兴趣区域的注视次数、注视总次数、注视持续时间、注视总持续时间、第一次注视目标的时间、注视密度、重复注视。这些类型的度量可以用来定义受试者的参与程度与效度，进而转化为设计活动所需要的信息。

注视点个数（Fixation Count）。一个兴趣区域内注视活动的数量是检验假设的一个标准。注视点个数与停留时间的结果相似，但并不总是相同。注视点个数本身也可以进一步分析，以帮助回答更精确地研究问题。例如，受试者第一次注视兴趣区域的平均时间可以让研究者了解其注意某个元素的速度。注视停留时间（Gaze Duration），是指在一个感兴趣的区域内，一系列注视活动的累积时间和平均空间位置。注视停留时间通常还包括在注视之间相对较短的扫视时间。在一个兴趣区域外发生的注视标志着注视停留的结束。扫描路径/注视序列（Scan Path or Sequence of Fixations）和派生的度量。如兴趣区域之间的转换概率，可以指示用户界面中元素安排的效率。对每个感兴趣的区域注视的次数（Number of gazes on each area of interest），通常是被遗忘的测量方法。在同一兴趣区域内连续注视通常比计算单个注视的数量更有意义。非自愿注视次数和自愿注视次数（Number of involuntary and number of voluntary fixations）。一些学者提出短注视（小于240毫秒）和长注视（大于320毫秒）分别可分为非自愿注视和自愿注视，但这一指标需要进一步的研究来验证这种分类方法。受试者关注一个兴趣区域的百分比（Percentage of participants fixating an area of interest），可以作为一个简单的指示标准以显示一个界面元素的注意力获取属性。

其他方面的眼球运动性能，如眨眼、瞳孔变化。这些在过去被大多数眼动研究者认为是无关紧要的指标，可能是丰富的数据来源。例如，一些研究者提出眨眼率对工作量（与任务难度有关）的敏感性，要高于许多其他更传统的眼动跟踪测量方法，包括在要求很高的视觉任务中眨眼率和幅度。

长注视时间与高认知负荷、高认知活动相关、该指标还与所执行任务中可视内容的难度相关。然而，一般认为少于300毫秒的注视时间不会被编码在人们的记忆中。注视时间统计可以用总的注视时间和注视密度来补充，注视密度定义为注视点总数除以捕捉所有注视点的最小面积。另一个有用的度量是受试者之间的一致性，用于量化受试者注视模式的相似性。这一指标衡量的是观察组之间的差异。

平滑追踪是眼球追踪设备检测到的另一种现象。当动态刺激被呈现，观察者在呈现的刺激中跟随一个目标运动时，平滑追踪可能无意识地发生了。目前比较普遍的跟踪实验是用眼睛跟踪一个出现的物体。当目标运动缓慢时，可以检测到平滑地跟踪运动；当眼睛移动的速度快于或慢于移动的物体时，保持平滑的眼球运动可能是精神分裂症的症状。

理想的扫描路径具有时间短且对特定目标的直线扫描的特点。通常，偏离这条理想直线的偏差被解释为较差的扫描。普遍的基于扫描路径的度量包括扫描路径持续时间、扫描路径长度、空间密度、转换矩阵、扫描路径规律性（可重复性）、扫描路径方向（搜索策略）等。

基于扫视的眼动追踪指标与特定兴趣区域的搜索序列相关，扫视可以被任意触发或刺激触发，而刺激不是可视的。与注视不同的是，在扫视的过程中，视觉信息没有被处理，所以在感知和视觉注意力的情境中，扫视指标并不像注视那样与之相关。在样本度量中，我们可以找到扫视次数、扫视幅度（即扫视距离）、扫视回归、扫视持续时间或扫视速度。在专家和新手任务中，有经验的用户被注意到使用更长的眼球运动和更大的眼跳振幅。在这类任务中其他有用的眼球追踪指标包括：对兴趣目标的第一次注视时间、感兴趣区域之前的注视次数、注视总数、平均注视时间和兴趣区域内的最大访问次数（也称为停留时间）。这些指标的得分越低，说明专业知识越强。

②相关可视化方式。随着眼动追踪实验设备与软件的进一步发展，当前的眼动追踪相关研究可以有多种的数据呈现方式。

热点图（Heatmaps）。一个受试者（或每个受试者）在一项研究中所观看的位置的视图被称为热点图。热点图与天气图类似，只是图中没有标出温度和固定点。颜色越“热”（越红），受试者在一个区域的注视就越多。

焦点图（Focus Map）。注视的次数越多，热度就越能掩盖人们所看事物的细节。另一种可视化方法是焦点映射。它本质上是热点图的逆向显示。更多的注视会使区域图像更清晰，而较暗的区域表示较少的注视。

注视路径图（Gaze Path Plots）。眼球追踪的一个未被充分利用的能力是增加时间维度的能力。大多数眼球追踪技术都能够将注视点连接起来，从而提供受试者在查看屏幕时扫描的路径。这些注视路径或扫描路径图允许研究人员查看受试者对哪些项目感兴趣，以及受试者何时在看这些项目。

聚合注视路径图（Aggregated Gaze Path Plots）。将注视路径组合在一起可以得到一个完整的视觉效果。

3.眼球运动的研究应用。

眼部运动的研究甚至先于电脑的广泛使用近100年。除了单纯的视觉观察外，追踪眼球注视位置的最初方法具有相当大的侵入性，包括与角膜的直接物理性接触。早期的技术要求受试者的头保持不动，只记录眼睛的水平位置。20世纪30年代开始，一些学者尝试使用摄影技术来研究阅读时的眼部运动。研究者改变页面字体、打印尺寸、排版布局等，然后研究这些变化因素对受试者阅读速度和眼球运动模式的影响。20世纪50年代，Fitts[①]

① Fitts, P. M., Jones, R. E., & Milton J. L. Eye movements of aircraft pilots during instrument-landing approaches[J]. Aeronautical engineering review, 1950, 9(2): 24-29.

等人的研究代表了目前已知的最早的眼动跟踪应用，他们系统地研究用户与产品的互动模式以改进产品设计。

眼球运动研究和眼动追踪研究在20世纪70年代蓬勃发展。通过将眼动追踪数据与认知过程联系起来，眼动追踪技术和心理学理论都取得了巨大进步。它们主要集中在心理学和生理学的研究上，探索人类的眼睛是如何运作的，以及它可以揭示哪些感知和认知过程。

①人机交互设计。近年来，眼动跟踪技术在人机交互中的应用有了一定的发展，它既是一种研究计算机界面可用性的手段，也是一种与计算机交互的手段。研究人员使用眼球追踪来研究产品可用性的问题。从主流眼动追踪研究的角度来看，人机交互设计也是一个非常有前途的新应用领域。

自20世纪70年代末以来，人机交互设计研究已经考虑到眼球追踪方法的作用，以实时调查在不同任务中发生的认知过程（感知、注意力、记忆、决策和问题解决）。在人机交互领域广泛使用的眼球追踪技术背后，有一个很大程度上得到验证的假设，即眼球运动反映了交互作用下的认知过程。许多实验研究表明，在视觉注意力任务中发生的眼球运动与在认知水平上处理信息的方式有密切的关系。

一些学者使用眼球追踪进行网站界面的可用性研究。研究人员通常会记录样本受试者在浏览模拟网站内容时的眼球运动，其中一项发现是眼球运动的空间效应，即眼睛通常会首先注视网站页面的左上角。只有在仔细阅读页面顶部一段时间后，眼睛才会进一步向下方向的页面浏览。Dreze与Hussherr[①]在一项针对50名受试者的法国门户网站设计的研究中，调查了为什么横幅广告是无效的，以及广告商可以怎样做来提高它们的有效性。Josephson和Holmes[②]用扫描路径理论对重复的网站页面图像进行了测试，他们让8名受试者反复观看门户网站页面、广告页面和新闻报道页面，每次持续10秒。结果表明，在同一网页的扫描路径上，受试者之间有很大的差异。

另一个最近正在开发的新领域，即用眼动仪作为输入设备。学者开始关注如何使用眼动跟踪系统为残疾用户提供直接的产品交互媒介。以往普遍认为眼动跟踪技术只是一种测量和检测工具，并没有考虑它们在交互环

① Drèze, X., & Hussherr, F. X. Internet advertising: Is anybody watching?[J/OL]. Journal of Interactive Marketing, 2003, 17(4): 8-23.

② Josephson, S., & Holmes, M. E. Visual attention to repeated internet images: Testing the scanpath theory on the world wide web[C]//Eye Tracking Research and Applications Symposium (ETRA).

境中的动态作用。眼动跟踪技术的交互作用在作为输入设备的眼动跟踪系统的研究中变得尤为重要。

②视觉广告设计。对平面广告中眼部运动的研究与心理学中对场景感知的研究几乎是相辅相成的。比如通过注视数据来预测几个广告设计方案的效能，一般会记录受试者对几个广告设计元素的视觉选择、受试者花费在每个设计元素上的时间比例以及他们浏览一系列广告作品的顺序。一些学者研究了版式布局（如空间方面）对注意力的影响。通常多名受试者在自由观看多个产品印刷广告时，他们的眼球运动会被红外线眼球追踪记录下来。结果发现，广告作品的中心位置被注视的频率要比侧面高得多，右上角被注视的频率最少，且注视时间最短。

早期通过眼球追踪来研究视觉广告的学者大部分来自市场营销相关学科。例如，有学者使用印刷广告来研究文本和图像信息在不同程度参与下的注意力变化。这一话题在此前的心理学研究中比较少见。在这个实验中，两组受试者均暴露在汽车和护肤品广告中，但其中一半的受试者被要求特别注意汽车广告，而另一半被告知要特别注意护肤品广告。此研究主要是选择通过操纵任务指令进行自上而下的影响。结果表明，受试者会花更多的时间看他们被要求注意的广告类型。图像的注视时间均比文本长，但对文本的注视次数更多。此外，这一研究中受试者对文本的关注也遵循了其他视觉设计相关研究中发现的理论模式，即受试者倾向于先看大字（标题），然后是小字（正文），最后再看图片。另一个有价值的发现是，受试者对广告的注意受到任务指示的强烈影响（比如看汽车广告还是护肤品广告）。该研究的另一个结论是，广告和其他复杂场景的感知很大程度上是基于文本信息的，但缺乏从图像到文本的转换，这与其他研究的发现是一致的。Pieters和Wedel[①]实施了一项更广泛的关于自上而下对平面广告注意力影响的研究，他们的研究针对广告整体或品牌元素的五个处理目标，以及对记忆或学习的诱导，结果表明这些目标对受试者眼球运动有显著影响。例如，在品牌学习目标下，文本是最受关注的，而广告学习目标从整体上促进对大多数广告元素的关注。Wedel和Pieters[②]让88位受试者在两份杂志

① Pieters, R., & Wedel, M. Goal Control of Attention to Advertising: The Yarbus Implication[J/OL]. Journal of Consumer Research, 2007, 34(2): 224-233.

② Wedel, M., & Pieters, R. Eye fixations on advertisements and memory for brands: A model and findings[J/OL]. Marketing Science, 2000, 19(4): 297-312.

上观看65个自然环境中的平面广告，试图确认之前几项研究中观察到的注意力与记忆的关系。在感知记忆任务中，他们记录了每个受试者对品牌、图像和文本对象的注视频率，随后要求消费者从不同品牌的像素化图像中识别单个品牌。这种间接记忆任务的设计与之前研究中使用的回忆任务有很大的不同。这项研究的一个主要贡献是，研究者提供了在长期记忆中存储信息的处理过程，这在以前的研究中是不多见的。Wedel和Pieters基于此建立了一个基于注意力和记忆理论的分级贝叶斯模型。该模型描述了眼睛对平面广告的注视导致对广告品牌的记忆过程，受试者每次注视时都会从广告中提取一个信息块，其中包含的信息量在广告和受试者之间随机变化，并在对广告对象的多次注视中积累长期记忆。累计信息总量影响品牌记忆的准确性和潜伏期，当累计信息超过阈值时，可以假定为准确记忆。该研究将广告元素的大小作为自下而上影响注意力的基本特征。例如在两种杂志中，品牌标识的显示尺寸对注视效果有特别显著的影响。平均而言，虽然品牌标识比图片和文字小得多，但每单位表面的注视量最多，其次才是文本对象和图片。然而，尽管对图片和品牌标识的注视能系统地促进准确的品牌记忆，但对文本的注视则不能。这一发现为之前关于注意力-记忆关系的研究提供了新的见解，但也对文本在广告中所扮演的核心角色提出了质疑。研究人员还发现，在控制注意力的同时，近因效应和（较小的）首因效应对记忆也有影响。

注意力转移被定义为一个广告对象的注视持续时间对其他对象的注视的影响，虽然之前的许多研究都记录了广告的表面尺寸对视觉注意力的影响，但这些结果由于选取的广告刺激物相对较少，其理论概括能力有限。基于此，Pieters和Wedel①抽取了3600多名受试者，其中1363个受试者是采用红外眼球追踪方法测试他们对印刷广告的视觉注视，然后比较两组数据。他们研究了三种广告元素对象的注意力获取和转移，即品牌、图片和文本。这三种广告元素对象中的每一种都对广告的关注度有独特的影响，这与市场营销中普遍持有的观念是不一致的。图片在吸引注意力方面更有优势，但值得注意的是，这与它的大小无关。因此，这一结果与广告设计实践中建议的将图片尺寸放大是背道而驰的。文本对象元素可以很好地获取与其

① Pieters, R., & Wedel, M. Attention Capture and Transfer in Advertising: Brand, Pictorial, and Text-Size Effects[J]. Journal of Marketing, 2004, 68(2): 36-50.

表面大小成正比的注意力。也就是说，在这些文本元素中，可以通过增加文本的大小来获取受试者对文本的注意力。品牌标识可以最有效地将注意力转移到其他对象上。也就是说，对品牌标识的长时间注视会延续到其他对象上，但不一定会反过来。研究者发现，从图形对象到品牌标识和文本对象很少或没有转移。只有增加文本对象的显示尺寸，才能获得对广告整体的关注。而且，品牌熟悉度会减少对品牌标识的注意力，但同时会增加对文本对象的注意力。总体而言，这一项研究对平面广告设计中设计元素的具体效能具有明显的实践启示意义。

直至目前，眼动追踪实验作为一种有效的客观量化方法，可以为视觉广告相关设计作品的效能提供验证数据、揭示设计理论规律。虽然一些前期研究为具体的视觉元素效能提供了验证支持，但大多是从市场营销的角度进行观察。设计艺术领域的深入理论探索仍然具有广阔的研究空间，例如，如何利用眼球注视行为观察消费者对设计语意的认知处理等。

三、脑电实验

创新思维是设计活动的源泉。设计的进步和创新都依赖于我们改变现有思维模式、打破现状、创造新事物的能力，人类大脑无疑是这一能力的核心。创造性思维的潜在神经认知机制是行为科学和脑科学研究的重要主题。研究创造性思维的产生机制，包括它们是如何在大脑中出现的，以及相关的诱发因素，将有助于我们理解设计创意思维的根本性认知原理。此外，通过对用户认知和心理特性的深入理解，研究人员可以进一步确定设计活动的效能，提升设计评价的精确性。

脑电实验（Electroencephalography Study）是一种可以测量大脑活动的非侵入性技术，放置在头皮上的电极记录的电信号来检测神经活动生成神经影像。当一个人参与执行认知任务时，大脑活动会发生变化，这些变化可以记录在脑电图上。因此，它是认知科学家的一个强大工具，旨在更好地理解与认知的不同方面相关的神经相关性，这对于设计学中的认知相关问题的检验十分有帮助。比如设计师通常对视觉刺激非常敏感，在进行设计创作时会通过搜索各种视觉参考来激发创意，然而关于设计师的视觉注意力和关联性的现有研究并不多，并且视觉刺激在设计思维活动中的效果还存在着许多争议。Liang等学者①近期的研究邀请了12位设计师，并分析了他们的视觉注意和关联经验，以及由三种类型的图像刺激而引起的差异。通过脑电图（EEG）实验的结果表明，当设计师受到视觉刺激时，前顶区会被明显激活，而在视觉关联任务期间，脑波在分布式前额叶、前中央和枕叶区特别活跃。

1.理解人类大脑活动。

在人类中枢神经系统中有两类重要的细胞，神经元及其支持细胞，也称为胶质细胞。神经元的基本组件是胞体、轴突和树突。细胞体包括细胞核、高尔基体（代谢中心）和内质网等细胞器。神经元膜覆盖在细胞体上，保护它不受细胞外液的侵害。轴突通常有一个很长的主干，可以延伸到1米远的外围系统。轴突的末端分成许多分支，形成突触末端。树突是指从神经元胞体伸出的突起，通常呈较短且分支多的放射状。树突作为受体，可以接收来自其他细胞的信号。它的分布范围一般代表了该神经元可以接受刺激的范围。大多数神经元是多极的，也就是说，一个轴突有许多树突。多个树突使细胞能够与许多其他细胞接触，从而接收多个信息输入。神经元通过从一个细胞的突触末端向其他细胞的树突状发送电化学信号的过程来相互交流。

从突触连接发出的化学物质可以刺激（去极化）或抑制（超极化）神经膜。神经膜的兴奋改变了它对细胞外液中离子的通透性。通常，一个处于静止状态的细胞对钾离子的渗透性很强，对钠离子的渗透性相对较差。细胞内钾离子的浓度是细胞外钾离子浓度的35倍。这种浓度梯度倾向于将钾离子逐出细胞之外。因此，带正电荷的钾离子向外扩散，导致细胞内带负电荷的离子过多。

细胞膜上电荷的不平衡阻止了更多钾离子进一步脱离出细胞之外。钠离子排列在细胞膜的外面，但是细胞膜没有足够的渗透性来中和由钾离子通量产生的负电荷。当膜继续分离其两边的电荷时，它就会极化。兴奋性神经递质，如乙酰胆碱，与突触后膜的树突状受体结合，导致细胞膜对钠离子的通透性增加。由此产生的正电荷流入形成兴奋性突触后电位。它的体积相对较小，因此不足以触发动作电位，即膜电位的变化，需要通过轴

① Liang, C., Lin, C. T., Yao S.N. et al. Visual attention and association: An electroencephalography study in expert designers[J]. Design Studies, 2017, 48: 76–95.

突向突触末端发送信号，导致神经递质释放到突触后间隙。然而，大多数神经元是多极的，因此有许多树突，其输入产生的兴奋性突触后电位总和足以触发一个动作电位。总和可以是空间的，也可以是时间的。空间总和是在不同位点同时产生的几个兴奋性突触后电位的总和。时间总和是指单个位点连续的潜在变化导致多个兴奋性突触后电位相互叠加而产生的总和。抑制性神经递质，如伽马氨基丁酸，通过增加膜对带负电荷的氯离子的通透性，导致细胞内的负性。这样，细胞就不能被激活，即产生抑制性突触后电位。与兴奋性突触后电位一样，抑制性突触后电位利用空间和时间求和过程。

2.脑电实验的基本原理。

脑电实验是根据神经元放电时沿神经纤维传递的电脉冲记录大脑内固有的电位活动。其基本原理是当静息态电势受到干扰，即膜透性受到干扰，它可以导致细胞电位的正负变化，这取决于正负离子浓度的变化。如果膜电位足够正，超过阈值水平，就可以观察到细胞内离子的协同运动。这种电流被称为动作电位，它沿着细胞纤维传播并扩散到整个树突分支。这种现象通常被称为神经元的尖峰放电。轴突纤维沿其长度也有膜，直到纤维在细胞体处终止，并由髓鞘进一步保护。髓鞘之间有兰维尔节，髓鞘和间隙为纤维内和轴突的动作电位的不衰减传播提供了必要的绝缘和控制离子源。动作电位幅值一般在100毫伏左右，沿轴突长度恒定，持续1毫秒。因此，神经元尖峰通常是暂时的。轴突终止于突触前神经元的突触处，当动作电位到达这里时，突触囊泡释放与突触后神经元受体结合的神经递质。如果传递物质是兴奋性的，它会导致膜电位变得更正或更小的负值，并且很有可能使神经元产生它们自己的尖峰。如果递质物质被抑制，则会导致更多的负膜电位，突触后神经元放电的概率大大降低。皮层中单个神经元产生的微弱的瞬时电流不会到达头皮。但与此同时，脑电图设备利用放置在头皮上的电极成功地记录了神经元的集体电活动，这可以用体积传导原理来解释。体积传导可以被想象成一种描述被动电阻的电传播，在这种电传播中，测量到的神经元活动强度随着与皮层的距离渐远而减弱。

脑电呈现出的波形代表了许多动作电位的平均值，其中一些是兴奋性的，一些是抑制性的。这在很大程度上是由皮层下结构驱动的，比如丘脑和脑干。脑电图电极的位置是基于国际10–20系统。该系统法是由临床神经生理学国际联合会（International Federation of Clinical Neurophysiology）于20世纪50年代末期确立的。由于个体头部尺寸略有差异，该系统可以参考相关标准进行修改。一旦记录下来，信号就会被放大和过滤，并以电子方式显示出来。脑电图通常是按照对应不同神经状态的频带进行分析的。例如，与精神放松状态相关的阿尔法频率（8—13赫兹）。通过在感官刺激出现后立即记录脑电图信号中微小的潜在变化，就可以记录大脑对特定的感觉、认知和其他心理事件的反应。这种方法被称为事件相关电位（Event Related Potentials），是研究心理生理状态和信息处理的经典方法之一。

动作电位非常快（约1毫秒），头皮记录的脑电图是由数十亿个个体动作电位组成的。在头皮脑电图中观察到的节律性周期通常被认为是丘脑和皮层之间神经活动的结果。丘脑是一个中央皮层下结构，它将信号传递到皮层，并在上行和下行通道之间传递信号到多个其他大脑区域。节律是由丘脑的复杂反馈作用产生的。

大脑是一个凝胶状的物质，悬浮在脑脊液中。这种液体与脑组织一起充当体积导体，因此使头皮记录的信号非常复杂。此外，每个脑电图电极位置记录来自多个脑电图活动发生器的节律性活动。为了更全面地了解这个复杂的系统，电极放置的标准（即10-20国际电极放置系统）起着重要作用。该系统使用字母F、C、T、P和O分别指代额叶、中央、颞叶、顶叶和枕叶皮层区域，这些位置与相应的大脑皮层区域相关。奇数表示左半球位置，偶数表示右半球位置。例如，“T3”表示左侧颞区。使用基于百分比的系统需要考虑头骨大小的差异。

信号显示的顺序会产生导联组合（Montage），它是指脑电实验机器显示屏上的频带排列或阵列。有两种类型的导联：双极导联和单极导联（也称为参考导联）。双极导联测量两个相邻电极之间的电位差，单极导联将每个电极与相同的普通电极进行比较。或者在参考导联的情况下，将所有电极的平均活性进行比较。参考导联包括在活动部位收集信息，并将该活动与通用参考电极进行比较。常见的参考电极，如耳垂，应不受大脑活动的影响。参考导联的主要优点是允许对许多不同的衍生物（电极对）的活性进行有效的比较，而它的一个主要缺点是没有理想的参考位置，例如，耳垂部位可能从颞叶接收到一些脑电图活动。另一个缺点是可能会出现肌电图或心跳伪影。其他可以使用的参考位置包括下巴、鼻尖和颈部。然而，这些非头侧参考点受到肌肉活动的肌电图伪影的影响。

双极导联比较两个活跃的头皮部位之间的活动，任何与这些地点相同的活动都被减去，这样就只显示活动的差异。因此，这种技术会丢失部分信息。然而，双极导联的一个主要优点是电生理事件的定位更容易。通过检查双极衍生的序列，当一个人在双极衍生的空间上从前到后或从左到右移动时，相位反转电信号时可以发现特定的脑电图峰（或其他值得注意的事件）的出现。

3.数据分析。

脑电信号的计算与分析涉及许多因素：频率分布、电压（如电子信号的振幅）、轨迹的现象、波形形态、两半球间的对称性（对称电压、频率、波形状相应的位置）、波形的发生（随机、串行、持续）、规定的电压和频率、反应性（一个脑电图参数变化的变化状态）。

①频率。是指波形在1秒内重复其周期的频率（也称为赫兹）。频率分析，即根据脑电图信号的频率范围进行分析，传统上有两种基本类型：窄带滤波器（通常将信号分成1-Hz的段）、宽带电子滤波器。频率分析涉及对数据周期性模式的探索。分析的目的是将具有周期性组件的复杂时间序列分解成几个特定波长的正弦函数。分析脑电图频率最常用的方法可能是使用快速傅里叶变换（FFT）进行频率分析，其他方法包括递归过滤技术。对复杂波形（如脑电图）的频率分析结果是对波形的频带上分布的能量的测量。落在Delta或Theta波段的活动称为慢波活动，落在Alpha或Beta波段的活动称为快波活动。当一个特定的活动部分以一个奇异的频率表现出一个节奏组件时，就会使用单节奏。术语多频活动指的是脑电图中多个频率都表现出非常有节奏的活动的部分。在大多数的脑电图工作中，频率范围分为四个波段：Delta（小于4 Hz）、Theta （4—7.5 Hz）、Alpha （7.5—12.5 Hz）和Beta（大于12 Hz）。四个波段的具体信息如下：

Alpha波最著名的表现是在闭上眼睛时所观察到的额叶和枕叶上的反应，当受试者睁开眼睛时，阿尔法波消失。阿尔法波是由德国神经学家Hans Berger发现的，他本人也是脑电图的发明者。Alpha波是Hans Berger记录得最早的波之一，他随即对其产生了浓厚的兴趣，他发现当受试者睁开眼睛时，Alpha波会减少，而Beta波会增加。这一发现使得Alpha波也被称为“Berger's wave”。长期以来，Alpha波被认为代表了处于空闲状态的视觉皮层的活动。最近的一些研究认为，它们抑制了大脑皮层中未被使用的区域，或者它们在网络协调和交流中发挥着积极的作用。在闭眼期间的枕部脑电波是最强的脑电图信号。目前一些研究人员认为至少有两种形式的Alpha波，它们在清醒–睡眠周期中可能有不同的功能。Alpha波出现在清醒到睡眠这一周期的不同阶段。最广泛应用的研究是在放松的精神状态下，即受试者闭着眼睛休息，但不累也不处以睡着状态。这种Alpha波活动集中并开始于枕叶，也有研究者推测是起源于丘脑部。这种波大约在人类4个月时就开始出现，最初的频率是每秒4次。发育成熟的Alpha波，以每秒10波的速度，在3岁时趋于稳定。第二波活动发生在快速眼动睡眠期间。与Alpha波活动的清醒形式相反，这种形式位于大脑的额中央位置。在快速眼动睡眠期间Alpha活动的目的尚未明确。目前，有观点认为Alpha波模式是快速眼动睡眠的正常组成部分，也有观点认为它表示一种半觉醒期。有研究表明，这种Alpha活动与快速眼动睡眠压力成反比。长期以来，人们一直认为Alpha波表示睡眠期间的一个觉醒阶段，主要是因为一些研究中，受试者报告说处于不清醒的睡眠中。脑电图记录也报告说他们的睡眠受到了高频的Alpha波干扰，这种现象被称为波入侵。然而，这些解释可能有误导性，因为它们只关注于枕叶产生的Alpha波。

人类的Beta波的频率范围大约在14—30Hz之间。它的幅值在20Hz左右摇摆是很典型的，这是Alpha活动的两倍，因此被命名为二级活动。前者起源于躯体感觉皮层，后者起源于运动皮层。Beta波可分为三种：低Beta波（12.5—16 Hz）；Beta波（16.5—20 Hz）；和高Beta波（20.5—28 Hz）。Beta波是与正常清醒相关的状态。如前面所述，Beta波也是由德国精神病学家Hans Bergers发现并命名的。他发现当受试者睁开眼睛时，振幅更小、频率更快的Beta波取代了Alpha波。具有多个和不同频率的低振幅Beta波通常与活跃、忙碌或焦虑的思维和积极的注意力有关。在运动皮层上，Beta波与肌肉收缩有关，这种收缩发生在等张力运动中，在运动变化之前和过程中被抑制。在静态运动中，Beta活动的爆发与感觉反馈的加强有关，并在运动变化时减少。Beta活动在运动被阻止或自愿抑制时增加，通过经颅交流电流的刺激，可以在运动皮层上人为地诱导增加Beta波。这种刺激与等渗性收缩的联系相一致，会使运动减慢。

Delta波是一种高振幅的脑波，频率在0.5到4 Hz之间。它通常与非快速眼动睡眠的深度第三阶段有关，也被称为慢波睡眠，有助于增加深度睡眠的特征。Delta波在20世纪30年代由W. Grey Walter首次提出，他改进了Hans Berger的脑电图仪器来检测Alpha和Delta波。Delta波是脑波中最慢和振幅最高的，在所有哺乳动物中都存在，在大多数哺乳动物物种中，雌性有更多的Delta波活动。这种差异直到成年早期才变得明显（人类在30或40岁时），随着年龄的增加，男性的Delta波活动会逐渐减少。

人类的Theta活动出现在4—8 Hz的频率范围内。在书写、坐、走三种方式中，书写时Theta活动的频率较高。安静的精神活动也有助于增加Theta的活动。Jung与Kornmüller最早对Theta规律性慢波进行清晰地描述。随后的相关研究发现Theta波和皮层活动模式之间的逆关系，即Theta波的节律性与皮层的去同步化活动同时发生，而不规则的Theta活动模式与皮层慢波的出现相关。积极的运动，如跑步或跳跃都与Theta相关。研究表明，Theta活动通常在运动开始的前几百毫秒就开始了。也就是说，它与运动的意图有关，而与运动产生的反馈无关①。

②振幅。脑电图的振幅定义为从波峰到波谷的电压，单位为微伏特（1/1，000，000伏特），振幅一般在20—50毫伏范围内。脑电图的振幅在受到刺激时趋于衰减。例如，与闭眼记录条件相比，在睁着眼睛的情况下，快速活动会减弱振幅。当一个频带内几乎没有或很少有节奏性活动时，就称为“抑制”。阵发性活动是一个术语，指的是高振幅的活动。

③波形形态。信号频率和幅值组合影响脑电图的“形状”或“形态”，记录装置可对某些特征进行滤波，从而可对其进行检测。波形在对刺激的反应中不断波动，并取决于受试者的状态（警觉、嗜睡等）。瞬态是孤立的形式或特征，突出的背景脑电图活动。单形络合物是指后续波形相似的络合物，而多形络合物是指后续波形不同的络合物。波形还可以包括电压的若干正负摆动。因此，一个波可以是非相的（正的或负的），两相的（正的和负的）、三相的或多相的。

④两半球间的对称性。大多数脑电学者认为，同源电极之间的波形振幅的双侧对称性是脑电图的一个重要因素。脑电图的对称性还包括两种波

① Whishaw, I. Q., & Vanderwolf, C. H. Hippocampal EEG and Behavior: Changes in Amplitude and Frequency of RSA (Theta Rhythm) Associated With Spontaneous and Learned Movement Patterns in Rats and Cats [J]. Behavioral biology, 1973, 8(11): 461-484.

形在频带内对应的波峰和波谷相一致的程度。早期测量复杂脑电图信号对称性的方法之一是使用极性重合相关，这种相关性是通过对两个同时发生的电信号的极性（正极性或负极性）进行大量比较而计算出来的（例如，在单极导联中，两个半球间的同源点）。当脑电图信号以高频率采样时，相关的频响（或分辨率）超过脑电图信号的带宽。然而，数字延迟电路允许一个信号相对于另一个信号延迟一定的数量。相位测量提供了空间分离但连接的发电机系统之间的超前或滞后时间的估计，使用来自大脑半球内部以及半球之间的配对来量化相位偏移或滞后，可以提供关于神经通路传播的信息①。

为了有效地利用脑电图，必须牢记脑电图的3N特性，即非平稳、非线性和噪声。脑电图信号与其他生物信号相似，都是非平稳的。这意味着脑电图信号的统计特征随时间而变化，因此，长期的统计特性，如脑电图时间序列的平均值或方差，可能不够稳定，不能揭示相关的大脑状态或活动。在实际应用中，由于脑电信号的局部平稳性（即统计特性在短时间内基本保持稳定），脑电信号常常被截断成短的分析周期。此外，人类大脑相当复杂，被认为是一个非线性系统，但只要周期足够短，线性方法就可以很好地用于脑电图分析。当涉及很长的时间维度时，必须考虑非线性。第三个问题是噪声问题，一方面，脑电图信号在很多意义上都是有噪声的，它与脑电的实际应用密切相关，一般来说，一些系统性错误是不可避免的。例如，由模数转换器（ADC）产生的量化误差。这种噪声随着ADC分辨率的增加而下降，因此推荐使用高分辨率的仪器。另一方面，脑电图信号本身也不可避免地受到其他被称为伪影的电活动的污染。与大脑活动无关的其他电势也会混入并污染大脑来源的脑电图信号。这些伪影通常振幅很大，在脑电图记录中占主导地位。因此，成功的伪影抑制或去除对脑电分析至关重要。

4.脑电实验设计。

脑电图实验设计一般步骤如下：

①就像其他的定量研究一样，脑电图实验必须从一个假设开始，这个假设将在后续的研究中提出。考虑到现有脑电图设备的局限性和适用范围

① Thatcher, Robert W., R. A. Walker, I. Gerson., & Geisler, F. H. EEG discriminant analyses of mild head trauma[J]. Electroencephalography and clinical neurophysiology, 1989, 73(2): 94-106.

以及相关的理论约束，必须形成适当的假设。

②使用一定种类的分析技术来处理所获得的数据，必须使用最少数量的电极。因此，脑电图设备的规格在形成有效的假设中起着重要作用。

③一旦确定了一个可验证的假设，就需要根据假设设计实验任务，可能包括身体、心理活动和反应。

④设计脑电图实验任务的主要目标是提供适当的刺激来诱发特定的大脑活动。一般来说，视觉、听觉、触觉等官能被单独或联合使用来进行刺激。视觉刺激可以是运动的，也可以是静止的，它可以触发各种认知、情感过程和感官反应。

⑤这些可能的响应对于决定电极在头皮上的放置位置、采集时脑电信号放大器的设置以及采集后的数据分析步骤都很重要。例如，对视觉的反应需要更少的活动通道，而认知反应需要更多的电极。事件相关电位的研究至少使用8个电极，可以扩展到256个密集网格，用于要求更高空间分辨率的研究。频道的数量也取决于采集后分析的类型，为了使用独立的组件分析，至少推荐16个频道。

⑥接下来是选择合适的主题集。事实上，假设的制定和实验任务的设计必须针对一组特定的人类或动物实验对象。影响选择合适的研究对象的另一个因素是它是在研究对象内部还是在研究对象之间，即组间或组内。与经验观察相比，统计研究需要更多的研究对象。

⑦由于在人和动物身上进行实验涉及各种伦理问题，因此必须在实验开始前获得机构伦理委员会的批准。一般的高等教育或研究机构都会成立相应的研究伦理委员会。

⑧实验准备必须首先书面告知实验对象实验任务、研究范围、实验对象的角色、涉及的风险以及实验对象必须遵守的规定。

⑨应取得受试者的书面同意，如有任何不适，受试者可随时选择退出。在基于视觉刺激的实验中，眨眼、目光转移、面部表情和身体动作可能受到限制。在涉及精神负荷的任务中，可能需要抑制非处方药对认知能力的干扰。因此，必须收集受试者的健康状况的相关信息，并根据所需的标准进行核对。

⑩当受试者准备好时，注意对脑电图仪器的适当布置。

⑪对设备所处空间的相关规范应特别注意。这包括从电力和非电力来

源的噪声绝缘和设施发出的刺激。这些程序可能会根据研究问题的不同而有所不同。

⑫一旦一切准备就绪，实验就可以开始了。受试者应坐在舒适的椅子上，与屏幕保持适当的距离，并在随后的所有任务中固定屏幕。必须向受试者简要说明信息表，并重申受试者随时可以选择退出实验。必须给受试者提供与任务相关的附加说明，以避免人为的动作干扰，如眨眼、吞咽、移动等。如果受试者同意继续，则必须小心地安装电极帽，并将电极小心地放置在选定的位置，此时放大器的设置如带通滤波器、采样率、导联、陷波等应设置好。在整个实验过程中，这些设置应该保持不变。在实际数据记录之前，应该进行一次试运行。根据任务的要求，触发脉冲应该准备好标记试验的开始和结束，以及事件的开始。

自发性脑电活动本质上是非线性、非平稳的，这可以通过在实验中计算脑电图信号来证实。为了理解这个连续的、高度非线性的信号所包含的信息，一些实验操作是必要的。其中一种操作包括刺激神经的感觉通路，因此在刺激开始后诱发的早期潜伏期反应被称为诱发电位（Evoked potentials），它是指在有意识地外部刺激感觉神经通路时所产生的电活动。诱发电位测试被用于诊断神经退行性疾病，如多发性硬化，其中神经通路脱髓鞘可能会导致感觉知觉的神经元处理的无意延迟。通过设计复杂的心理任务，可以观察到神经元活动在执行过程中的变化。这些反应被认为有延迟，通常被称为事件相关电位（Event related potentials）。

通过脑电图仪上的观察，人类的大脑总是活跃的。脑电图代表身体自主功能的神经中枢，如呼吸、心跳、眨眼、嗅觉、吞咽、运动、视觉，以及知觉、感觉、思维、想象等认知活动。在脑电研究早期阶段，研究感官知觉对视觉、躯体感觉刺激、选择性注意的反应。很久以后，诱发电位和事件相关电位就有了区别。对刺激的强制性反应称为诱发电位，而非强制性反应称为事件相关电位。对外界刺激的反应可以是听觉、体感或视觉的连续现象。首先，它表现为早期的潜伏期反应，由皮层下和皮层起源的大脑感觉神经元开始。随后是与认知领域相关的延迟反应。代表与心理过程相对应的神经元活动的反应是与事件相关的电位。为了模拟执行简单和复杂任务过程中的神经元通路，研究者一般会设计实验。这些任务通常是通过视觉、听觉或躯体感觉途径给予刺激的一部分。据观察，大多数处理发生在刺激开始之后。

1939年，Hallowell和Pauline Davis是历史上第一个记录人类皮层诱发脑电位的人。他在动物耳蜗电位、改进的刺激产生和反应记录设备方面的开创性研究推动了听力计诞生。Sutton对事件相关电位的研究被认为是认知神经科学的先驱①，他的研究探讨了感觉诱发电位的功能相关性，他的实验在很大程度上操纵了实验对象对刺激的期望，并观察了刺激变化下可能产生的反应变化。事件相关电位的研究虽然最初局限于认知科学家的范围，但后来扩展到神经科学家的领域，试图解决人类的大脑思维，并进一步应用到大脑计算机输入系统。这引起了工程师们和设计师们的注意，他们使用生动的算法来分析事件相关的电位来获取信息。

事件相关电位的第一个组成部分是潜在预期的指标，它们以一种复杂的形式出现，称为关联性负变，是短时间预警刺激和长时间目标刺激之间出现的一个较大的负偏差，分别是上述刺激的期望和强化的表现。关联性负变是预备电位和刺激前负性的总和。预备电位（Readiness potential），也被称为是对自愿运动的预期的一种表现，其中，运动起着至关重要的作用。

一个或多个组件的突出和压制反映了刺激引起的心理过程，罕见或者频繁的刺激操作被设计用来分离事件相关电位的组件。从原始脑电图中提取这些组件的传统方法是在多个试验中求平均值，但这有一定的局限性。虽然可以在一个时间段内得出事件相关电位对试验的整体反应，但由于取消背景脑电图活动，几乎很难留下信息来观察可能在个别试验中发生的组件变化。

事件相关电位实验的目的是通过在受控的环境中设置简单的任务来捕捉与外部行为相对应的神经元活动，其基本目标是设计出能够区分相关任务中神经活动细微变化的装置方法。由于这些变化隐藏在更强的脑电图活动中，平均法是一个可行的选择。但是平均法有局限性，如多次试验的必要性、由于习惯而导致的分量幅值的降低等。为了减轻幅值变化的影响和减少试验次数，研究者可以采取时频域的替代分析方法。时频分析包括小波分析，小波分析将单个时隙内的频带分离出来。这些频带可以选择与已知的人类脑电图活动频带相同的频带。

① Donchin，E. Event-related Brain Potentials：A Tool in the Study of Human Information Processing［M］// Evoked Brain Potentials and Behavior. Springer，1979：13-88.

在刺激设计的诸多方面中，应注意刺激的持续时间和两次之间的刺激间隔。间隔应该足以让对早期刺激的延迟反应消失。无论是基于注意力还是基于任务，这种持续时间根据刺激的性质而变化。

目前没有公认的关于试验次数的标准方案。这取决于数据的信噪比特性、影响有多大以及研究范围内的分析类型。电极位置的选择在很大程度上取决于对受试者的询问。当要追踪感觉反应时，例如视觉上引起的反应，少量的通道数量就足够了。

对于使用空间滤波器的分析，需要考虑空间分辨率、脑源定位以及更多的电极。电极越多，针对受试者的准备工作就越烦琐，需要在头皮和电极之间填充凝胶，在信号和头皮之间建立传导桥梁。另一种选择是在两个电极之间使用干电极或盐水海绵。这会使任务变得更容易，但这些选择只是在有限的脑电图设置下是可用的。

目前大多数的脑电图放大器都根据普遍的询问提供可行的采样率选项，满足奈奎斯特标准（Nyquist Frequency）。采样率必须至少是信号中存在的最高频率分量的两倍，但实践表明，为了捕获脑电图信号中更高的频率分量，采样率应该更高。例如，64 Hz的采样率不足以捕获40 Hz的伽马射线活动。与此同时，高达2048 Hz的采样率与512 Hz的采样率相比，不能提供更多的信息。产生的数据量通常是采样率的直接函数，因此，在数据量和算法复杂度方面，要注意保证计算机的数据处理能力。

为了对原始的脑电图数据进行处理，并对具体的时间实例做出有意义的解释，可以使用事件标记。通过生成标记来识别重要事件的开始，如刺激开始。同时对脑电图数据进行时间锁定，进行离线分析是必要的。这些是由记录装置产生的方波脉冲，标志着试验的开始和结束。标记的长度或持续时间应根据采样率来选择，以确保标记可以被成功记录。例如，如果采样率为1024 Hz，那么1毫秒长的采样可能不会被记录。

5. 研究应用。

虽然脑电实验也像其他技术一样面临着自身不可避免的问题，但它具有成本低、可移植性强、时间分辨率高等优点，是现实条件下最具发展前景的研究方法之一。

①设计艺术教育。脑电实验与发散思维是未来的重要研究方向之一。脑电实验是一种无创测量脑电活动的方法，它记录头皮上不同点之间电位

差的变化，主要来自兴奋性和抑制性突触后电位。虽然几十年来脑电图信号一直被用来理解伴随心理过程的神经生理学变化，但直到20世纪90年代末，它才被用来研究创造力与艺术的相关话题。

脑电图记录的变化是根据功率和同步性来报告的。通过频谱分析获得脑电功率，它反映了电极中的频率含量。脑电同步反映了来自不同电极的信号是如何相互联系的。时间锁定事件中的功率变化被称为事件相关同步和事件相关区同步。同步性是用来表示电极对之间的同步活动，它与光谱功率或振幅无关。事件相关电位是对外界刺激的脑电图记录。刺激锁定的事件相关电位通常比脑电图的振幅小得多，并根据其特有的头皮分布、极性和潜伏期进行描述。事件相关电位提供关于不同认知过程的信息，例如，P300波是决策过程中诱发的事件相关电位组件。它被认为是一种内源性潜力，因为它的发生与刺激的物理属性无关，而是与人对刺激的反应有关。更具体地说，P300被认为反映了刺激评价或分类的过程。此外，N200是另一个事件相关电位组件。N200是一种负向波，在刺激后达到200—350毫秒的峰值，主要出现在头皮前部。过去的研究集中在N200被发现反映了执行认知控制功能，主要在最近的语言研究中被使用。然而在创造力相关的研究中，只有在洞察力（Insight）相关研究中迄今为止使用了这种技术。例如，在以往的脑电图实验中，Bhattacharya等学者①研究了与艺术创造力明显相关的各种认知过程。为此，他们设计了一些实验任务，比如要求受试者在脑海中作曲、想象一个抽象的概念、看一幅画，以及想象一幅之前展示过的画面。实验采用了组间设计，将艺术家与非艺术家分为两组。通过对照两组受试者脑电图频带的变化来理解艺术家所特有的发散思维的神经特征。

在心理成像过程中，脑电图显示了额叶的Alpha去同步和后验区域。例如创作者在构思一幅图画时可能严重依赖于心理意象，艺术家们也在实验中展示了同样的思维模式。脑电图在Alpha频带的活动已被证明对创造性相关需求特别敏感。研究还表明，更多的原创想法，相比更少的原创或传统的想法，与更强的Alpha活动相关。同时，Alpha同步化被证明是创造性思维训练的结果。换句话说，那些允许更多自由联想思维的任务比那些创造

① Bhattacharya J, Petsche H., & Pereda E. Interdependencies in the spontaneous EEG while listening to music [J]. International Journal of Psychophysiology, 2001, 42(3): 287-301.

性要求较低的任务伴随着更多的Alpha同步。比如，专业舞者在想象舞蹈时比新手表现出更多的Alpha活动同步。因此，这些发现表明在创造性思维过程中所观察到的大脑激活模式，特别是在顶叶区域的明显的Alpha活动同步，是由于一般的创造性思维方式，而它们对创造性思维任务的特异性较低。但相关的设计教育话题尚不多见，这可能是一个有价值的扩展创造性思维的研究方向。设计专业学生从事各种形式的创造性活动可能都与Alpha活动相关。未来的研究可以补充或扩展现有的关于创造性思维背景下脑电图Alpha活动作用的证据，以指导设计教育的相关实践活动。具体地说，未来在创意领域的研究将受益于这些前期的脑电测验，它们可以识别一般创意人士或特定职业的创意人士的个性和大脑特征。

到目前为止，关于创造性发散思维的事件相关电位研究仍较少。通过深入理解发散思维的脑活动机制，有助于研究者理解创造力的神经基础，进一步推进当前设计艺术教育研究。在处理创造力相关的主题时，可以联系已有的理论基础，包括心理意象、知觉组织、设计创作或自由即兴创作的反应选择等。

②设计心理学。在以用户为中心的设计趋势下，设计师需不断探索新的方式方法，更深入地去理解目标受众。唐纳德·诺曼在他的*The Design of Everyday Things*一书中把设计定义为一种交流行为，这意味着设计师应该深刻理解用户。为了更好地了解他们的需求，设计师应该牢记人类行为、愿望和动机的心理学原理。如果设计师在创作过程中运用心理学，那么作品会产生更加积极的结果，通过科学更接近目标受众。心理学知识有助于创建设计，使用户执行他们所期望的行为，如购买意愿。心理学的研究和分析可以作为一种改进设计的有效方法，而脑电实验，可以为此提供客观的、可靠的研究基础。例如，最近的研究使用脑电图来调查人格差异，研究范围从检查基本事件相关电位反应的个性差异到处理不同类型刺激的差异。这项研究有助于阐明具有不同个性特征的个体之间存在的认知加工差异的神经基础。例如，对主观幸福感感兴趣的人格心理学家通常将积极情感、消极情感和生活满意度确定为三个可分离的组件。脑电图工作通过证明特质正性和负性影响的个体差异与大脑半球不对称的差异相关，有助于我们对主观幸福感的理解。

研究人员也对检查个体在焦虑敏感性的差异感兴趣。由于焦虑程度高的人被认为认知控制能力受损，因此在需要认知控制的范例中，事件相关电位反应特别适合于在这个任务中检查认知过程。Sehlmeyer等研究者①向参与者展示了焦虑敏感性的差异，在一些试验中，受试者会抑制他们的反应。结果显示，在那些要求受试者抑制其反应的试验中，P3振幅与焦虑敏感性显著相关，这表明焦虑的个体比不焦虑的个体会保持更高的认知控制水平。而这些发现可以帮助研究人员了解不同焦虑水平的个体涉及认知控制的反应的方式。

格式塔心理学理论（Gestalt Principles）已有近百年的历史，但它的现实性并未消失。格式塔一词的意思是统一的整体，因此该理论探讨了用户对相互关联的元素的视觉感知。换句话说，它展示了人们是如何将视觉元素统一成群体的。用户组成视觉组的原则包括相似性，如果用户看到类似的对象，他们可能会自动将其视为一个组的单个元素。元素之间的相似性通常由形状、颜色、大小或纹理来定义。相似之处给了用户设计元素之间的一致性。延续性是人的眼睛自然地从一个物体移到另一个物体的原理，这可以通过创造曲线达成，让视线随着线体一起流动。完形性是一种基于人眼倾向于看到完整形状的机制，即在一个对象是视觉上不完整的情况下，用户却认为它是一个完整的形状。换句话说，用户在心理上填补了缺失的部分。接近原则是当物体被放在很近的地方时，即使它们不相似，眼睛也会把它们看成一组，而不是孤立的元素。背景与前景原理表明，眼睛倾向于将物体与其背景分开。格式塔原则在实践中证实，我们的大脑倾向于欺骗我们，所以设计师在创作过程中应该考虑到这一事实，以排除误解的可能性。

目前，艺术相关领域已经使用脑电实验以进一步理解格式塔心理现象，有一组研究工作涉及完形原则的创造性表现。格式塔理论中的创造性意味着超越自我表达，从而创造一个新的空间。创造性思维的正式定义是“概念再定义”，即“重新定义或重新组织思想对象的能力”。但大部分主要从艺术和工艺的角度来探讨格式塔原理，而不是从科学现象的角度来深入理解。在相关研究中，研究人员设想用脑电实验来探索与格式塔现象相关的内在大脑活动。虽然格式塔理论的主要关注点是在视觉领域，但也有许多

① Sehlmeyer, C, Konrad, C, Zwitserlood, P. et al. ERP indices for response inhibition are related to anxiety-related personality traits [J]. Neuropsychologia, 2010, 48: 2488-2495.

作品是在听觉领域完成的，运用格式塔理论的各种原理，即接近性、相似性与完形性等。一般来说，视觉和听觉感知是截然不同的，一个是空间感知，另一个是时间感知。然而，视觉感知也会随着时间而改变，就像听音乐时的听觉感知一样。当我们看到移动或变化的形式时，即使看到静态图像，我们的眼睛也会以有意义的模式在图像上移动。到目前为止，人们还没有研究探索大脑对格式塔心理学在设计案例中的应用效应。

色彩心理学方面也可以与脑电研究深入结合。研究颜色对人的思想、行为和反应的影响的一门科学叫做颜色心理学。简而言之，颜色对用户感知有很大的影响。这也是为什么设计师应该有意识地选择颜色，以确保他们的作品呈现正确的信息和基调。在涉及彩色灯光的研究中，当受试者在个人电脑屏幕上看到不同的颜色时，脑电图反应就会被监测。结果发现，与白色和红色相比，当显示蓝色时，受试者枕部的Beta波强度受到抑制，这表明蓝色有更放松的效果。

最近也有研究涉及物体颜色的生理效应。研究者发现男性和女性对不同颜色的布片有不同的脑电图反应。Shen等人[①]报告了当受试者暴露于红色、蓝色、黑色和白色纸张（A2大小）时，皮肤温度会产生显著差异。当受试者看到蓝色纸时，他们观察到顶叶区域的Beta波、枕叶和顶叶区域的Alpha波；而当受试观看红纸时，Beta波主要出现在额叶区域。据推测，这可能是由于色彩的刺激或镇静作用。然而，目前对于颜色的脑电研究还远远不够，情感因素与大脑皮层颜色活动之间的关系尚未明确。鉴于此，需要更多的研究来阐明由于物体颜色刺激而引起的脑电图反应变化[②]。这对于视觉设计的用户研究是十分有意义的。

从基础神经科学研究到复杂的社会行为研究，在各个研究领域了解大脑在特定环境下如何工作和对感兴趣的刺激做出反应都具有重要意义。基于客观的、定量的脑电技术，艺术设计学研究者对人类大脑状态的深入分析成为进一步揭示研究主题本质的关键。然而，在目前的研究中，探索大脑的状态和活动对大部分研究人员而言仍然是一个挑战。虽然脑监测技术

① Shen, Z, Tone, A., & Asayama M. The Effects of Viewing Different Colors on EEG and Skin Temperature in Humans[J]. Journal of International Society of Life Information Science, 1999, 17(1): 105-117.

② Yoto, A., Katsuura, T., Iwanaga, K. et al. Effects of object color stimuli on human brain activities in perception and attention referred to EEG alpha band response[J]. Journal of Physiological Anthropology, 2007, 26(3): 373-379.

和相应的标准工作流程已经为实验室神经科学研究奠定了良好的基础，但当在现实条件下执行心理或行为任务时，一些技术上的限制仍存在。基于神经活动与大脑血流变化相关这一事实，功能磁共振（fMRI）通过血氧依赖（BOLD）对比来测量大脑活动。与预先设定的控制状态相比，可以通过高空间分辨率检测到大脑活动的增加。脑磁图（MEG）是另一种领先的神经成像技术，它利用灵敏的磁强计来确定大脑深处被激活的区域，这种磁强计可以捕捉到大脑内部电流活动引起的磁场变化。这些技术为大脑认知研究提供了重要的信息，并在相关研究中得到了广泛的应用。然而，这两种方法都必须使用不可移动的、巨大的、昂贵的仪器，这对其应用和实验任务设计造成了很大的限制。近红外光谱（NIRS）是一种新型的光学成像技术，具有微型化、便携化、抗干扰等优点。而脑电图测量装置易于小型化，便于研究人员携带。

因此，脑电技术可以将受试者从高度受限的条件中解放出来，为与脑相关的实验提供重要的自由度，极大地拓展了其可能的应用情境。

四、功能性磁共振成像

大多数的设计问题，都会涉及对用户或消费者的认知心理分析。为了开发出能被大众接受的合理设计，很多公司和研究机构在消费者研究上投入了大量的资源。消费者对产品设计的偏好或判断，尤其是审美判断，一直是重要的研究课题。为了更好地理解消费者对设计的积极反应和选择，研究人员开始更多地关注神经科学方法，这些方法可以揭示大脑的隐藏认知过程。近年来，新型技术发展推进了许多利用神经实验方法的相关基础研究，有助于更好地理解消费者的情感反应和潜意识的信息处理。神经科学的最新发展使研究人员能够更有效、更准确地测量与视觉信息处理相关的大脑活动。

1990年，Belliveau和他的同事发表了第一次使用磁共振成像技术观察人类视觉皮层的活动。功能性磁共振成像（functional Magnetic Resonance Imaging）是一种新型的非侵入性成像工具，被认为可以测量与区域脑血流相关的变化。这项新兴的技术彻底改变了认知心理科学研究。例如，很大程度上是由于功能性磁共振成像，所以现在出现了社会神经科学、设计神经科学、神经经济学，甚至神经营销学的新领域。与脑电图和脑磁图相比，脑功能磁共振成像并不能直接测量神经活动。

功能性磁共振成像是研究神经和认知结构的一种强大的方法，但在处理过程问题上却没有那么有效。正因为如此，在对认知心理的研究中，它并不能取代所有其他的方法。但它确实为认知心理科学家提供了一个重要的新工具，当它被用于包含传统行为方法的整合使用时，极大地提高我们对人类认知思维的理解。目前，典型的实验记录是一个单一的、间接的神经活动测量。由于功能磁共振成像在时间上的分辨率较低，因此它不适用于解决不同认知状态或过程之间的微小时间差。虽然空间解决方案在理论上很好地处理了大脑主要结构的脑活动，但它还不足以定位具体活动。由于这些原因，功能性磁共振成像的使用并不是没有争议的。虽然认知心理科学对功能性核磁共振普遍很感兴趣，但一小部分科学家仍然持怀疑态度。由于其有限的时间和空间分辨率，功能性磁共振成像最适合回答关于整体的神经结构的问题，而不是关于神经过程的问题，但它可以非常有效地解决这些问题。功能磁共振成像可以测试纯认知理论，而不做任何神经科学假设。例如，假设某个认知理论预测相同的感知和认知过程会影响两个不同任务的表现，然后，这个理论应该可以在功能磁共振成像的研究中预测这两个任务的激活模式。如果在任务中发现了不同的激活模式，那么该理论可能需要重新思考。

1.大脑构造。

在探索神经设计研究的基本原理之前，有必要先了解一下人类的大脑（此前章节亦有涉及）。大脑主要由神经元和神经胶质细胞组成。神经元专门通过突触向其他目标细胞传递或阻断信号。突触是一种允许电信号或化学信号在神经细胞之间传递的结构。具体来说，突触间的化学信号传递涉及多种神经递质。人类大脑的状态根据被激活的神经递质类型而变化，例如，人们普遍认为多巴胺的释放与愉悦感和消费者满意度密切相关。

大脑皮层是人类大脑的主要特征，也是神经美学感兴趣的区域，它包括四个叶：额叶、顶叶、枕叶和颞叶。这些脑叶与感知和解释感觉有关。具体来说，枕叶是大脑的视觉中心，而颞叶则与听觉和记忆有关。顶叶与注意力、空间认知和肌肉运动有关。额叶控制枕叶和颞叶中存储的信息[①]。

另一个重要的大脑结构是边缘系统，包括杏仁核、纹状体和基底神经节。根据情感神经科学的相关研究，品牌相关的反应（如品牌熟悉度或偏好）与边缘系统相关。边缘系统也被称为“情绪大脑”。从大脑的进化来看，与生存的关键技能和感觉直接相关的结构，如与运动和平衡的调节和协调相关的小脑，比其他结构要古老得多，因此被称为“老大脑”。我们的“老大脑”只关心生存。一些学者认为情感、感觉和生物调节都在人类的理性中发挥作用。换句话说，我们有机体的低级秩序处于更高理性的循环之中。与生存相关的情绪大脑在决策过程中扮演着重要的角色。

位于“老大脑”的杏仁核对大脑皮层的影响比大脑皮层对杏仁核的影响更大，这使得情绪唤起支配和控制思维。神经科学家已经证实，我们会以情绪化的方式做出决定，然后理性地为这些决定辩护。通常情况下，最终的决定是由大脑所触发的。非侵入性神经科学方法包括脑电图（EEG）、脑磁图（MEG）、正电子发射地形图（PET）和功能性磁共振成像（fMRI）。在这些方法中，功能磁共振成像是消费者神经科学中最常用的方法，它为我们提供了关于大脑血流变化的视觉数据，其主要优点是空间分辨率优于EEG。然而，缺点是时间分辨率相对较慢。

之前的神经美学研究报道，视觉信息处理（对面孔、地点和物体吸引力的判断）涉及前额叶皮层的几个部分。具体地说，眼窝前额叶、岛叶、内侧前额叶、后扣带皮层和腹侧纹状体与奖赏系统的相关。对外界物体的情绪反应涉及前内侧颞叶、内侧和眶额皮质以及皮层下结构的激活。背外侧前额叶皮层、内侧额叶皮层和顶叶回路参与决策过程，如消费者偏好或对一个物体的判断。很明显，了解大脑的基本知识将有助于对人类审美体验的更有效的设计研究。

2. 磁共振物理。

磁共振扫描仪使用超导电磁铁产生一个静态的、均匀的高强度磁场，静电场本身不会产生磁阻信号。磁共振信号需要射频线圈产生磁脉冲，打开一个脉冲会改变磁场中质子（通常是水分子）的磁化排列。当脉冲关闭

① Plassmann, H., O'doherty, J., Shiv, B., & Rangel, A. Marketing actions can modulate neural representations of experienced pleasantness[J]. Proceedings of the National Academy of Sciences of the United States of America, 2008, 105(3): 1050-1054.

时，质子放松到它们原来的平衡排列，释放出线圈检测到的能量作为原始的磁共振信号。空间分辨率由称为梯度的附加磁场提供，每个梯度的强度沿单一空间维度线性变化。因此，三个相互正交的梯度被用来在三维空间中定位一个信号。

脉冲序列在控制扫描仪的主计算机上运行。在大多数功能性磁共振成像实验中，有一台电脑产生刺激，并记录受试者的行为反应。两个计算机同步运行，因此每个刺激表现都可以被图像采集，且经过精确控制。视觉刺激通常是通过将电脑控制的投影仪直接对准受试者面部上方的镜子来呈现的，而反应则收集在受试者手中的一些设备上（比如带有按钮或操纵杆的设备）。

结构磁共振的目标通常是测量水分子的密度，例如在骨骼、灰质、脑脊液和肿瘤中，水分子的密度不同。绝大多数功能性磁共振实验都是测量血液中的含氧量信号，这个物理过程是很复杂的。一般而言，信号是一种由脱氧血红蛋白引起的氧化反应。血红蛋白是血液中的一种分子，它将氧气从肺部输送到身体的各个部位。血红蛋白分子满载氧与血红蛋白分子相比，具有不同的磁性与空间结合位点。

活跃的大脑区域比不活跃的区域消耗的氧气多。当神经活动增加时，新陈代谢的需求就会增加。因此，血管系统就会把含氧血红蛋白冲进这个区域。氧合血红蛋白的涌入造成了氧合血红蛋白与脱氧血红蛋白的比例迅速上升。

3. 测量方法。

收集功能性磁共振成像数据的实验过程通常还包括各种其他类型的扫描，一般有多种不同类型的扫描。第一类是定位器，它是一个低空间分辨率的快速结构扫描（1—2分钟），仅用于在三维空间中定位受试者的大脑。大多数情况下，所执行的其他扫描的顺序并不重要。在定位器之后，第二类扫描是高分辨率结构扫描。它根据扫描仪的分辨率和采集过程中用来控制扫描仪的脉冲强度，采集这些数据可能需要8—10分钟。为了最大化时间分辨率，在收集功能数据时牺牲了空间分辨率。高分辨率的结构扫描可以在一定程度上弥补这种空间信息的损失。在这完成之后，通过检查结构图像中的坐标来确定激活的空间坐标。

结构扫描在功能数据分析中起着关键作用。因为在功能磁共振成像中，速度是最重要的。收集功能数据，大约需要20—30分钟完成，也可以分成2—3次较短的间隔，中间有短暂的休息。这里有许多参数可供选择，但其中两个参数对随后的功能性磁共振成像数据分析尤为重要。一个选择是连续的全脑扫描，称为重复时间，缩写为TR。如果整个大脑扫描，典型的TR范围从2秒到3秒，但TR低至1秒在多台机器上是有可能的，特别是如果大脑的某些部分被排除在扫描之外。另一个重要的选择是体素大小，它决定了功能数据的空间分辨率。当受试者躺在扫描仪中时，大脑占据一定的体积。如果我们分配一个磁铁孔的坐标系统，那么我们可以确定大脑中的任何点的一组三个坐标值（x，y，z）。当然，大脑是一个连续的介质，因为神经元（几乎）存在于大脑内的每一组坐标值上。然而，功能性磁共振成像数据是离散的。模拟到数字的转换是通过将大脑分割成一组立方体（或者更准确地说是直角棱镜）来完成的。这些立方体被称为体素，因为它们是像素的三维类似物。也就是说，它们可以被视为体积像素。

4.研究综述。

①设计艺术的神经美学研究。美学这一术语被广泛地用于描述对物体或对象的感受和反应，以及与物体和场景之间的相互作用，这些相互作用能唤起强烈的感觉，通常是愉悦感。神经美学作为一门交叉学科，是指神经美学的研究方法。这一新领域利用神经科学的方法来确定美学中的主要问题，它强调了艺术元素与基本神经机制之间的相似性。其共同的研究目标是了解世界上物体或空间的真实本质，即如何通过人类的大脑组织信息的感官元素，如颜色、声音和味道来了解物体的特征。

视觉神经美学的实验研究项目基于两个原则。首先，视觉美学像一般的视觉一样有多个组成部分。其次，审美经验来自对这些不同成分的反应的组合。人类视觉识别对象的过程时提供了一个基本框架，从这个框架中可以考虑个别组件，相关研究可以集中在这些组件及其各种组合的性质上。从设计艺术角度而言，设计师尝试使用不同的信息元素来产生最好的设计结果是同样的原理。因此，功能性核磁共振成像研究可以揭示美学上合理的设计。但是，到目前为止，设计艺术领域内的相关研究应用还非常缺乏。

②情感化设计。神经视觉信息处理的另一个重要研究课题是刺激引起的情绪。由于认知的影响，自我报告中与情绪相关的反应很容易产生偏差（如定量问卷）。因此，情感研究需要将传统的研究方法与神经科学相结合。

学者认为包括眼窝前额皮质、前后扣带、腹侧纹状体和杏仁核在内的几个大脑结构是对视觉刺激的情绪反应的中介，特别是脑岛和杏仁核可以调节审美偏好。杏仁核在视觉情绪辨别中起着重要作用，Di Dio等学者[①]发现雕塑的主观审美偏好影响了杏仁核的激活。这个结果显示了审美对象和情感之间可能存在的联系。其他神经影像学研究已经通过识别视觉情绪感知的各种途径证明了杏仁核直接和间接参与情绪行为。很明显，杏仁核在视觉刺激的情感效价中起着中介作用。然而，目前还不清楚哪些视觉元素参与了这个过程，以及它们是如何起作用的。与情感相关的另一个值得注意的大脑结构是前额皮质。神经科学的许多研究表明，前额叶皮层与情感处理的各种特征相关，如情绪的接近或回避组件。

未来的设计艺术学研究可以探索大脑到底处理了哪些视觉信息，大脑结构中与奖励系统和情感相关的活动，是基于预测经验的价值差异，还是基于品牌或价格等其他外部信息的差异。因此，探索从更多不同的刺激中产生的情感信息处理是未来设计学研究的潜在方向。例如，可以研究大脑从设计形式（如形状或颜色）、营销因素（如价格或品牌）和消费者本身差异（如性别或年龄）等角度来构建情感体验的过程。

③设计元素的评价。产品的结构、尺寸、颜色、比例等设计元素无疑会影响人们的审美判断。了解每一个设计元素对消费者审美判断的影响，可以指导制定关于产品设计的最优水平的决策。因此，大多数公司都在新产品开发阶段对消费者进行调查。然而，传统的研究方法，如自我报告在获取消费者对产品的真实看法方面存在局限性。神经科学积累的知识和见解可以成为建立视觉信息处理的逻辑基础，并利于在产品开发过程中制定有效的战略。尽管有许多关于对视觉刺激（如奖赏系统）的神经激活模式的研究，但其中对视觉刺激的感知理解的神经机制却知之甚少。例如，研究发现，产品包装越吸引人，消费者的满意度、忠诚度越高。然而，他们只把产品包装分为两大类，即好看的包装和标准化包装，分类过于宽泛。一些研究强调在早期视觉处理中，颜色、亮度、形状、动态和位置等视觉刺激的简单元素对形成审美体验会产生重要影响。

④设计与营销。植根于营销行为的其他外在属性，如品牌或价格，可

① Di Dio, D. C., Macaluso E., & Rizzolatti, G. The golden beauty: Brain response to classical and renaissance sculptures[J/OL]. PLoS ONE, 2007, 2(11): e1201.

以为设计美学提供许多数据支持。消费者对产品设计的审美判断会受到营销行为的影响，一件物品是贵还是便宜，是奢侈品牌的产品还是非奢侈品牌的产品，都可以极大地影响审美判断的过程。一些前期研究证明产品的价格和品牌对神经激活模式起着重要作用。科克Kirk等人[①]也提出艺术品的呈现环境（如画廊或电脑）激活了内侧眼窝前额皮质和前额叶皮质的神经。

五、语义差异研究

语义差异（Semantic Differential）是一种评级量表，旨在衡量对象、事件和概念的含义，用于推导出对给定对象，事件或概念的态度。典型的语义差异量表是用形容词反义词构成的7分制的两极情感量表，一些研究也会使用5分制和6分制。以诚实为例，语义差异量表可以表示如下特征：

表2.6　语义差异量表

诚实	1	2	3	4	5	6	7	不诚实

语义差异量表的其中一个优点是它相对容易实现，所需的工具相对简单，数据收集的时间维度也相对较快。

1.测量方法。

语义差异量表主要有两个组成部分：形容词的选择和量表本身的设计。为了设计一个易于被使用并提供有意义的研究结果的量表，研究人员必须对这两个组成部分做出许多决定。

①形容词的选择。在选择形容词时，研究者不应该简单地想出主观上认为听起来合适的形容词范围，然后立刻在研究中使用。为了使数据更有意义，应该遵循某些程序来最大化特征的相关性。一般来说，需要首先进行试点研究，以便确定哪些措施最适合目前的研究。通过试点研究，可以从样本组中提取相关形容词。例如，可以给样本组播放一些影音资料，然后鼓励参与者自由地讨论他们对资料的印象。从这些讨论中，可以提取出最常见的形容词然后设计一个语义量表的原型。接着使用另一组受试者测试该量表。最后，对收回的数据进行量化和相互关联性检验，以确定是否可以覆盖测量的基本维度，从而组成最终的语义量表。

① Kirk, U., Skov, M., Christensen, M. S., & Nygaard, N. Brain correlates of aesthetic expertise: A parametric fMRI study[J]. Brain and Cognition, 2009, 69(2): 306-315.

此外，需要决定反义词是否可以体现所取形容词的对立面（例如诚实-不诚实），以及是否是可分级的，例如（有趣-无聊）。对于许多形容词来说使用互补反义词似乎更直接，尤其是那些可以在其上添加一个否定语素的形容词（成功-不成功；诚实-不诚实的）。但有时候这种方法并不一定准确。例如，不富裕并不一定意味着贫穷。虽然量表上的分数涉及了判断的程度，但无法判断受试者认为不富裕是贫穷还是中等收入。反义词可能更适合。例如，不慷慨并不一定意味着吝啬，它可能只是意味着谨慎或节俭，因此吝啬比不慷慨更有意义。因此，选择哪个反义词实际上困难的，因为很难分辨是否合适。有时使用互补的反义词更好，有时使用可分级的反义词更好。这两种方式各有利弊，具体取决于所选择的特定形容词。

决定哪一个形容词是合适的主要取决于主题组、研究的目的，以及所有相关的社会因素。词语对不同的人有不同的含义。例如，不友好可以用多种方式来解释。要想知道受试者对这些词的确切感受，最好的方法是事后进行采访。

虽然足够多的形容词可以为研究者提供更详细的信息，但太多的形容词会让参与者觉得乏味。如果形容词数量恰当，量表会更有效。受试者会感觉不那么疲劳，结果更有可能准确反映他们的真实想法，从而得出更有意义的数据。

②量表的设计。另一个需要考虑的是量表的分值范围。最初使用的是7分制，这使得判断的等级比5分制更精确。9分制很少用于态度相关研究，主要是因为受试者很难对评估进行如此细致的评分，其次，任务过程会变得单调乏味，这样会适得其反。语义量表需要的是一种快速评估，因为它能反映“更真实”的判断，体现一个人潜在的信念和态度。5分制量表也比较少用，因为不能最好地反映受试者的观点。比较通用的主要是6—7分制的量表，这是态度研究中最受欢迎的选择。作为一个偶数，由于没有中立的选择，所以6分制量表迫使受试者必须做出具有倾向性的评价。

可以看出，在设计语义差异量表时，每一步都有许多考虑因素。所做的决策对于获取可分析的、有意义的、与当前研究相关的数据是至关重要的。

2.研究应用。

早期由Mehrabian和Russell（1974）所设计的语义差异量表广泛用于评

估物体、事件和情况的三维结构。它由18对双极形容词对组成，每对形容词按9分制评分。通过对18个等级的因素分析产生了快乐、兴奋和支配的维度得分。虽然这种方法能提供大量信息，但也存在一些问题。首先，在一个实验环节中，为每个刺激方案测量18个不同的评级是很麻烦的，这需要投入大量的时间和精力。而且需要专门的统计方法（即因子分析）来分析产生的数据。其次，对语言评分系统的依赖使得这种方法在非英语文化（除非有翻译和验证）和语言能力较弱的人群（如儿童、失语症患者等）中很难使用。为了解决这些问题，一些学者设计了一种以图片为导向的工具，称为“自我评估人体模型（Self-Assessment Manikin）”，用来直接评估对一个物体或事件的反应所带来的愉悦、兴奋和支配力①。自我评估人体模型最初是作为一个交互式的计算机程序实现的，用于分组和大规模的屏幕显示。其本质是对三个主要情感维度中各个点的非语言的、图形化的描述。当代表快乐维度时，模型范围涉及从微笑、快乐的人到皱眉、不快乐的人，从兴奋、睁大眼睛的人到放松、困倦的人。

目前设计学的相关研究中，语义差异主要作为一种经设计刺激的情感维度测量工具。

例如Hsu等人②使用语义差（SD）方法调查了设计师和用户对产品形式感知的差异。研究者使用14个图像文字配对（Image-word Pairs）对来某一个电话设计元素进行评估。40名受试者（20名设计者和20名用户）针对24个真实电话设计进行主观评估。最后通过多变量分析以分析受试者的感知并建立电话设计语义的概念模型。结果表明，设计师和用户对同一个真实物体的感知之间存在许多差异，他们对相同图像词的解释也有所不同。用户非常关心电话是否看起来很新。设计师倾向于重视电话设计优雅的风格，而用户更喜欢现代和时尚的设计。研究者根据研究得出的差异分别建立了设计师与用户的概念模型。创意，成熟，精致的设计图像在设计师中扮演更重要的角色，而用户的偏好主要是由精美的图像所引起的。这项研究通过语义差异对设计对象的具体表达形式进行了深入研究。

① Bradley, M. M., & Lang, P. J. Measuring emotion: The self-assessment manikin and the semantic differential[J]. Journal of Behavior Therapy and Experimental Psychiatry, 1994, 25(1): 49-59.

② Hsu, S. H., Chuang, M. C., & Chang, C. C. A semantic differential study of designers□ and users□ product form perception[J/OL]. International Journal of Industrial Ergonomics, 2000, 25(4): 375-391.

六、交感皮肤反应测试

皮肤电活动可以反映交感胆碱能肌肉运动功能，引起皮肤电传导阻力的变化。由交感皮肤反应（Sympathetic Skin Response）评估的皮肤电活动被认为是一种容易获得的汗分泌功能指数，以及一种与情绪和注意力相关的身体唤起敏感指数。交感皮肤反应是心理生理学研究中最常用的测量方法之一，可以为情绪与注意力相关的设计研究提供数据评估。交感皮肤反应是一种非侵入性的简单测试，最近被用于研究肌肉运动交感功能。虽然最初的研究主要集中在无髓鞘外周交感神经纤维对出汗的辅助作用，但这种方法后来也被用于研究由于中枢神经系统功能障碍引起的情绪失调。

电生理技术使研究者能够方便、定量地研究大直径外周神经纤维。然而，直径较小的纤维，特别是那些辅助自主功能的纤维，在这类研究中是相当难以获得的。到目前为止，自主神经功能的床边测试是相当耗时的，难以预测，而且有用信息的产量有限。法国临床医生费雷于1888年发现，疼痛和情绪会导致皮肤抵抗力下降。四十多年来，这种加尔凡尼皮肤反应（GSR）一直被心理学实验室用作情绪变化的指标。交感皮肤反应是一种密切相关的现象，其特征是皮肤表面的电压响应各种刺激的瞬态变化。这两种现象都是由相同的传入和传出途径介导的，差异只存在于研究模式上，即GSR中的皮肤阻力和交感皮肤反应中的电位差异。Wallin早期总结的大量微神经学研究为交感皮肤反应在自主神经功能临床评估中的应用提供了背景。肌筋膜造影术、GSR和体积描记术的联合应用为肌肉和皮肤交感神经活动提供了丰富的新生理信息。后者由两部分组成，舒动和血管舒缩，两者都能对不同的刺激做出独立的反应。然而，这些研究是侵入性的，需要特殊的专业知识和仪器。单独使用交感皮肤反应提供了一种简单、定量的方法，来利用与汗腺相关的部分无髓神经轴突功能。

1.原理与测量方法。

①排汗机能。汗腺可分为顶分泌型（Apocrine），和外分泌型（Eccrine）。汗腺由紧密盘绕的螺旋分泌管和导管组成，螺旋分泌管分泌等渗性原发液，导管通过重新吸收氯化钠（NaCl），在皮肤表面产生低渗汗液。顶分泌型大汗腺的分泌部分与皮肤相似，但较宽，在皮肤表面以直道

通过表皮后开放。大汗腺起源于毛囊（表志腺），而外分泌腺起源于真皮层。外分泌汗腺几乎遍布全身，而大汗腺主要分布在腋窝、乳头和耻骨周围，在一些种族中也分布在下腹部皮肤上。汗腺分泌通常由交感神经系统的神经冲动激活，但乙酰胆碱是神经效应连接的递质。传出汗液纤维起源于下丘脑视前汗液中心，通过同侧脑干和髓质向下与中间外侧细胞柱神经元突触。节前纤维从前根伸出（通过白色沟通支）到达链神经节。无髓鞘的神经节后交感神经C类纤维起源于交感神经节加入主要的周围神经到达汗腺，提供他们的胆碱能神经支配。

有两种普遍认同的出汗类型：一种是体温调节性出汗，这种出汗是随着环境的变化而发生在全身的；另一种是情绪性出汗（手掌和足底），这种出汗仅限于手掌、腋窝和脚底。由于两种不同的中央驱力，两者有不同且独立的节奏。

首先，汗腺基本上是一种热调节器官，在与自我调节相关的自发性内脏变化中，它是中央自主神经网络（CAN）最重要的效应因子之一。一些损伤性和刺激研究表明，视前下丘脑区是调节体温的重要神经结构，存在一个通过下丘脑、脑干和脊髓延伸的层次结构。视前冷却会产生颤抖，增加热量的产生，并引起多种保存体温的行为反应，包括血管收缩等。通过增加褐色脂肪组织的代谢活动和血浆代谢激素（包括甲状腺素、儿茶酚胺和糖皮质激素）水平的升高，视前冷却也可以引起非颤抖的产热。相反，视前变暖会引起角部血管扩张、出汗、喘气和各种行为反应，从而增加热量损失。在大脑分层结构中，下脑干可被视为一个单独的效应体，控制体温调节反应。

视前区除了对核心温度的变化具有很高的热敏性外，还接受来自全身的热感受器的传入感觉输入，包括皮肤、脊髓后、三叉神经核、丘脑和中脑传入冲动的“第一步处理”。通过这种方式，前视神经元可以比较和整合中央与外围的热信息，并输出最合适的温度调节。

对汗腺的中央驱动在全身表面是同步的，排汗与环境温度和体温高度相关。分泌节律并不是规则的，速率从每分钟几次到每分钟二十多次不等。手掌和脚底的排汗可能与一般体表的排汗大致或部分同步。皮肤交感神经活动的微神经学记录显示，爆发性放电与排汗是一致的。

情绪（精神）的出汗至少在部分功能上是依赖于体温调节性出汗。它的控制与情绪、认知和神经内分泌功能相结合，并在中枢神经系统（CNS）的多个层面受到影响。在皮层水平，前扣带皮层（Anterior Cingulate Cortex）在情绪出汗的控制中显著复杂。前扣带皮层具有背侧和腹侧部分。背侧前扣带皮层接收来自上丘的视觉感觉输入，并将输出导向控制眼球和头部运动的脑干区域，这对注意力机制至关重要，并辅助定向反应。前扣带皮层整合了对情感体验和涉及注意力的唤起机制都至关重要的内脏和躯体反应。前扣带皮层还与情感感觉有关。研究显示，感知觉醒可引起扣带回的代谢激活。在经历情绪刺激的受试者中，运动和中扣带皮层的神经活动与交感皮肤反应呈正相关。情绪（精神）的出汗和交感皮肤反应构成了定向反应的重要自主组件，当注意力被导向一个新的、显著的刺激时，就会产生抑制作用。

丘脑代表了前扣带皮层以下的整合水平，它通过从有节奏的爆发性放电（典型的睡眠或嗜睡）过渡到警觉状态下丘脑-皮层投射的单脉冲放电参与定向反应。血清素和去甲肾上腺素系统使这种丘脑反应从一种模式转换到另一种模式。因此，控制警觉性、刺激意义和习惯的丘脑-边缘回路与控制情绪（精神）出汗和交感皮肤反应有关。

尽管有不同的基本神经调节机制，热出汗和情绪出汗是相互作用的。正常环境温度下，通常仅出现在手掌和足底皮肤部位（情绪出汗）。提高环境温度导致非手掌和非足底皮肤部位出汗的有序增加，但是，情绪和体温调节性出汗现在是并存的，因为在40°C的环境温度下，当受试者被要求进行有压力的心理数学计算时，自发的手掌和足底出汗会增加更多。相反，手心出汗受热环境的影响，在温度较低时不会发生。在生理和病理条件下研究交感皮肤反应时，热出汗和情绪出汗之间的相互作用是必不可少的。

②交感反应。研究表明交感皮肤反应的发生独立于交感肌肉活动。没有明显的心律失常，也没有明显的压力感受器对交感皮肤有影响。激发性刺激或深呼吸可以引起强烈的交感神经皮肤爆裂，但交感神经肌肉活动保持不变。在情绪反应后也可以观察到同样的效果。交感皮肤反应的显著变化是由警惕性水平的生理变化引起的，特别是嗜睡和睡眠。睡眠时，交感皮肤反应可由多种刺激引起。尽管有高强度和长时间的刺激，但在轻度睡眠时，只有通过诱发脑电图觉醒的电刺激才可能诱发交感皮肤反应，而在深度睡眠时则不可能诱发。

③测量方法。交感皮肤反应通常可以使用大多数标准的肌电图设备来记录。清洁皮肤表层并使用电解液凝胶将活性银/银电极置于手掌或脚底。身体的其他部位也可以记录交感皮肤反应，例如前额、腋窝或生殖器官。安静昏暗的房间温度通常保持在22—24℃或更高，受试者需要仰卧放松。大多数实验室的皮肤温度保持在32—36℃。

刺激有多种形式。刺激可能是吸气时的喘息、咳嗽、噪声、电击或皮肤的撞击、闪光或冷压感试验、皮下注射等形式的躯体或精神应激也可诱发交感皮肤反应。

交感皮肤的振幅与年龄有关，通常存在于60岁以下的手脚，但在60岁以上的受试者中，只有50%的脚和73%的手存在交感皮肤反应。

2.交感皮肤反应的研究应用。

①交互信息输入。通常输入支持设备具有某种视觉显示，以便用户输入或获取信息。近期的一些研究为残疾人开发了以交感皮肤反应为输入支持的交互设备。交感皮肤反应可以反映交感神经系统活动的生物医学信号，受认知思维和决策的影响。目前这一方向的研究尚处于初级阶段。

②设计评价。作为一种相对便捷的测量评价工具，交感皮肤反应可以提供受试者对于设计方案的客观数值评价。相较于自我报告式的主观数据，如量表问卷等，交感皮肤反应实验所得出的数据更具有客观性。目前一些研究会将其与问卷数据进行整合，作为数据方面的三角验证。

第四节　研究案例分析

本节将通过分析本人的两篇论文[①]来具体查看它们的论证方法与定量研究设计。选入的两篇论文均遵循国际英文期刊的写作方式，二者的写作结构与格式较为典型，希望可以为学习英文论文写作的读者提供一些参考。

为了便于读者更好地理解国际期刊论文的写作句式，论文的中文翻译

① Song, Y., Qin, Z., & Yuan, Q. The Impact of Eco-Label on the Young Chinese Generation: The Mediation Role of Environmental Awareness and Product Attributes in Green Purchase[J/OL]. Sustainability, 2019, 11(4): 973.

Qin, Z., Song, Y., & Tian, Y. The impact of product design with Traditional Cultural Properties (TCPs) on consumer behavior through cultural perceptions: Evidence from the young Chinese generation[J/OL]. Sustainability (Switzerland), 2019, 11(2): 426.

遵循了英文语言的思维模式。阅读起来可能会有些违反中文的语言逻辑，但仍希望最大程度上体现英文原意以引导读者思考两种语言与写作思维的差别。

一、范文及注解 1

在这一部分，将对本人此前发表的一篇有关文化创意产品设计与文化可持续发展的论文展开具体的分析与阐述。主要采用定量社会调查的方法，使用设计创作方案作为调查研究的刺激物来检验消费者的文化感知度与消费行为之间的关系。在讲解方法的同时，文章注解中融入了一些写作建议。

The Impact of Product Design with Traditional Cultural Properties (TCPs) on Consumer Behavior Through Cultural Perceptions: Evidence from the Young Chinese Generation

基于文化感知的传统文化产品设计对消费者行为的影响力调查：来自中国年轻一代的统计证据

对于国际期刊而言，研究题目要清晰明确地点明本研究的研究范围、目的与结果。

Abstract: Traditional Culture Properties (TCPs) have been regarded as one part of sustainable social and economic development. Culturally innovative products with elements derived from TCPs are obtaining increasing attention and is serving as a significant tool for communicating the aesthetics of product and underlying traditional culture. Recently, the crucial role of the young generation in inheriting TCPs' contemporary value has been heavily discussed. However, little in-depth research has distinguished and verified the link between cultural product and consumer behavior intermediated by the perceived cultural sustainability and resilience. This paper tries to investigate the impact of culturally innovative product design with TCPs on the young Chinese generation's perceptions of cultural development and product intentions. Empirical results indicate the significant positive effects of culturally innovative design on the young generation's perception of cultural sustainability and resilience, and how this interlinks with their purchasing behaviors. Managerial implications are also discussed in this study.

摘要：传统文化遗产是社会经济可持续发展的重要组成部分。文化创新产品与源自传统文化遗产（TCP）的元素日益受到学界关注，它是传递产品美学和传统文化特性的重要工具。近年来，年轻一代在继承传统文化遗产的当代价值中所起的重要作用被广泛地讨论。然而，很少有深入的研究能够区分和验证文化产品与消费者行为之间的联系，及文化可持续性和文化弹性在此过程中的中介作用。本文试图探讨文化创新产品设计与传统文化遗产的结合对中国年轻一代文化发展观念和产品意向的影响。实证结果表明，文化创新设计之于年轻一代对文化可持续性和弹性的认知有显著的积极影响，并且可以引导他们的购买行为。此外，本研究也讨论了关于营销管理方面的建议。

在摘要中通常只用1—2句话精简概括研究背景以阐明研究的意义。重点需要描述研究所使用的方法与得出的关键性结果。此外，摘要的语句可以使用主动语态，但大部分需要使用被动语态。

Keywords: cultural product; culturally innovative design; cultural sustainability; cultural resilience; traditional cultural properties (TCPs); young Chinese generation

关键词：文化产品；文化创新设计；文化可持续性；文化适应力；传统文化遗产（TCPs）

关键词是捕捉论文精髓的词汇。需要特别注意的是，恰当的关键词可以使您的论文更容易被相关学者搜索到以提升被引率。以下提示可帮助您为论文创建相关且有效的关键词。

一般情况下，关键词应该是3—5个短语或术语。单词关键字可能导致产生许多错误匹配结果。关键词应包含表明主题内容的词语和短语，还应包括缩写词或缩略语的完整形式。

1. Introduction

In the past few decades, the value of traditional culture has been underestimated or ignored in many countries under the process of western-centric modernization. With a long history, China faces a dilemma on whether to transform or sustain its cultural traditions. Many traditional crafts and practices have disappeared continuously from daily life and been kept as heritage items or norms . As documented in some empirical studies, the young Chinese generation has a low individual recognition of traditional culture in the context of modern society.

1.引言

近几十年来，在西方中心论的现代化进程中，许多国家低估或忽视了传统文化的价值。中国历史悠久，在文化传统的转变和传承上却面临着两难的困境。许多传统工艺和习俗已从日常生活中不断消失，并仅作为遗产或规范保留下来。一些实证研究表明，在现代社会背景下的中国年轻一代对传统文化的认同度较低。

Fortunately, traditional culture has been included as one part of sustainable social and economic development since the 1990s. Culturally sustainable development (or cultural sustainability), firstly proposed by David Throsby, is rooted in the intergenerational consistency of traditions . Such cultural sustainability emphasized on "cosmopolitan localism," is designed to sustain the local cultural forms and objects inter-generationally . Meanwhile, the term of Traditional Cultural Properties (TCPs) was widely accepted as a documented guideline to assess and protect any forms and objects rooted in a community's historical beliefs, customs, and practices . The rich historical association behind TCPs can nourish a nation's future development regarding cultural identity and satisfaction. Furthermore, according to the UNESCO Declaration (1997) on the *Responsibility of the Present Generations toward Future Generation*, the present generation, especially the young people, should take responsibility for protecting and preserving our diversified traditional culture (cultural heritage) for future generations , since they are energetic and curious about the world . In this way, it is a significant task and even an obligation for young people to preserve the TCPs .

幸运的是，自20世纪90年代以来，传统文化已被纳入可持续社会和经济发展的一部分。文化可持续发展（或文化可持续性）首先由大卫·斯罗斯比提出，指的是植根于传统的代际一致性。这种强调“世界主义-地方主义”的文化可持续性，旨在维持地方文化形式和对象的代际延续性。同时，传统文化遗产（TCP）一词被广泛接受，作为评估和保护基于社区历史信仰、习俗和实践的任何形式和对象的官方指南。传统文化遗产背后丰富的历史关系，可以滋养一个国家未来发展的文化认同和满意度方面。此外，根据1997年教科文组织通过的《关于当代人对子孙后代的责任宣言》，当代人尤其是年轻人，有保护和保存我们多样化的传统文化（文化遗产），为子孙后代造福的责任。对于年轻人一代而言，保护传统文化遗产是一项重要的任务，甚至是一项义务。

With the recent changes of consumer needs and expectations, products with elements derived from TCPs are getting increasing attention and are serving as a significant tool communicating the aesthetics of the product and underlying traditional culture, mainly by presenting the geographies, lifestyle and ethic characteristics of the local cultural group . Nevertheless, more recent research reveals that the significance of products with relatively innovative cultural traits and its profound influences on user culture satisfaction stems from the inner intangible and behavioral level of TCPs .

随着消费者需求和期望的不断变化，具有传统文化遗产元素的产品而越来越受到人们的关注，并成为沟通产品美学和潜在传统文化信息的重要工具。然而，最近的研究表明，源于内在层面和行为层面的非物质传统文化遗产的元素可以使得产品更具创新性的文化特征，并可以对用户的文化满意度产生深刻影响。

Although the interlink between cultural sustainability and commodification of TCPs has been discussed , there is a lack of in-depth research to distinguish further and verify the inner connections between cultural product attitude, cultural perceptions and consequent consumer behavior from the young generation's perspective, which has profound effects on sustainable cultural development. For example, Zhan et al. discuss current challenges and opportunities of craftsmanship in the Yangtze River Delta in China, and discuss how this traditional cultural capital can be incorporated into modern product design with a view of promoting a modern lifestyle with a local identity. There is also an interesting issue whether young people's attitudes of cultural product design affects their perceptions of cultural stainability and resilience significantly, this can demonstrate the potential role of cultural product in the sustainability of TCPs. Chai et al. suggest that relatively innovative cultural design with more abstract elements of TCPs is more successful in satisfying young people's perceptual needs , but whether their purchasing behavior tends to be affected prominently in this way has not been confirmed yet. This may contribute to sustainable commercialization of TCPs.

尽管此前学者已经讨论了文化可持续性与传统文化遗产商品化之间的联系，但仍缺乏从年轻一代的角度来对进一步区分和验证文化产品态度、文化观念和随之而来的消费者行为之间的内在联系的深入研究，这对可持续文化发展有着深远的影响。例如，Zhan 等人讨论了中国长三角地区工艺的当代挑战和机遇，论述了如何将传统文化资本融入现代产品设计中，以促进具有地方特色的现代生活方式。这里引发了一个有趣的问题，那就是年轻人对文化产品设计的态度是否会显著影响他们对文化可持续性和弹性的认知，这可以证明文化产品在传统文化资产可持续性发展中的潜在作用。Chai 等人建议相对创新的文化设计，更抽象的传统文化遗产元素，更能满足年轻人的感性需求，但他们的购买行为是否会受到这种方式的显著影响尚未得到证实。这些研究将有助于人们对传统文化遗产的可持续商业化开发。

To address these questions, we employ an empirical study to verify the impact of culturally innovative product design on young peoples' perceptions of TCPs' sustainability and resilience by analyzing their purchase intention and attitudes towards products. The relationships examined in this research can offer a more comprehensive understanding of the current commercialization and sustainability of TCPs. Concerning the practical perspective, the results can contribute to the marketing and design strategies in the field of cultural industries to benefit local cultural sustainability. From social perspectives, young generations' perceptions of culture inheritance and sustainability could be enhanced to a certain extent by this empirical study.

为了解决这些问题，我们实施了一项实证研究，通过分析年轻人的购买意愿和对产品的态度，来验证文化创新产品设计对他们之于传统文化遗产的可持续性和弹性的看法的影响。本研究中所验证的关系可以更全面地了解传统文化遗产的当前商业化和可持续性发展。从实践的角度来看，研究结果有助于文化产业领域的营销和设计策略，以促进当地文化的可持续发展。从社会角度看，本研究可以在一定程度上增强青年一代对文化传承和可持续性的认知。

尽可能地描述清楚当前学术界对于此领域的研究进展，并指出被此前学者所忽略的学术缺口。在引言的结尾可以清晰简要地描述研究中使用的方法、实施过程与意义。

文献回顾的部分一般需要描述经过分类的前期研究文献来支持文章的理论立场，准确指出那些支持的，或是反对的论点。讨论所选文献的独特性及其与其他文献的关系。

使用定量方法的研究文章需要明确地梳理出若干研究假设，最好使用相同的句式以方便学者阅读。

本文将相应的研究假设直接放置在文献回顾中，目的是更为清楚地显示本研究的假设与此前相关文献的关系。文章也可以另起段落统一描述所有研究假设。

2. Literature Review

In this section, we present a theoretical background of the present research. Firstly, we discuss the definition and concept of the cultural product and culturally innovative product in the context of sustainable development, and how these products relate to TCPs and influence consumer attitudes. Secondly, the perceived sustainability and resilience of TCPs are introduced to propose the hypothetical relationship between cultural products and sustainable cultural development. Finally, from an economic perspective, we argue that the purchasing intention for cultural products is interlinked with how the consumer interprets the culture and cultural development.

在本节中，我们提出了本研究的理论背景。首先，我们讨论可持续发展背景下文化产品和文化创新产品的定义和概念，以及这些产品如何与技术合作计划相关，并影响消费者的态度。其次，通过引入了传统文化遗产可持续性和弹性的概念，提出文化产品与可持续文化发展之间的假设关系。最后，从经济角度来看，我们认为文化产品的购买意愿与消费者如何理解文化与文化的可持续发展是相互关联的。

2.1 Cultural Product Design and Consumers' Attitude

Recently, cultural products have been discussed heavily in the context of cultural sustainability. These discussions mainly emphasize innovatively introducing cultural elements, such as TCPs, into the modern product traits to improve the sustainable flow of cultural capital. Throsby proposes that culturally sustainable development (or cultural sustainability) is designed to sustain an intergenerational flow of cultural capital, which is rooted in the consistency of traditions. It has implied that cultural capital should be contextualized and materialized across different generations in a purposeful and appropriate way. In this context, many studies follow this trend in specifying ways to achieve this, such as the protection and management of intangible and tangible forms of heritage. Later the core of this has been transformed from the still preservation of cultural heritage into the interdependent inheritance within the economic system. Some studies have shown the scholarly understandings of TCPs has been transformed into a more dynamic and intertemporal vitality of cultural value . TCPs are regarded as living resources to inform the cultural and economic development in the current context; it has been exploited to nourish product design to improve users' cultural satisfaction, especially for the young generation. This encourages a research topic on cultural-orientated design, with emphasis on the strategic methods used to apply and integrate cultural elements extracted or derived from local TCPs into modern product traits. Relevant empirical studies further verified the specific effects of cultural design on consumers' product attitudes.

最近，在文化可持续性的背景下，学者对文化产品进行了大量讨论。这些讨论主要强调创新性地将传统文化遗产等文化要素融入现代产品特性之中，以促进文化资本的可持续流动。Throsby提出，文化可持续发展（或文化可持续性）旨在维持文化资本的代际流动，这种流动源于传统的一致性。它暗示着文化资本应该以有目的和适当的方式在不同世代中不断实现情境化与物化。在这方面，许多遵循这一趋势的研究者都指出了实现这一目标的方法，例如对于物质和非物质的文化遗产的保护和管理。随后，其研究核心从静态保存文化遗产转变为经济体系内的传承。一些研究表明，对传统文化遗产的学术理解已经转变为一种更具活力和跨时代文化价值的生命力。传统文化遗产被视为可以在当前背景下为文化和经济发展提供信息的活化资源。它可以被用来助益产品设计，以提高用户的文化满意度，特别是对年轻一代。这引发了相关学者对关于文化导向设计的研究，重点是研究如何从传统文化遗产中提取衍生的文化元素应用和整合到现代产品特征中的战略方法。相关的实证研究进一步验证了文化设计对消费者产品态度的具体影响。

However, critical comments have been proposed to draw the attention of researchers and designers beyond the surface manifestations of TCPs on the products' visual appearance when meeting the mass production market. More efforts should be placed to the "capital flow" of the original value of TCPs, rather than using a superficial cultural recognizing stereotype. Consumers are looking for cultural products with innovative design integration. Meanwhile, "vitality" becomes an increasingly crucial word in the research area of cultural sustainability. This challenges designers and researchers to jump out of the visual stereotypes, and instead to further explore the more profound nature and meaning of TCPs for the contemporary young generation. Some scholars have started to explore design solutions for cultural innovation . To specify, design for cultural innovation (DfCI) is proposed to reinvent and encourage modern product design with unique local identities by strategically combing the inner meanings of TCPs, beyond the superficial visual symbols . For example, Lin illustrates how the TCPs could be transformed and applied into a unique modern twin plant pot which borrows the inner meaning of respecting nature from the aboriginal Linnak culture. Other relevant studies have been conducted in many countries, especially those with long historical traditions, including but not limited to China, South Korea, and Austria.

然而，在使用传统文化元素以迎合大规模生产市场时，有学者提出了批评意见。他们认为研究人员和设计人员应注意不应仅仅是利用传统文化遗产表面的再现形式对产品的视觉外观的影响，而应该有所超越。应该在实现传统文化遗产原始价值的“资本流动”上付出更多的努力，而不是停留在肤浅的文化刻板印象之上。消费者正在寻找具有创新设计整合的文化产品。同时，“活力”在文化可持续性研究领域成为越来越重要的概念。这使得设计师和研究人员跳出视觉刻板印象，而进一步探索传统文化遗产更深刻的本质和意义，以迎合当代年轻一代的文化需求。一些学者已经开始探索文化创新层面的设计解决方案。具体而言，文化创新设计（DfCI）旨在通过战略性地梳理TCPs的内在意义，超越表层的视觉符号再现，重新创造和鼓励具有独特文化特征的现代产品设计。例如，Lin阐述了传统文化遗产如何被转化并应用到一个独特的现代连体盆栽中，借鉴了土著Linnak文化中尊重自然的内在意义。其他相关研究已在许多国家展开，特别是那些具有悠久历史传统的国家，包括但不限于中国、韩国和奥地利。

Admittedly, the interpretation of culture is complex and multi-disciplinary. In the context of product design research, Siu proposes an inner-intermediate-outer cultural model to describe how people interpret the cultural meaning through product design; he also argues that the design artifacts carrying the inner level of culture can influence and change people's behavior and ways of thinking in changing contexts. For this reason, the people's reactional behaviors tend to be encouraged by innovating the elements of the inner conceptual level of TCPs . However, this is seldom examined in the research of sustainability of TCPs.

不可否认，人们对文化的解释是复杂的、多学科的。在产品设计研究的背景下，Siu提出了一种“内—中—外”的文化模型来描述人们如何通过产品设计来解释文化意义。他还认为，涉及内在文化层级的设计品可以影响和改变人们在不断变化的环境中的行为和思维方式。因此，创新的内在层级的传统文化遗产元素可以进一步引发人们的反应行为。然而，在传统文化遗产的可持续性研究中很少涉及此方面的内容。

Also, the role of TCPs in the contemporary cultural context is profoundly shaped by people's attitudes on a large scale ; culturally innovative products can be an essential stimulus to influence consumers' perception towards the cultural development with the local identity. Moreover, empirical studies were conducted to compare user satisfaction regarding different cultural levels, which show that inner "intangible" culture is more effective in enhancing users' cultural satisfaction . Therefore, it has become crucial for developing cultural sustainability by improving consumer attitudes regarding cultural products. The culturally innovative products referring to the inner level element derived from TCPs is examined through perceived product novelty , the details of this are presented in Section 4. The perceived sustainability and resilience of TCPs are investigated to support the consumers' understanding of culturally sustainable development. In Section 2.2 and Section 2.3, we describe the two terms of the perceived sustainability and resilience. Thus, we formulate the following four hypotheses based on the prior research findings presented above:

H1. The perceived novelty of culturally innovative products has a positive impact on consumer perceptions of the sustainability of TCPs.

H2. The perceived novelty of culturally innovative products has a positive impact on consumer perceptions of the resilience of TCPs.

H3. The perceived novelty of culturally innovative products has a positive impact on purchase intentions.

H4. The perceived novelty of culturally innovative products has a positive impact on product attitudes.

此外，传统文化遗产在当代文化背景中的作用，很大程度上深刻地受到人们态度的影响；文化创新产品可以成为影响消费者对当地文化发展认知的重要刺激因素。此外，有学者进行了实证研究，以比较涉及不同文化层级的文化产品对用户满意度的影响，研究结果表明内在层级的“非物质”文化元素在提高用户的文化满意度方面更有效。因此，改善消费者对文化产品的态度对于文化可持续发展至关重要。本研究将通过感知产品新颖性来检验具有传统文化遗产的内在层级要素的文化创新产品。传统文化遗产的感知可持续性和弹性被检验以辅助消费者对文化可持续发展的理解。在前文中，我们描述了“感知可持续性”和“弹性”的两个术语。因此，我们根据上述先前的研究结果制定以下四个假设：

研究假设1：文化创新产品的新颖性对消费者对传统文化遗产的可持续性的看法产生了积极影响。

研究假设2：文化创新产品的新颖性对消费者对传统文化遗产的弹性的看法产生了积极影响。

研究假设3：文化创新产品的新颖性对消费者购买意图可以产生积极影响。

研究假设4：文化创新产品的新颖性对产品态度产生了积极影响。

2.2 Perceived Sustainability of TCPs

When cultural sustainability is gradually argued as a crucial component of anthropocentric development , TCPs have been increasingly discussed as the critical resources to sustain a nation’s cultural identity, diversity, and vitality. The reason for this seemingly draws on the core of sustainability that is human-centered development within cultural society shaped in history. In this case, human needs should be one of the critical considerations to retain sustainability in cultural discourse; this leaves room for researching how cultural sustainability is perceived through attitudes towards culturally innovative products that carried cultural capital.

当文化可持续性逐渐被认为是人类中心主义发展的重要组成部分时，传统文化遗产越来越多地被看作维持国家文化认同、文化多样性和文化活力的关键资源。其原因在于可持续发展的核心是在一个历史塑造的文化社会中以人为中心的发展模式。在这种情况下，人类需求应该是保持文化可持续性的关键考虑因素之一，这为如何通过对具有文化资本的文化创新产品的态度来感知文化可持续性的研究留下了空间。

As discussed in previous paragraphs, culturally innovative products can be a viable way to achieve the intergenerational flow of TCPs. Human needs, in this context, are referring to a perceived value of traditional culture through product interaction and usage. In other words, a well-designed cultural product can be the stimulus to inform a consumer's positive recognition towards the TCPs. However, some research also argues that cultural design with mass consumer characteristics, such as excessive entertainment, would lead to a negative impact on cognition of TCPs. For example, some relevant surveys have been conducted to determine how traditional culture is perceived in the context of cultural globalization within the young generation; the results show a disappointing evaluation and low expectations . However, it is worth noting that one of the surveys examines the estimated functions of traditional culture in our contemporary society, where 42.41% of respondents recognized its positive role in daily life. This is aligned with the more recent research that emphasizes the significant role of culturally innovative products as utilitarian or everyday objects . Therefore, it reveals an inherent consumer assumption, which is that culturally innovative products play a significant role in the perceived sustainability of TCPs.

如前几段所述，文化创新产品可以成为实现传统文化遗产代际流动的可行方式。在这种情况下，人类需求指的是通过产品的互动使用而产生的对传统文化的感知价值。换句话说，精心设计的文化产品可以成为消费者对传统文化遗产积极认可的刺激因素。然而，一些研究还认为，具有大众消费特征的文化设计，如过度娱乐，会对传统文化遗产的认知产生负面影响。例如，有学者已经开展了一些相关调查，以确定年轻一代在文化全球化背景下如何看待传统文化，结果是令人失望的且低于预期。然而，值得注意的是，其中一项调查研究了当代社会中传统文化的评估功能，其中42.41%的受访者认识到其在日常生活中的积极作用。这与最近比较多的研究一致，强调文化创新产品作为实用的或日常用品的重要作用。因此，它揭示了一种内在的消费者需求假设，即文化创新产品在传统文化遗产的感知可持续性中起着重要作用。

Accordingly, the perceived value of the culturally innovative product may inform the motivation of cultural sustainability, which may become an essential factor to encourage future sustainable behaviors. Based on the above theoretical observations, we present the following hypothesis:

因此，文化创新产品的感知价值可以为文化可持续性的动机提供信息支持，这可能成为鼓励未来可持续行为的重要因素。基于上述理论推导，我们提出以下假设：

H5. The perceived sustainability of TCPs has a positive impact on product attitudes.

研究假设5. 传统文化资产传统文化遗产的可持续性认知对产品态度有积极影响。

2.3 Perceived Resilience of TCPs

A significant number of studies have been conducted to investigate how external physical applications sustain TCPs, such as the policy-making of cultural heritage. Within these studies, the interpretations of cultural sustainability are associated with a physical constancy of cultural capital. Later on, an internal perspective is introduced to construct a resilient relationship based on the whole cultural system, which seeks to address the concerns that were discussed previously of some scholars regarding how to improve customer considerations of the inner vitality and viability of TCPs.

2.3 传统文化遗产的弹性理论

大量研究已经调查了如何维持传统文化遗产的外在性方法，例如文化遗产保护相关的政策制定。在这些研究中，文化可持续性的解释与文化资本的外在一致性有关。随后，有学者引入了一个内部视角来构建一个基于整个文化系统的弹性关系，旨在解决一些学者之前讨论的关于如何提高消费者对传统文化遗产内在活力和生存能力的关注。

As per Hoiling's definition, resilience refers to the internal persistence of relationships that are capable of adapting to the changing external environment . It can be interpreted as a process, capacity or outcome of successful adaptation that occurs despite challenges or threatening circumstances . Though the theory of resilience has been built upon the eco-environmental concerns, it has been developed to inspire scholars to study cultural discourses with the consideration of positive adaptation. Clauss-Ehlers further develops a definition of "culturally-focused resilient adaptation" as the resilient outcomes that are activated by cultural traditions . Some early studies focus on how cultural knowledge informs individuals and communities to overcome adversities. The cultural value of local traditions is significant in reinforcing livelihood resilience .

根据Hoiling的定义，弹性指的是能够适应不断变化的外部环境的内部关系持久性。它可以被解释为面对挑战或威胁性环境的一个适应的过程、能力或结果。尽管弹性理论是建立在生态环境问题的基础上，但它的理论发展鼓励了相关学者在考虑从积极适应性角度来研究文化论题。Clauss-Ehlers进一步将"以文化为中心的弹性适应"定义为由文化传统激活的弹性结果。一些早期研究关注的是文化知识如何帮助个人和社区克服逆境。另一些学者阐述了传统文化价值观念在增强生存适应力方面具有重要意义。

In this study, we exploit the concept of perceived resilience to further examine the internal adaptation and capability of TCPs from consumers' perspective with consideration of cultural sustainability. Based on these observations, we propose the following hypotheses:

在本研究中，考虑到文化的可持续性，我们利用感知弹性的概念，从消费者的角度进一步研究传统文化遗产的内部适应和能力。基于这些观察，我们提出以下假设：

H6. The perceived resilience of TCPs is positively influenced by consumers' perception of the sustainability of TCPs.

研究假设6.传统文化资产的适应力认知对消费者的传统文化资产可持续性认知有积极影响的。

H7. The perceived resilience of TCPs has a positive impact on product attitude.

研究假设7.传统文化资产的适应力认知对产品态度有积极影响。

2.4 Purchase Intention of Cultural Product

Although many relevant studies focus on the theoretical relationship between design strategies of cultural products and culturally sustainable development, few empirical studies have been directed toward verifying how its perceived product attitude influences consumers' purchase intentions. Creative cultural knowledge can be transformed into product traits to trigger cultural interests of consumers, and also to generate economic values .

2.4 文化产品购买意愿

尽管许多相关研究关注的是文化产品设计策略与文化可持续发展之间的理论关系，但很少有实证研究针对验证其感知产品态度如何影响消费者的购买意愿。创意文化知识可以转化为相应的产品特征以引发消费者的文化兴趣，同时产生经济价值。

Throsby argues that the commercial circulation of cultural capital is a viable way to maintain local cultural diversity and vitality . When a consumer chooses a cultural product that carried a specific cultural meaning of TCPs, it vitalizes and encourages a significant relationship with his/her lifestyle . Thus, it is possible to assume that a fundamental link between purchasing the culturally innovative product and improving the sustainability of TCPs through the perspective of "intergenerational flow."

Throsby认为，文化资本的商业流通是维持当地文化多样性和活力的可行方式。当消费者选择具有传统文化遗产特定文化含义的文化产品时，可以显著激发与其生活方式的联系。因此，可以假设购买文化创新产品与通过“代际流动”的角度提高传统文化遗产的可持续性之间的根本联系。

Previous studies address the critical role of attractive product design on marketing success . Product traits, such as appearance, can influence consumer purchase attention on a large scale . It is also argued that a product's symbolic value can even be the critical variant for product choice, as the ideal self-images of consumers can be expressed by choosing a specific product. On the discourse of cultural products, the intended purchase of well-designed cultural products can be a way to express positive perceptions towards the developments of TCPs. Therefore, we have the following hypothesis for the product attitude and purchasing intentions relevant to culturally innovative products:

以前的研究探讨了有吸引力的产品设计对营销成功的关键作用。产品特性，如外观，可以很大程度上影响消费者的购买意愿。还有人认为，产品的符号价值甚至可以成为消费者进行产品选择的关键变量，因为消费者的理想自我形象可以通过选择特定产品来表达。在文化产品的研究中，购买精心设计的文化产品可以成为表达对传统文化遗产发展的积极看法的一种方式。因此，我们对与文化创新产品相关的产品态度和购买意图作出以下假设：

H8. The product attitude of culturally innovative design has a positive impact on the purchasing intentions of consumers.

研究假设8. 文化创新设计的产品态度对消费者的购买意愿产生积极影响。

3. Research Framework and Hypotheses

Based on our review of prior related research, we found that the perceived novelty of culturally innovative products plays a significant role in perceptions concerning TCPs' sustainable development; and its product attitude is crucial for consumers' purchasing intentions. In this section, we present a research framework that shows the impacts of culturally innovative product design and people's understanding of sustainability from a view of Chinese young people. This research framework would help us to have insights into the relationship between different variables and the effects of perceived novelty and the recognition of cultural development on consumers' behavior reactions.

3. 研究框架与假设

根据我们对先前相关研究的回顾，我们发现文化创新产品的新颖性在传统文化遗产可持续发展的观念中发挥了重要作用；并且其产品态度对消费者的购买意愿至关重要。在本节中，我们提出了一个研究框架，从中国年轻人的角度呈现了文化创新产品设计的影响以及人们对可持续性的理解认知。该研究框架将帮助我们深入了解不同变量之间的关系和感知新颖性的影响，以及消费者对文化发展的认知对其行为反应的影响。

Previous research on perception and maintenance of cultural development does not make clear the relationship between perceived sustainability and perceived resilience of culturally sustainable development, and the term of resilience is underestimated especially within the field of cultural development. However, regarding the potential risk of cultural decline, a type of system, including a cultural or ecological system, would maintain its sustainability and then recover from the impact .

以前关于文化发展的感知和可持续性的研究并没有明确表明文化可持续发展的感知可持续性和感知弹性之间的关系，特别是感知弹性在文化发展领域一直被低估了。然而，针对文化衰退的潜在风险，一种内在系统，包括文化或生态系统，可以保持其可持续性，并且从冲击中恢复。

Prior research of product novelty has concentrated on the effects of perceived novelty on product attitude, on purchasing intentions , or on product usability , and rarely rigorously explore and validate product novelty from a young generational perspective and in the context of the cultural product category. In particular, this would include the effects of culturally innovative product design on cultural perception, product attitude, and purchase intentions. Therefore, this research divide the cultural perceptions into two sub-constructs to validate, namely the perceived sustainability and resilience of TCPs. This division of culture perceptions would provide us with insights into the possible effect of perception of cultural development to consumer behavior and its relationship with the perceived novelty of the culturally innovative product. In this way, it would help us to make a judgement on whether it is valid to confirm that culturally innovative design is highly likely to influence young peoples' perceptions of TCPs with a sustainable perspective, influencing their purchase behavior as a result. Thus, we plan to validate not only the causality between the perceived sustainability and resilience of TCPs but also the relationship between perceived product novelty and the consequences.

先前对产品新颖性的研究集中在感知新颖性对产品态度、购买意图或产品可用性的影响，并且很少从年轻一代的和文化产品背景角度严格地探索和验证产品新颖性。具体来说包括文化创新产品设计对文化感知、产品态度和购买意图的影响。因此，本研究将文化观念分为两个子构面进行验证，即传统文化遗产的感知可持续性和弹性。文化观念的这种划分将使我们深入了解文化发展观念对消费者行为的可能影响，以及它与文化创新产品的新颖性之间的关系。通过这种方式，它将有助于我们判断文化创新设计是否极有可能从文化可持续的视角影响年轻人对传统文化遗产的看法，从而影响其购买行为。因此，本研究不仅要验证传统文化遗产的可持续性和弹性间的因果关系，还要验证感知产品新颖性与购买行为之间的关系。

Figure 1 presents the research framework and hypotheses developed by the above reasoning. As shown in the figure, there are eight hypotheses formulated to answer the research questions stated above.

图1展示了上述推理所提出的研究框架和假设。如图所示，有8个假设用于回答上述研究问题。

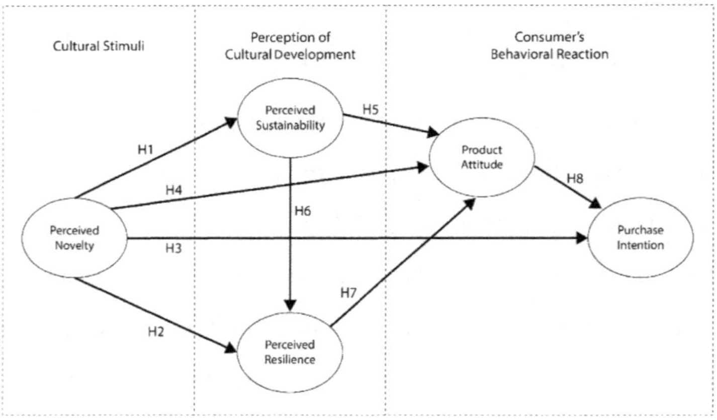

Figure 1. The conceptual framework of hypotheses.

图1. 假设的概念模型

4. Research Methods

To test our research framework, we employed an empirical study using data from student survey responses from Anhui Normal University (AHNU), which is located in the eastern part of China. Founded in 1928, Anhui Normal University is the largest university in Anhui Province and is also one of the largest normal universities in China, containing more than 43, 800 students from various regions spread throughout China (http://www. ahnu. edu. cn/3209/view). For that reason, the sample selected could represent a general picture of Chinese young people, thereby making it possible to assess Chinese young people's responses accurately. Inspired by the traditional Chinese idiom "Touch stone and turn it into gold (点石成金)," 3 professional product designers worked together to design a culturally innovative lamp which exploited the meaning of this traditional idiom to symbolize the lamp function. The meaning of the idiom, as the inner level cultural capital from Chinese TCPs, was integrated into this modern lamp design concept to elicit for consumers the subtle cultural feelings behind traditional Chinese culture. Figure 2 shows the design concept, appearance, and functionality of this lamp with an explanation of the meaning behind it. Participants were first exposed to this lamp design for 10 s and then answered the questions stated in the survey.

4.研究方法

为了测试我们的研究框架，我们使用位于中国东部的安徽师范大学（AHNU）学生的调查回复数据进行了实证研究。安徽师范大学成立于1928年，是安徽省最大的大学之一，也是中国最大的师范大学之一，拥有来自中国各地的43,800多名学生（http：//www.ahnu.edu.cn/3209/view)。因此，所选样本可以代表中国年轻人的总体情况，从而可以准确评估中国年轻人的反应。灵感来自中国传统成语“（点石成金）”，3位专业产品设计师共同设计了一个具有文化创意性的灯具，利用这种中国传统成语的内在含义来象征灯具的功能。成语作为中国TCPs的内在层面文化资本，融入现代灯具设计理念中，可以为消费者带来微妙的中国传统文化感受。图2显示了该灯的设计概念、外观和功能，并说明了其背后的含义。参与者首先接触这个灯具设计10秒，然后回答调查中提出的问题。

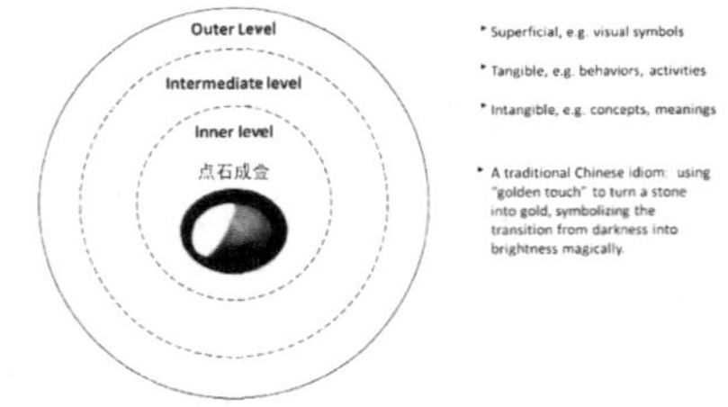

(a) The lamp design concept and the cultural level model(the model is adapted from Siu's dimension of culture [30]).

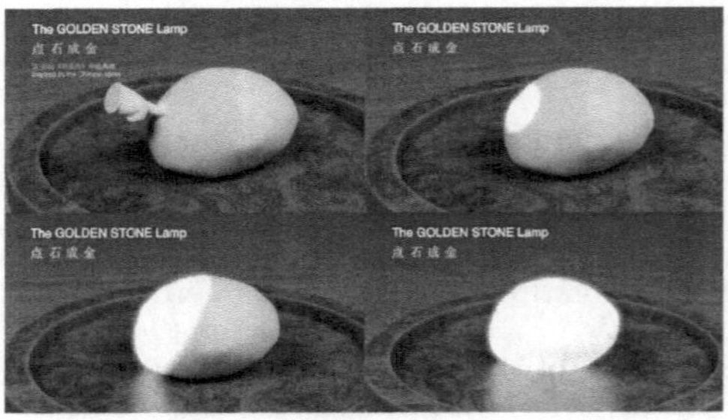

(b)

图2　灯的设计概念、外观和功能、含义

Figure 2. (a) illustrates how this selected design of culturally innovative product fits the inner cultural level of TCPs; (b) illustrates the detailed process of the “点石成金” Lamp design. After a user touches the surface of the stone-like lamp, the golden glow is gradually illuminated. It corresponds to the meaning of “touch a stone and turn it into gold.” This concept from the traditional Chinese idiom is meant to symbolize the subtle and magical transition from the darkness into brightness.

图2.（a）说明了所选定的文化创新产品设计如何符合传统文化遗产的内在文化层级；（b）展示了“点石成金”灯具的详细操作过程。在用户触摸石头状灯的表面之后，金色光芒逐渐被照亮。它对应于“点石成金”的含义。这个来自中国传统习语的概念寓意从黑暗到光明的微妙和神奇的过渡。

因为本文研究假设较多，因此可以通过图表来直观地显示完整的理论假设模型。

4.1 Measures

Table 1 illustrates the measures that have been used to examine the research hypotheses 1-8. There are five measures related to the research framework. Measurement items and scales were adapted from the relevant studies. Then, a survey was composed based on the measurement items and related demographic questions.

4.1 测量

表1说明了用于检验研究假设1—8的测量。有五项与研究框架有关的测量。测量项目和量表是根据相关研究改编的。然后，根据测量项目和相关的人口统计问题组成调查问卷。

Table 1. Measures for the Research Model（研究模型测量）

Measure	Definition	Measure Items	Reference
Product Attitude	The product attitude means that an acquired or predisposed mental state regarding a product with some degree of negativity which is perceived from a social or personal stimuli.	This lamp is desirable. This lamp is pleasant. This lamp is attractive.	Howard and Gengler, 2001
Purchase Intention	The willingness of a customer to buy a certain product or a certain service is known as purchase intention.	I am willing to buy this lamp. The likelihood for me to purchase this lamp is high. The probability that I would consider buying this lamp is high.	Dodds et al.1991
Perceived Novelty	Perceived novelty is the quality of being new, or following from that, of being striking, original or unusual.	This lamp satisfies my sense of curiosity. I feel like I'm exploring new worlds regarding this lamp.	Unger & Kernan, 1981
Perceived Sustainability	Perceived sustainability of TCPs as it relates to sustainable development, has to do with the maintaining of cultural beliefs, cultural practices, heritage conservation, culture as its own entity, and attempts to answer the question of whether or not any given cultures will exist in the context of the future.	I am full of confidence in traditional culture. I think traditional culture has a good future. I'd be happy to tell my friends about this traditional culture experience.	Kim et al, 2015
Perceived Resilience	Perceived resilience of TCPs is the ability of one culture to successfully cope with a crisis and to return to pre-crisis status quickly.	I think traditional culture can respond quickly to the impact of various shocks. I think traditional culture have enough capacity to adapt to all kinds of impact. I think traditional culture can quickly adjust operations to cope with all kinds of impact.	Ambulkar et al. 2015

4.2 Survey Procedure and Response Rate

A pilot study was introduced to examine whether the survey was properly formed to explore and validate the research questions above. 29 college students participated in this pilot survey, and we checked the consistency of this survey and revised the redundant questions, making this survey as clear as possible. The survey was carried out in November 2018.

In order to get an insight into Chinese young people's perception of the research framework discussed above, a total of 1329 questionnaires were sent randomly to undergraduate students using WeChat, QQ or other messenger apps as retrieved from AHNU academic secretaries for students of various regions. A total of 433 unique and usable responses were received (a response rate of 32.5%).

4.2 调查过程及问卷回收率

首先实施了一项试点研究，以检查调查问卷是否可以探索和验证上述研究问题。29名大学生参加了这项试点调查，我们检查了调查问卷的一致性并修改了多余的问题，使这份问卷尽可能清晰。该调查于2018年11月进行。

为了深入了解中国年轻人对上述研究框架的看法，从安徽师范大学秘书处获取各地区的学生联系方式，然后我们使用微信、QQ或其他通信应用程序随机向这些学生发送了1329份问卷。共收到433份独特且可用的回复（回复率为32.5%）。

对于定量调查来说，测量的具体标准与所使用的量表来源需要被清晰地列出。

要完整清晰地描述研究使用的具体方法、收集或生成数据的方式和工具。对于社会调查来说，研究开展的时间和地点也需要被说明以便显示时效性。

调查的采样步骤与回复率也应标明。期刊审稿人对于这部分内容会非常关注，因为这是整个调查研究有效性的基础。

5. Findings

In order to perform a statistical analysis of the data collected, we used SPSS 20.0 for Windows and AMOS 24.0. The SPSS analytical software was used to test the reliability of measurement items and demographical information. Meanwhile, AMOS analytical software was used to run a confirmatory factor analysis (CFA) of the research framework, test the hypotheses 1–8, and analyze the structural equation framework (SEM).

5. 研究发现

为了对收集的数据进行统计分析，我们使用Windows版本SPSS 20.0和AMOS 24.0。SPSS分析软件用于测试测量项目和人口统计信息的可靠性。同时，AMOS分析软件用于运行研究框架的验证性因子分析（CFA），测试假设1—8，并分析结构方程框架（SEM）。

The demographic information of the participants is given in Table 2. The largest age group in the sample was age 19, which accounted for 31.87% of the total respondents. The next–largest age groups were the age 18 and age 20 groups, whose proportions was 28.64% and 28.41% respectively.

参与者的人口统计信息在表2中给出。样本中最大的年龄组是19岁，占受访者总数的31.87%。次年龄最大的年龄组是18岁和20岁组，其比例分别为28.64%和28.41%。

Table 2. Demographic Information of the Participants

Attributes	Value	Frequency	Percentage (%)
Gender	Male	120	27.71%
	Female	313	72.29%
Age	16–17	20	4.62%
	18	124	28.64%
	19	138	31.87%
	20	123	28.41%
	21–35	28	6.47%

5.1 Reliability and Validity

Reliability suggests the extent to which a measurement item is viewed the same way under the same condition with the same subjects. Reliability coefficients and Cronbach's alphas would test the internal consistency of measurement items within the questionnaire. The result of Cronbach's alphas in the survey is shown in Table 3. All the constructs were all above 0.70 which works as a threshold . In addition, competitive reliability (C.R.) in the column is also above the threshold. Therefore, the measurement items of this survey are considered to be reliable.

5.1 可靠性和有效性

可靠性表明在具有相同主题的相同条件下以相同方式观察测量项目的程度。可靠性系数和Cronbach's alphas将测试问卷中测量项目的内部一致性。调查中Cronbach's alphas的结果显示在表3中。所有构面都高于阈值0.70。此外，该例中的竞争可靠性（C.R.）也高于阈值。因此，该调查的测量项目被认为是可靠的。

Construct validity refers to the extent of correspondence between a construct and its operationalization. Regarding the construct validity of our research framework, it could be assessed by evaluating (1) unidimensionality, (2) convergent validity, (3) discriminant validity, and (4) nomological validity。

构面有效性是指结构与其操作之间的对应程度。关于我们研究框架的构面有效性，可以通过评估（1）单维度，（2）收敛效度，（3）判别有效性，（4）法则有效性来评估。

We used confirmatory factor analysis (CFA) to examine the unidimensionality of the research framework. Unidimensionality refers to the extent to which a measurement scale has only one dimension, and CFA is introduced to examine whether measures of a construct are consistent with a researcher's understanding of the nature of that construct (or factor). In this research framework, a CFA was computed for each of the five constructs to determine whether the 14 indicators measured the construct they were assigned to adequately. We used a Maximum likelihood (ML) estimation to evaluate the CFA frameworks. To specify, the criteria we used in this framework contains the Comparative Fit Index (CFI), the Root Mean Square Residual (RMSR), Goodness-of-Fit Index (GFI), Adjusted Goodness-of-Fit Index (AGFI), and so forth.

我们使用验证性因子分析（CFA）来检验研究框架的单维度。单维度是指测量量表仅具有一个维度的程度，并且引入CFA来检查构面的测量是否与研究者对该结构（或因子）的性质的理解一致。在这个研究框架中，我们计算了五个构面中每个构面的CFA，以确定14个指标是否测量了它们被充分分布的构面。我们使用最大似然（ML）估计来评估CFA框架。具体来说，我们在此框架中使用的标准包含比较拟合指数（CFI），均方根残差（RMSR），拟合优度指数（GFI），调整后拟合优度指数（AGFI）等。

Table 3. Reliability and Unidimensionality. 可靠性与单维度

Construct	Cronback's Alpha	Variable	Standardized Factor Loading	C.R. (t-value)	SMC	AVE	Composite Reliability
Product Attitude	0.912	Att1 Att2 Att3	0.884 0.903 0.902	-24.336 22.589	0.814 0.815 0.781	0.803	0.925
Purchase Intention	0.935	PI1 PI2 PI3	0.893 0.942 0.899	-31.085 28.183	0.797 0.887 0.808	0.831	0.936
Perceived Novelty	0.892	No1 No2	0.865 0.932	-24.445	0.748 0.869	0.808	0.894
Perceived Sustainability	0.955	CS1 CS2 CS3	0.905 0.956 0.901	-42.928 34.872	0.819 0.914 0.812	0.848	0.944
Perceived Resilience	0.953	CR1 CR2 CR3	0.903 0.950 0.951	-34.413 34.556	0.815 0.903 0.904	0.874	0.954

Next, convergent validity refers to the extent to which two measures of constructs that theoretically should be related, are related to each other. Individually, the threshold of convergent validity is evaluated through critical ratios (CR, value are 2 or above), standardized factor loadings (value are 0.5 or above), and averaged variances expected (AVE's, value are 0.5 or above) (Evanschitzky et al., 2006; Fornell and Larcker, 1981). In our research framework, the minimum CR (=22.589) was much higher than the '2' threshold; the minimum standardized factor loading (=0.865) exceeded the '0.5' threshold, and the lowest AVE calculated (=0.803) was well above the 0.50 threshold. Thus, convergent validity for the research framework is considered to be acceptable.

这一部分描述的是直接的数据分析发现，而非理论的推演性发现。需要将分析计算的数值进行完整清晰地描述。

研究中分析计算的可靠性与有效性需要重点描述与证明。

接下来，收敛有效性是指理论上应该相关的两个构面的度量彼此相关的程度。具体来说，收敛有效性的阈值通过临界比率（CR，值为2或更高），标准化因子负荷（值为0.5或更高）和预期的平均方差（AVE，值为0.5或更高）来评估。在我们的研究框架中，最低CR（= 22.589）远高于‘2’阈值；最小标准化因子载荷（= 0.865）超过‘0.5’阈值，并且计算的最低AVE（= 0.803）远高于0.50阈值。因此，研究框架的收敛有效性被认为是可以接受的。

Discriminant validity tests whether concepts or measurements that are not supposed to be related are unrelated. We calculated the correlation coefficients of our research framework. Table 4 shows that the most significant coefficient is 0.796, a coefficient of correlation between cultural sustainability and cultural resilience and that the square of this number, 0.633, is not as large as 0.803, the minimum AVE for product attitude. Therefore, discriminant validity of our research framework is acceptable.

判别有效性测试是指不相关的概念或测量是否无关。我们计算了研究框架的相关系数。表4显示，最重要的系数是0.796，这是文化可持续性和文化弹性之间的相关系数，这个数字的平方值0.633不大于产品态度的最小AVE值0.803。因此，我们研究框架的判别有效性是可以接受的。

Table 4. Correlation Matrix of the Constructs 结构相关矩阵

Construct	AVE	CS	CR	NO	ATT	PI
Perceived Sustainability (CS)	0.848	1				
Perceived Resilience (CR)	0.874	0.796**	1			
Perceived Novelty (NO)	0.808	0.521**	0.509**	1		
Product Attitude (ATT)	0.803	0.577**	0.552**	0.693**	1	
Purchase Intention (PI)	0.831	0.387**	0.427**	0.700**	0.630**	1
Mean		5.94	5.56	4.98	5.17	4.18
S.D.		1.24	1.28	1.47	1.33	1.49

Note: * $p<0.1$; ** $p<0.05$; *** $p<0.01$

Finally, nomological validity refers to a comparison of at least two constructs and that those constructs have a possible linkage. The coefficient between the perceived sustainability and perceived resilience, 0.796, was rather high, we thus performed a multi-collinearity test. Variance inflation factors (VIF) would evaluate the nomological validity with the threshold of 10 or less. Calculation of VIF in our research framework showed that VIF's ranged from 4.355 to 6.181, ruling out the potential threat of multi-collinearity in this research; namely, the nomological validity of this research framework is acceptable.

最后，法则有效性是指至少两种构面的比较，并且这些构面具有可能的联系。感知到的可持续性和感知弹性之间的系数是0.796，相当高，因此我们进行了多重共线性测试。方差膨胀因子（VIF）将以10或更低的阈值评估法则有效性。在我们的研究框架中计算VIF显示VIF的范围是从4.355到6.181，排除了本研究中多重共线性的潜在威胁，即该研究框架的法则效力是可以接受的。

Meanwhile, the goodness of fit of the research framework with absolute fit indices and incremental fit indices was assessed as shown in Table 5. To specify, SRMR (standardized root mean square residual), GFI&AGFI (goodness-of-fit index), RMSEA (root mean square error of approximation), NFI (normed fit index), IFI (incremental fit index), TLI (Tucker-Lewis index), and CFI (comparative fit index) were all within the respective thresholds. Thus, the research framework was considered to be fitted to the responses collected.

同时，评估了研究框架与绝对拟合指数和增量拟合指数的拟合优度，如表5所示。具体来说，SRMR（标准化均方根残差），GFI和AGFI（拟合优度指数），RMSEA（近似的均方根误差），NFI（标准拟合指数），IFI（增量拟合指数），TLI（Tucker-Lewis指数）和CFI（比较拟合指数）都在各自的阈值内。因此，研究框架被认为适合所收集的答复。

Table 5. Goodness of Fit Test. 拟合优度测试

Category	Measure	Acceptable Values	Value
Absolute fit indices	Chi-square		216.411
	d.f.		68
	Chi-square/d.f.	1-5	3.183
	GFI	0.90 or above	0.936
	AGFI	0.90 or above	0.901
	SRMR	0.08 or below	0.062
	RMSEA	0.05-0.08	0.071
Incremental fit indices	NFI	0.90 or above	0.968
	IFI	0.90 or above	0.978
	TLI	0.90 or above	0.970
	CFI	0.90 or above	0.978

5.2 Path Analysis

The chief aim of this study is to understand what the effects are of the perceived novelty of culturally innovative products on perceptions of the sustainability and resilience of TCPs, thus influencing consumer behavior. In order to analyze the relationship in the research framework, we conducted a path analysis based on the Structural Equation Model (SEM). Figure 3 shows the output of this analysis and Table 6 shows the standardized coefficient of each path and the results of the hypotheses.

5.2 路径分析

这项研究的主要目的是了解文化创新产品的新颖性对TCPs的可持续性和弹性的认知的影响，从而影响消费者行为。为了分析研究框架中的理论关系，我们基于结构方程模型（SEM）进行了路径分析。图3显示了该分析的输出，表6显示了每条路径的标准化系数和假设的结果。

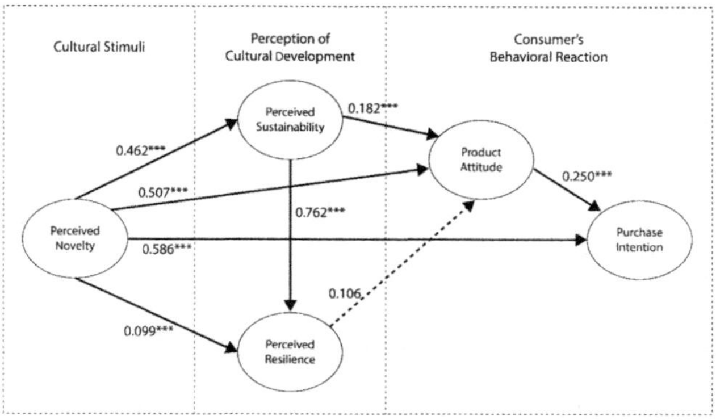

Figure 3. Path Coefficients Resulting from Structural Equation Modeling (SEM).

Table 6. Hypothesis Testing假设检验

Hypothesis	Path	Standardized coefficient	Standard error	C.R. (t-value)	Result
H1	Perceived Novelty - > Perceived Sustainability	0.462***	0.040	11.661	Accepted
H2	Perceived Novelty - > Perceived Resilience	0.099***	0.032	3.045	Accepted
H3	Perceived Novelty - > Purchase Intention	0.586***	0.064	9.183	Accepted
H4	Perceived Novelty - > Product Attitude	0.507***	0.041	12.324	Accepted
H5	Perceived Sustainability - > Perceived Resilience	0.762***	0.042	18.306	Accepted
H6	Perceived Sustainability - > Product Attitude	0.182***	0.067	2.737	Accepted
H7	Perceived Resilience - > Product Attitude	0.106	0.066	1.608	Rejected
H8	Product Attitude - > Purchase Intention	0.250***	0.070	3.562	Accepted

Note: * p<0.1; ** p<0.05; *** p<0.01

6. Results and Discussion

Results show that seven of the eight hypotheses were supported. The novelty of cultural products, which yielded significant path coefficients of 0.462 and 0.099 respectively, was found to affect the perceived sustainability and resilience of TCPs, verifying H1 and H2. This finding is attributed to the fact that product traits derived from the inner level of TCPs play a significant role in improving the perceptions of sustainability and its resilience within the young generation. This is particularly true in that the young consumer group needs the more powerful and spiritual medium to understand the internal relationship between themselves and cultural development beyond the direct idealism of cultural sustainability. Also, young consumers are more open to accepting innovative design expressions and cultural beliefs concerning social and environmental responsibility. For example, a relevant study conducted by Lee also shows a strong motivation of young consumers' green purchasing behaviors. Furthermore, the perceived sustainability and resilience of TCPs is decided by the performance of cultural design; this means that consumers tend to recognize the potential role of TCPs through relatively innovative design expressions, which aligns with the discussion in Section 2.1.

6.结果与讨论

结果显示，八个假设中有七个得到了支持。我们发现文化产品的新颖性可以影响传统文化遗产的感知可持续性和弹性，分别产生0.462和0.099的显着路径系数，验证H1和H2。这一发现归因于这样一个事实，即源自内在层面的传统文化遗产的产品特性在改善年轻一代的感知可持续性及其弹性方面发挥了重要作用。年轻的消费群体需要更强大和更精神层面的媒介来理解他们自身与文化发展之间的内在关系，它超越了直接的文化可持续性的纯理想主义。此外，年轻消费者更愿意接受有关社会和环境责任的创新设计表达和文化信仰。例如，Lee进行的相关研究也显示了年轻消费者的绿色购买行为的强烈动机。此外，传统文化遗产的可持续性和弹性取决于文化设计的表现。这意味着消费者倾向于通过相对创新的设计表达来认识传统文化遗产的潜在作用，这与第2.1节中的讨论一致。

Also, the perceived novelty of culturally innovative product reveals a significant association between the perceived sustainability and resilience of TCPs, with the coefficient of 0.762 supporting H6. This study presented the first evidence of how perceived sustainability influences the perceived resilience of TCPs. The connection between these two concepts is essential to underpin the theory of cultural sustainability in the context of human-centered development. This finding is consistent with Niedderer et al. 's study of sustainable innovation; they argued that design is a significant driver to change the way people think about sustainability. Meanwhile, the link between the perceived sustainability and resilience of TCPs revealed the fact that a more sustainable attitude can reinforce a consumer's confidence in TCPs, thereby informing the consumer's understanding of the cultural vitality of TCPs.

此外，文化创新产品的新颖性揭示了传统文化遗产的感知可持续性和弹性之间的显着关联，系数为0.762，支持H6。本研究首次提供了感知可持续性如何影响传统文化遗产感知弹性的证据。这两个概念之间的联系对于在以人为中心的发展背景下支持文化可持续性发展的理论建设至关重要。这一发现与Niedderer等人的可持续创新研究一致；他们认为设计是改变人们对可持续发展的看法的重要驱动因素。同时，传统文化遗产的感知可持续性和弹性之间的联系表明，更加可持续性的态度可以增强消费者对传统文化遗产的信心，从而促进消费者对传统文化遗产的文化活力的理解。

Young consumers' product attitudes are influenced by the novelty of culturally innovative products directly with the coefficient of 0.507, and the perceived sustainability of TCPs plays an intermediary role upon the product attitude with the coefficient of 0.182, supporting H4 and H5. This showed both the novelty of cultural products and perceived sustainability could significantly improve product attitudes and perceptions from the younger generation. This is because the concept of cultural capital is not a still and immobilized asset, but tends to encourage more innovative design thinking to convey the profound cultural vitality of TCPs. Previous research has tried to explore different methods to improve consumer perceptions of cultural products. Shin et al. proposed that traditional cultural product design should be reinvented regarding modernization , this finding verified that cultural design rooted in inner intangible cultural level is an effective way to innovate the traditional elements of cultural products, and improve consumer attitudes. A similar observation was made in Chai et al.'s research where cultural elements with superficial forms were not found to be attractive to consumers.

年轻消费者的产品态度受到文化创新产品新颖性的直接影响，系数为0.507，传统文化遗产的感知可持续性对产品态度起了中介作用，系数为0.182，支持H4和H5。这表明文化产品的新颖性和感知的可持续性可以显著改善年轻一代的产品态度和看法。这是因为文化资本的概念不是一种静止和固定的资产，而是倾向于鼓励更多创新的设计思维来传达传统文化遗产的深刻文化活力。以前的研究试图探索不同的方法来改善消费者对文化产品的看法。Shin等人。提出传统文化产品设计应该在现代化方面进行改造，这一发现证实，使用植根于内在非物质文化层面的传统文化元素是创新文化产品设计改善消费者态度的有效途径。在Chai等人的研究中也进行了类似的观察，其中表面形式的文化元素发现对消费者没有吸引力。

On the other hand, the influence of the perceived resilience on product attitude was not significant; therefore, H7 was not supported. The path coefficients of 0.106 indicate that consumer behavior towards novel cultural products is less connected with how they perceive the resilient adaptability of TCPs in the cultural context. We can infer from the present finding that, although the perceived sustainability of TCPs plays a vital role in shaping the consumer attitudes towards cultural products, the perceived resilience implies that design intervention may create a relatively negative influence on the development of TCPs, which is aligned with some critical studies discussed in Section 2.1. For example, the cultural products would be interpreted as a process to decrease the profound cultural value of the TCPs from the consumer's perspective. A similar inference was made by Qin , which proposed that cultural design which included excessive entertainment would lead to a negative impact on the people's cognition of TCPs.

另一方面，感知弹性对产品态度的影响不显着；因此，H7不受支持。路径系数0.106表明，消费者对创新文化产品的反应与他们如何看待传统文化遗产的弹性适应性的联系较少。我们可以从目前的发现推断，尽管传统文化遗产的感知可持续性在塑造消费者对文化产品的态度方面发挥着至关重要的作用，但感知的弹性意味着设计干预可能对传统文化遗产的发展产生相对负面的影响，第2.1节讨论了一些批判性研究。例如，文化产品商业化被解释为从消费者的角度传统文化遗产的深刻文化价值的过程。Qin也提出了类似的推论，认为包含过度娱乐的文化设计会对人们对传统文化遗产的认知产生负面影响。

Moreover, the influence of the perceived novelty of cultural product on the attitudinal purchase intention was confirmed with the coefficient of 0.586, the H3 was verified. This statistical evidence firstly builds the theoretical relationship between the novelty of cultural products and purchase intentions. Our finding can support Chai et al., Leong et al., and Lin's previous studies that higher cultural level design of the cultural product can strengthen consumer attitudes , and further verify its influence on consumers' purchase intentions.

此外，文化产品感知新颖性对购买意愿的影响以0.586的系数得到证实，H3得到验证。这一统计证据首先建立了文化产品的新颖性和购买意图之间的理论关系。我们的发现可以支持Chai等人，Leong等人以及Lin先前的研究，即具有更高层级元素的文化产品的设计可以增强消费者的态度，并进一步验证其对消费者购买意愿的影响。

Finally, the influence of consumer attitudes towards cultural product on the purchase behavior was confirmed. H8 was supported as the relationship ended up with a coefficient of 0.250. Although some studies also had verified the impact of consumer's brand attitude on purchase intention in green marketing , this finding first builds the theoretical relationship between product attitudes and purchase intentions on the discourse of cultural products. From this result, it is reasonable to assume that novel traits of product design can encourage the consumption of cultural products on a large scale.

最后，确认了消费者对文化产品的态度对购买行为的影响。H8得到了支持，最终关系系数为0.250。虽然一些研究也证实了消费者的品牌态度对绿色营销中购买意愿的影响，但这一发现首先建立了产品态度与购买意图之间在文化产品研究中的理论关系。从这个结果可以合理地假设产品设计的新颖文化特征可以很大程度上提升文化产品的消费。

7. Conclusions

This study makes several theoretical contributions to the field of commercialization and sustainability of TCPs. Our findings first statistically verify that appropriate commercialization of cultural capital tends to have a positive contribution to the perceptual recognition of TCPs by young people. It can also support a preliminary understanding that commercial exploitation of inner intangible levels of cultural capital is a viable way to improve the materialization of TCPs and promote modern lifestyles with the local cultural identity . Also, we found that the perceived novelty of culturally innovative products influences the purchasing intentions of customers and their consumption attitudes. This in turn positively affects perceptions of TCPs from the perspectives of sustainability and resilience in the younger generation . As a consequence, this research also tends to answer those questions of whether commercialization of cultural capital can inform sustainable development.

撰写结果和讨论部分是非常具有挑战性的工作。它包含大量需要以清晰简洁的方式呈现的数据与相关理论，并叙述研究的关键结果。根据您提交研究论文的期刊的要求，结果和讨论可以合并为一个部分或分为单独的部分。

一般来说，结果和讨论部分应包括：发现、与先前的研究比较、相关推测与演绎的论点。

7.结论

该研究为传统文化遗产的商业化和可持续性发展领域做出了若干理论贡献。我们的研究结果首先在统计上证实文化资本的适当商业化往往对年轻人对传统文化遗产的认知有积极作用。它还可以作为初步证据让学者了解商业开发内在层级非物质的传统文化遗产元素是一种可行的方法，可以利用文化特征改善现代生活方式。此外，我们发现文化创新产品的新颖性会影响顾客的购买意愿和消费态度。从年轻一代的可持续性和弹性的角度积极影响其对传统文化遗产的认知。因此，这项研究也倾向于回答文化资本商业化能否为可持续发展提供信息的问题。

Previous research examines how a cultural product with design emphasis influencing consumers' cultural perception remains limited; this study submitted quantitative research to understand consumer attitudes toward culturally innovative design and sustainability. In this study, the young generation's perceptions of sustainability are significantly influenced by the perceived novelty of the cultural product, that means a relatively culturally innovative design can be a viable way to improve their recognition of traditional culture in the context of cultural sustainability. Future studies can further investigate the economic models and strategies to improve recognition of TCPs. For example, scholars of cultural sustainability should place more attention on communicating the role of TCPs to the young generation through commercialization of culturally innovative products.

之前关于重视设计的文化产品如果影响消费者文化观念的研究还较少；本研究通过定量方法以了解消费者对文化创新设计和文化可持续性的态度。在这项研究中，年轻一代对文化可持续性的看法受到文化产品新颖感的明显影响，这意味着文化创新的设计可以成为在文化可持续性背景下提高人们对传统文化认知的可行方式。未来研究可以进一步调查如何提高传统文化遗产认知的经济模型和战略。例如，研究文化可持续性的学者可以更多地关注通过文化创新产品的商业化来对年轻一代传达传统文化遗产的角色作用。

This study first considers the perceived sustainability and resilience of TCPs in its research framework in order to understand how young consumers' attitudes of cultural products were determined by their perceptions of cultural development. Consumer awareness of cultural development tends to be an influential factor as they evaluate a particular product that carries significant cultural meanings from the inner level of TCPs. Our finding shows that the perceived cultural sustainability of TCPs significantly influences the product attitudes of consumers. In this way, we can infer that people's motivation and recognition of cultural development plays a potential role in the commercialization of cultural capital. More future studies should investigate the marketing strategies of cultural products with a view towards consumer perceptions of cultural development.

本研究首次将传统文化遗产的感知可持续性和弹性考虑在研究框架之中，以了解年轻消费者对文化产品的态度是如何由他们对文化发展的看法所决定的。当评估具有传统文化遗产内在层面元素的文化含义的文化产品时，消费者对文化发展的意识往往是一个有影响力的因素。我们的研究结果表明，传统文化遗产的文化可持续性显著影响了消费者的产品态度。通过这种方式，我们可以推断出人们对文化发展的动机和认知在文化资本的商业化中起着潜在的作用。未来的更多研究应该调查基于消费者对文化发展的看法的产品营销策略。

结论部分在某些方面类似引言部分。需要重申论文的关键背景与论点，而重点需要放在总结本次研究得出的主要证据与具体的研究贡献。

研究的局限性需要认真分析并陈述。列出研究的局限性是增加可信度的一种方式，因为每个研究都在某种程度上有所局限。期刊审稿人通常会重点关注这一部分。

8. Managerial Implications

Regarding managerial implications, some practical suggestions are also revealed. In this study, the novelty of cultural products is to go beyond the superficial material level elements, and to study the profound impact of cultural products with inner intangible level elements from TCPs. The findings further reveal that culturally innovative design plays a significant role in shaping purchasing intentions of young consumers. Statistically, it shows that more efforts should be made to encourage the managers and designers in this field of cultural industry to develop more innovative products derived from the inner level of TCPs. Moreover, scholars and designers should investigate more innovative design methods and applications of cultural products with considerations of cultural sustainability. Future research should extend the research model of this study in the context of culturally innovative design derived from TCPs.

8. 营销管理建议

在营销管理方面，本研究还揭示了一些实用的建议。在这项研究中，文化产品的新颖性是超越了表面的物质层面元素，研究了具有传统文化遗产内在层级非物质文化元素的文化产品设计的深远影响。调查结果进一步表明，文化创新设计在塑造年轻消费者购买意愿方面发挥着重要作用。从统计数据来看，应该更多鼓励文化产业领域的管理者和设计师开发更多来自传统文化遗产内在层面元素的创新产品。此外，学者和设计师应基于文化可持续性发展的考虑以研究更多创新的文化产品设计方法和应用。未来的研究应该在从传统文化遗产衍生的文化创新设计的背景下扩展本研究的研究模型。

9. Limitations

This study also has some limitations in theory and methodology. Since the sample recruited in this study is in a normal university where the majority gender is female (http://www.ahnu.edu.cn/3209/view), a gender bias might exist in our sampling which could potentially influence the result .

9. 本研究的局限性

该研究在理论和方法上也有一些局限性。由于本研究中招募的样本是在大多数性别为女性的师范类大学（http://www.ahnu.edu.cn/3209/view），我们的抽样中可能存在性别偏见，这可能会影响验证结果。

Further studies would be implemented in a comprehensive university where gender would be balanced to some degree, strengthening the current result. The cultural perceptions related to TCPs may not only be limited to the perceived resilience and sustainability, but there might be other potential variables that also influence the result here. In future studies, we might introduce other factors. Also, research on the perceived resilience of TCP should exert more efforts to evaluate and measure how to confront the shadow of modernization in the context of globalization from an internal perspective.

进一步的研究将在一所综合性大学实施，在那里性别将在一定程度上得到平衡，从而强化目前的研究成果。与传统文化遗产相关的文化观念可能不仅限于感知的弹性和可持续性，而且可能还有其他可能影响结果的潜在变量。在未来的研究中，我们可能会介绍其他因素。此外，对传统文化遗产的感知弹性的研究应该更加努力地从内部角度评估和衡量如何在全球化背景下面对现代化发展的冲击。

Author Contributions: Conceptualization, research design, data collection, formal Analysis writing—review & editing, Z.Q.; Methodology and Data Processing, data Curation Y.S.; general review & editing, Y.T.

Funding: This research received no external funding.

Acknowledgments: We wish to thank Yang Jin who helped to send out the questionnaire, and the students who gave their time to take part in the research.

Conflicts of Interest: The authors declare no conflict of interest.

References 参考文献

1. Inglehart, R.; Baker, W. E. Modernization, Cultural Change, and the Persistence of Traditional Values. Am. Sociol. Rev. 2000, 65, 19–51.

2. Chinadaily. Work to save traditional culture in Guizhou. Available online: http://www. chinadaily. com. cn/china/2012-07/23/content_15610122. htm (accessed on Nov 23, 2018).

3. Yu D, Liu Y, Z. Z. The Recognition Investigation of Urban Residents to Chinese Traditional Culture- Besed on Data Analysis of Beijing,Shanghai, Chongqing. Contemp. Commun. 2012, 34, 5–11.

4. Throsby, D. Culture, Economics and Sustainability. J. Cult. Econ. 1995, 19, 199–206.

5. Irwin, T. Transition Design: A Proposal for a New Area of Design Practice, Study, and Research. Des. Cult. 2015, 7, 229–246, doi: 10.1080/17547075.2015.1051829.

6. Mills, B. J.; Fowles, S. M. The Oxford handbook of Southwest archaeology; 2017; ISBN 0199978425.

7. Parker, P. L.; King, T. F. Bulletin 38: Guidlines for Evaluating and Documenting Traditional Cultural Properties. Natl. Regist. Bull. 1998, 38, 32.

8. Furlong, A.; Cartmel, F. Young people and social change : new perspectives; 2nd ed.; Open University Press, 2007; ISBN 0335218687.

9. Maina, C. K. Traditional knowledge management and preservation: Intersections with Library and Information Science. Int. Inf. Libr. Rev. ISSN 2012, 44, 13–27, doi:10.1080/10572317.2012.10762911.

10. UNESCO.Declaration on the Responsibilities of the Present Generations Towards Future Generations. Available online: http://portal.unesco.org/en/ev. php-URL_ID=13178&URL_DO=DO_TOPIC&URL_SECTION=201. html (accessed on Nov 22, 2018) .

11. Facer, K.; Furlong, R. Beyond the Myth of the "Cyberkid" : Young People at the Margins of the Information Revolution. J. Youth Stud. 2001, 4, 451–469, doi:10.1080/13676260120101905.

12. Importance of Environmental and Cultural Preservation: Perspectives of Young People on a Distant Country, its Culture and Traditions – International Society of Ethnobiology Available online: http://www.ethnobiology.net/importance-environmental-cultural-preservation-perspectives-young-people-dis - tant-country-culture-traditions/ (accessed on Nov 22, 2018).

13. Traditional Culture Should Be Popularized Among Youth Available online: http://www. china. org. cn/english/culture/95732. htm (accessed on Nov 22, 2018).

14. Hsu, C.-H.; Lin, C.-L.; Lin, R. A Study of Framework and Process Development for Cultural Product Design. In International Conference on Internationalization, Design and Global Development; Springe: Berlin, Heidelberg, 2011; pp. 55–64.

15. Chai, C.; Bao, D.; Sun, L.; Cao, Y. The relative effects of different dimensions of traditional cultural elements on customer product satisfaction. Int. J. Ind. Ergon. 2015, 48, 77–88, doi:10.1016/j.ergon.2015.04.001.

16. Su, X.; Xiaoyan Reconstructing Tradition: Heritage Authentication and Tourism-Related Commodification of the Ancient City of Pingyao. Sustainability 2018, 10, 670, doi:10.3390/su10030670.

17. Zhan, X.; Walker, S.; Hernandez-Pardo, R.; Evans, M. Craft and Sustainability: Potential for Design Intervention in Crafts in the Yangtze River Delta, China. Des. J. 2017, 20, S2919–S2934, doi: 10.1080/

14606925.2017.1352802.

18. Moalosi, R.; Popovic, V.; Hickling-Hudson, A. Culture-orientated product design. Int. J. Technol. Des. Educ. 2010, 20, 175-190, doi:10.1007/s10798-008-9069-1.

19. Soini, K.; Birkeland, I. Exploring the scientific discourse on cultural sustainability. Geoforum 2014, 51, 213-223, doi: 10.1016/j. geoforum.2013.12.001.

20. Throsby, D. Determining the Value of Cultural Goods: How Much (or How Little) Does Contingent Valuation Tell Us? J. Cult. Econ. 2003, 27, 275-285.

21. Muntean, R.; Antle, A. N.; Matkin, B.; Hennessy, K.; Rowley, S.; Wilson, J. Designing Cultural Values into Interaction. In CHI 2017; 2017; pp. 6062-6074.

22. Chai, C.; Shen, D.; Bao, D.; Sun, L. Design with the Doctrine of the Mean in Confucian Philosophy. Des. J. 2018, 21, 371-393, doi: 10.1080/14606925.2018.1440842.

23. Lin, R.; Sun, M. -X.; Chang, Y. -P.; Chan, Y. -C.; Hsieh, Y. -C.; Huang, Y. -C. Designing " Culture " into Modern Product --A Case study of Cultural Product Design.

24. Chutia, L. J.; Sarma, M. K. Commercialization of Traditional Crafts of South and South East Asia: A Conceptual Model based on Review of Literature. IIM Kozhikode Soc. Manag. Rev. 2016, 5, 107-119, doi:10.1177/2277975215624728.

25. Qin, Z. The brand design and system construction of Huangmei Opera in the perspective of digital innovation. Hournal Huangshan Univ. 2018, 20, 78-81.

26. Loach, K.; Rowley, J.; Griffiths, J. Cultural sustainability as a strategy for the survival of museums and libraries Cultural sustainability as a strategy for the survival of museums and libraries. Int. J. Cult. PolICy 2017, 23, 186-198, doi: 10.1080/10286632.2016.1184657org/10.1080/10286632. 2016.1184657doi.org/10.1080/10286632.2016.1184657.

27. Leong, Benny Ding, and H. C. Culture-Based Knowledge Towards New Design Thinking and Practice-A Dialogue Benny Ding Leong in conversation with Hazel Clark. Des. Issues 2003, 19, 48-58.

28. Lin, R. T. Transforming Taiwan aboriginal cultural features into modern product design: A case study of a cross-cultural product design model. Int. J. Des. 2007, 1, 45-53, doi:10.1509/jim.13.0082.

29. Shin, M. J.; Cassidy, T.; Moore, E. M. Design reinvention for culturally influenced textile products: Focused on traditional Korean bojagi textiles. Fash. Pract. 2015, 7, 175-198, doi:10.1080/17569370.2015.1045354.

30. Wai, K.; Siu, M. Culture and Design: A New Burial Concept in a Densely Populated Metropolitan Area. Des. Issues 2005, 21, 79-89.

31. Ceschin, F. Evolution of design for sustainability: From product design to design for system innovations and transitions. Des. Stud. 2016, 47, 118-163, doi:10.1016/j.destud.2016.09.002.

32. Chakrabarti, A.; Khadilkar, P. A measure for assessing product novelty. In Internation Conference on Engineering Design, ICED'03; 2003; pp. 19-21.

33. Dessein, J.; Soini, K.; Fairclough, G.; Horlings, L. Culture in, for and as Sustainable Development Conclusions from the Cost Action IS1007 Investigating Cultural Sustainability; University of Jyväskylä, 2015;

34. Brondizio, E.; Leemans, R.; Solecki, W. The inner dimension of sustainability: personal and cultural values LG Horlings. Curr. Opin. Environ. Sustain. 2015, 14, 163-169, doi:10.1016/j.cosust.2015.06.006.

35. Paraskevaidis, P.; Andriotis, K. Values of souvenirs as commodities. Tour. Manag. 2015, 48, 1-10, doi:10.1016/J.TOURMAN.2014.10.014.

36. Niedderer, K., Cain, R., Clune, S., Lockton, D., Ludden, G., Mackrill, J., & Morris, A. Creating sustainable innovation through design for behaviour change: full project report; 2014;

37. Rao, P. Analysis of comtemporary college students' recognition of Chinese traditional culture. Educ. Explor. 2014, 276, 16-18.

38. Zhihao Yang, Ruirui Xu, H. X. Analysis of the college students'

recognition of traditional culture –the case of colleges in Anhui Province. J. Hubei Univ. Econ. Soc. Sci. 2017, 14, 122–124, doi: 10.3969/j. issn. 1671-0975.2017.09.040.

39. Chen, C.–W. C.–C.; Chen, C.–W. C.–C.; Tung, Y.–C.; Hu, F.; Liu, W.; Tsai, S. B.; Gao, J.; Bin, N.; Chen, Q.; Cerquetti, M. Marketing Research for Cultural Heritage Conservation and Sustainability: Lessons from the Field. Sustainability 2018, 10, 774, doi:10.3390/su10030774.

40. Barthel–Bouchier, D. Cultural Heritage and the Challenge of Sustainability; Routledge: New Brunswick, N.J., 2016; ISBN 9781315431055.

41. Hoiling, C. S. Resilience and Stability of Ecological Systems. Annu. Rev. Ecol. Syst. 1973, 4, 1–25.

42. Clauss–Ehlers, C. S. Cultural Resilience. In Encyclopedia of Cross–Cultural School Psychology; Clauss–Ehlers, C. S., Ed.; Springer US: Boston, MA, 2010; pp. 324–326 ISBN 978–0–387–71799–9.

43. Clauss–Ehlers, C. S. Re–inventing Resilience: A Model of "Culturally–Focused Resilient Adaptation." In Community Planning to Foster Resilience in Children; Springer US: Boston, MA, 2004; pp. 27–41.

44. Fleming, J.; Ledogar, R. J. Resilience, an Evolving Concept: A Review of Literature Relevant to Aboriginal Research. Pimatisiwin 2008, 6, 7–23.

45. Daskon, C. D.; Daskon; Dilhani, C. Cultural Resilience—The Roles of Cultural Traditions in Sustaining Rural Livelihoods: A Case Study from Rural Kandyan Villages in Central Sri Lanka. Sustainability 2010, 2, 1080–1100, doi:10.3390/su2041080.

46. Bhamra, R.; Dani, S.; Burnard, K. Resilience: The concept, a literature review and future directions. Int. J. Prod. Res. 2011, 49, 5375–5393, doi:10.1080/00207543.2011.563826.

47. Nelson, D. R.; Adger, W. N.; Brown, K. Adaptation to Environmental Change: Contributions of a Resilience Framework. Annu. Rev. Environ. Resour. 2007, 32, 395–419, doi:10.1146/annurev.energy.32.051807.090348.

48. Cunningham, S. FROM CULTURAL TO CREATIVE INDUSTRIES:

THEORY, INDUSTRY AND POLICY IMPLICATIONS. Media Int. Aust. 2002, 102, 54-65.

49. Throsby, D. The Production and Consumption of the Arts: A View of Cultural Economics. J. Econ. Lit. 1994, 32, 1-29, doi:158.132.58.102.

50. Creusen, M. E. H.; Schoormans, J. P. L. The Different Roles of Product Appearance in Consumer Choice. J. Prod. Innov. Manag. 2005, 22, 63-81, doi:10.1111/j.0737-6782.2005.00103.x.

51. Matzler, K.; Hinterhuber, H. H. How to make product development projects more successful by integrating Kano's model of customer satisfaction into quality function deployment. Technovation 1998, 18, 25-38, doi:10.1016/S0166-4972(97)00072-2.

52. Bloch, P. H. Seeking the Ideal Form: Product Design and Consumer Response. J. Mark. 1995, 59, 16-29.

53. Yeon Kim, H.; Chung, J. Consumer purchase intention for organic personal care products. J. Consum. Mark. 2011, 28, 40-47, doi: 10.1108/07363761111101930.

54. Hirschman, E. C.; Holbrook, M. B. Hedonic Consumption: Emerging Concepts, Methods; 1982; Vol. 46;.

55. Belk, R. W. Possessions and the Extended Self. J. Consum. Res. 1988, 15, 139-168.

56. Lew, A. A.; Ng, P. T.; Ni, C. (Nickel); Wu, T. (Emily) Community sustainability and resilience: similarities, differences and indicators. Tour. Geogr. 2016, 18, 18-27, doi:10.1080/14616688.2015.1122664.

57. Wu, J.; Wu, T. Ecological Resilience as a Foundation for Urban Design and Sustainability. In Resilience in Ecology and Urban Design.; Springer: Dordrecht, 2013; pp. 211-229.

58. Cox, D. S.; Locander, W. B. Product Novelty: Does it Moderate the Relationship between Ad Attitudes and Brand Attitudes? J. Advert. 1987, 16, 39-44, doi:10.1080/00913367.1987.10673084.

59. Edwards, S. M.; Gangadharbatla, H. The Novelty of 3D Product Presentations Online. J. Interact. Advert. 2001, 2, 10-18, doi: 10.1080/

15252019.2001.10722054.

60. Mugge, R.; Schoormans, J. P. L. Product design and apparent usability. The influence of novelty in product appearance. Appl. Ergon. 2012, 43, 1081–1088, doi:10.1016/J.APERGO.2012.03.009.

61. Fornell, C.; Larcker, D. F. Structural Equation Models with Unobservable Variables and Measurement Error: Algebra and Statistics. J. Mark. Res. 1981, 18, 382–388, doi:10.2307/3150980.

62. Evanschitzky, H.; Iyer, G. R.; Plassmann, H.; Niessing, J.; Meffert, H. The relative strength of affective commitment in securing loyalty in service relationships. J. Bus. Res. 2006, 59, 1207–1213, doi: 10.1016/J.JBUSRES.2006.08.005.

63. Lee, K. Opportunities for green marketing: young consumers. http://dx.doi. org/10.1108/02634500810902839 2008, 26, 573–586, doi: 10.1108/02634500810902839.

64. Hartmann, P.; Apaolaza–Ibáñez, V. Consumer attitude and purchase intention toward green energy brands: The roles of psychological benefits and environmental concern. J. Bus. Res. 2012, 65, 1254–1263, doi: 10.1016/J.JBUSRES.2011.11.001.

（二）范文及注解 2

The Impact of Eco–Label on the Young Chinese Generation: The Mediation Role of Environmental Awareness and Product Attributes in Green Purchase

环保标签对于中国年轻群体的影响力调查：环境意识和产品属性在可持续消费中的中介作用

Abstract: Environmental surroundings are highly shaped by consumer choice. Eco–label has been discussed as an effective tool for promoting such environmental product information from the producer to the consumer in relevant literature; however, the young generation has seldom been examined in previous research. Additionally, studies on the structural process of eco–label's impact on green purchase remain limited, especially the mediation effects within the process. Regarding this research gap, the current study empirically tested the effects of eco-label on product attributes, environmental attitude, environmental concern and consequent purchase behavior from the young Chinese generation perspective. The intermediary role of product attribute is first investigated in the labeling-driven purchase, and the environmental attitude and concern are tested respectively to better understand the young generation's awareness, compared to previous relevant studies. Based on the appropriate sample collection (N = 699), a structural equation model (SEM) was used, and results statistically showed the impact of eco-label mediated by product attributes on environmental attitude and environmental concern, and how green purchase behavior was influenced through this process significantly. Theoretical contributions and managerial implications are also discussed in this study.

摘要：环境受消费者选择的影响很大。环保标签在相关文献中被认为是从生产者向消费者推广此类环境产品信息的有效工具。然而，年轻一代对环保标签的认知反应在以前的研究中较为少见。此外，关于环保标签对绿色购买影响的结构性过程的研究仍然有限，尤其是该过程中的调解效应。面对这一研究缺口，本研究从中国年轻一代的角度，通过一项实证调查检验了环保标签对产品属性、环境态度、环境关注以及随后的购买行为的影响。与之前的相关研究相比，本文首次在标签驱动的购买行为过程中检验了产品属性的中介作用，并且分别测试了环境态度和环保关注以更好地理解年轻一代的环保意识。基于适当的样本采集（N = 699），使用结构方程模型进行分析（SEM），统计结果显示了产品属性介导的生态标签对环境态度和环境关注有着明显的影响。而且这个中介过程还显著地影响了消费者最终绿色购买行为。最后，本研究还讨论了其理论贡献和管理学意义。

1. Introduction

Environmental surroundings are profoundly shaped by consumer choice . China, with dense population and rapid economic growth in the last decades, is facing its own unique ecological challenges . As shown in the previous studies, Chinese consumers are even less aware of the environmental issues, compared with other regions . Recently, the young generation, as the potential largest consumption group, has increasingly gained attention in order to promote an environmentally friendly purchase. Statistically, it implies promising marketing of green consumption .

1.引言

消费者行为很大程度上决定了且塑造了周遭环境。中国作为一个人口密集型国家，在过去几十年中伴随着经济的迅速增长，也面临着自身不可忽视的生态挑战。正如之前的研究所示，相比于其他地区，中国消费者对环境问题的了解与关心程度相对较低。最近，为了进一步促进绿色可持续消费的进程，年轻一代作为潜在的最大消费群体越来越受到研究关注。从统计数据的角度来看，这一群体无疑意味着巨大的可持续消费市场。

In this context, implementation of eco-information programs calls for effective communication with consumers directly . Among these programs, eco-information labels and declarations (referred to further in this paper as eco-labels or eco-labeling) have been discussed in the relevant literature as a useful tool for promoting such environmental product information from the producer to the consumer . Many researchers have attempted to understand its interlink with consumer behavior; some studies investigate how consumers make an informed choice after exposure to eco-labeled products , while others focus on the determinants of paying attention to eco-labels . The substantial effects on green consumption revealed in recent research are controversial and even more complex than expected .

在这样的背景下，环保信息的相关推广执行正在寻找更为直接的、有效的方式与消费者进行沟通。在这些计划中，环保信息标签和标识（在本文中统一称为环保标签）受到了学界的普遍关注。在相关研究文献中，学者讨论了环保标签作为一种有效的沟通工具，可以代替生产者向消费者宣传相关环保产品设计信息。许多研究人员试图了解环保标签与消费者行为之间的相互关联。一些研究调查了消费者在接触环保标签产品后如何做出明智的选择，而其他研究关注的则是消费者关注生态标签的决定性因素有哪些。最近的研究显示，环保标签对可持续消费的实质性影响仍存在超出预期的争议。

Additionally, environmental awareness improved by eco-label shows controversial results when utilizing the scales of environmental attitude and concern respectively. The mixture of environmental attitude and concern tends to influence the effects of eco-labeling in consumers' psychological reactions. A clear distinction between these two concepts will be beneficial to give a clearer picture of the relationship between eco-labeling and consumption behavior.

此外，此前相关研究中针对环保标签改善的环境意识在使用不同的环保态度和环境关注的测量量表时时显示出了有争议的统计结果。环保态度和环保关注两种量表的混合使用在很大程度上影响了环保标签对消费者心理影响的统计结果。因此，明确区分这两个概念将有助于学界更清楚地了解环保标签与可持续消费行为之间的互动关系。

More recent literature reveals a potential connection between eco-labeling and the corresponding product attribute. Some scholars state that a sufficient understanding of the critical attributes associated with organic production may inform consumers' purchase behavior . Green product developments addressing environmental problems have exerted more efforts on designing recognizable characteristics of related products for consumers . In this context, eco-label tends to be an essential factor of green products to influence consumers' purchase decisions . However, whether there is a strong relationship between eco-label and the perceived product attribute is still open to investigation.

更为近期的研究文献揭示了环保标签与相应的环保产品属性之间的潜在联系。一些学者表示，充分了解与可持续生产制造相关的重要属性可能会决定消费者的购买行为。旨在解决环境问题的绿色产品开发在为消费者设计相关产品的可识别特征方面付出了更多的努力。在这种情况下，环保标签往往是绿色产品影响消费者购买决策的重要决定因素。然而，环保标签与被感知的产品属性之间是否存在密切关系仍有待调查。

Demographic diversity is also verified in identifying the information of eco-labeling; the young age group shows a relatively higher level of satisfaction towards such labels than older and middle age group . However, there are also concerns about the young generation's material consumption . These controversial observations about the young generation's purchasing behavior call for further in-depth investigation. As the most powerful consumer group, the young generation can contribute more considerably to generate better implications for current sustainable business .

不同人群对于环保标签信息认知的不同也在相关文献中得到了验证。与老年人群和中年人群相比，年轻人对环保标签的感知满意度相对较高。然而，也有学者对于年轻一代物质消费的观念存在疑虑。这些关于年轻一代购买行为有争议性的观察需要进一步深入研究。作为最强大的消费群体，年轻一代可以为当前的环境可持续发展做出更大的贡献，以带来更为积极的社会影响。

To address the questions as mentioned above, we employ an empirical study to verify the impact of eco-labeling on young Chinese peoples' perceptions towards environmental attitude and concern respectively through the intermediary product attribute, and how green purchase is ultimately informed. The relations examined in this research can offer a more comprehensive understanding of the current eco-label and green consumption with the consideration of demographic diversity. With regard to the practical perspective, the results can contribute to the marketing and design strategies in the field of environmentally friendly product development to benefit environmental sustainability. From social perspectives, young generations' awareness towards a green future could be enhanced to a certain extent by this empirical study. Figure 1 shows a flow diagram of the present study.

本研究采用实证调查方法解决上述疑问。通过中介的产品属性分别验证环保标签对中国年轻人的环境态度和环保关注的影响，以及最终如何影响其可持续消费行为。本研究中通过考虑不同的人口群体所验证的关联性可以更全面地了解当前的环保标签和可持续消费行为。从实用角度来看，本结果可以促进环境友好型产品开发领域的营销和设计策略，从而有利于环境的可持续发展。从社会角度来看，这一实证研究可以在一定程度上提高年轻一代对环境可持续发展的认识。图 1 显示了本研究的流程图。

在描述研究问题的背景时，引用文献十分重要，尽可能使用较为近期的文献。

可以在文献综述的引用中大致描述过程与涉及的文献范围。

选择合适的文献资料，要考虑文献的相关性和权威性。对相关材料的广泛审查可以包括：书籍、期刊文章、报告、政府文件、会议记录和网络资源等。

2. Literature Review

In this section, we present a theoretical background of the present research. Firstly, we discuss the definition and concept of eco-label and its theoretical impact on green consumption in the context of sustainable development, and how environmental awareness acts as an intermediary factor. Secondly, the perceived product attribute influenced by eco-label is introduced to propose the possible relationship between eco-label and environmental awareness. Finally, from a marketing perspective, we argue that environmental attitude and green purchase are interlinked with each other through the mediator of environmental concerns.

在本节中，我们提出了本研究的理论背景。首先，我们讨论环保标签的定义和概念及其在可持续发展背景下对绿色消费的理论影响，以及环境意识如何作为中介因素。其次，引入了受环保标签影响的感知产品属性，提出环保标签与环境意识之间可能存在的关系。最后，从营销市场的角度，我们认为环境态度和可持续消费行为是通过环境关注的中介作用而相互联系的。

2.1 Eco-Label and Environmental Awareness

Over recent decades, eco-labeling has worked as a strategic tool to communicate the environmental-friendly concerns of products . Its positive impact has been realized by firms and organizations in promoting the identity of green products, and advertising green consumptions . In 2002, Massachusetts Department of Environmental Protection released a report, which stated that consumers are facing confusion in locating and recognizing green products . In this context, eco-labeling has been defined as any recognizable symbol attached to the product or its packaging, indicating a company, or a product's performance orientated by the environmental friendliness . Recent studies construe that consumers' purchase behavior tends to be guided by eco-labels shown on products, as it may assist consumers to identify the environmentally friendly product and make the least environmentally damaging purchase decision. In this way, such market failures caused by information asymmetry have the potential to be reduced . For example, Tang et al. verify that eco-label design with both visual and verbal communications is relatively effective in informing consumers' purchase behavior. Nilsson et al. suggest that eco-labels situated in the immediate surroundings of products in shops are a crucial information source for consumers to learn about environmental concerns.

2.1 环保标签和消费者环保意识

近几十年来，环保标签已成为传播产品环保问题的战略性工具。企业和组织已经意识到其在促进绿色产品的特性和可持续消费宣传方面已经实现了积极的影响。2002年，马萨诸塞州环境保护部发布了一份报告，其中指出消费者在找寻绿色产品时面临着困难。在这种情况下，环保标签被定义为附在产品或其包装上的任何可识别的信息符号，以突出公司或产品的环境友好属性。最近的研究表明消费者的购买行为倾向被产品上显示的环保标签所引导，因为它可以帮助消费者识别环保产品并做出利于环境保护的购买决策。通过这种方式，由信息不对称而引起的这种市场失灵有可能会降低。例如，Tang等人验证了通过视觉和文本显示的环保标签设计在调动消费者的购买行为方面相对有效。尼尔森等人认为，附着于产品的环保标签是消费者了解环境问题的重要信息来源。

Though the theoretical relationship between eco-labeling and green purchase has been investigated before , the in-depth understanding of its structural process is seldom studied empirically, especially the mediation effects within the process. More recent literature reveals the significant determinant of environmental awareness, which improves consumers' psychological perceptions towards green purchases . For example, Thøgersen verifies that consumers' perpetual priority regarding environmental sustainability tends to determine their resulting actions. The perceived relevance between business and environmental surroundings plays an essential role in the consumer decision-making process. However, the process of how eco-label informs environmental awareness and encourages sustainable consumption is seldom examined.

虽然在此前文献中已经有学者研究过环保标签与可持续消费之间的理论关系，但是对其结构过程的深入理解还较少，相关实证研究也很少涉及过程中的中介效应。最近的文献揭示了环境意识的重要决定因素，它提高了消费者对可持续消费的心理认知。例如，Thøgersen证实了消费者在环境可持续发展方面的重视往往决定了他们的行动表现。商业和环境保护之间的感知相关性在消费者决策过程中起着至关重要的作用。然而，环保标签如何影响环保意识并引导可持续消费的理论过程很少被研究。

批判性地阐述每个文献内容，注重所提出的论据而不是事实。

为了使文章体现批判性分析，研究者需要评估内容。可以基于以下思考：

关键术语和概念是什么？

这篇文章与我的特定主题有多相关？

主要的关系，趋势和模式是什么？

作者如何构建论点？

这些文献之间有什么不同和相似之处？

文献中是否存在需要进一步研究的空白？

Present studies addressing environmental awareness are strongly connected with attitudinal awareness. Fishbein and Ajzen conclude that environmental awareness and sensitivity may be influenced by attitudes. Within the new environmental paradigm (NEP), the environmental attitude has been traditionally viewed as and measured by a unidimensional construct ranging from unconcerned about the environment at the low end to concerned at the high end . However, the relationship between environmental attitude and peoples' resulting behaviors have been discussed recently; studies reveal that sometimes the association is weak . This controversial evidence tends to suggest that environmental attitude is not sufficient for environmental actions to be implemented.

目前关于环保意识的研究与态度型意识密切相关。Fishbein和Ajzen得出结论认为，环保意识和敏感性可能会受到态度的影响。在新的环保研究范式（NEP）中，环保态度传统上被视为，且通过单一维度的构面来衡量，例如从低至高的环保态度。然而，近期有学者讨论了环保态度与人们的行为反应之间的关系；研究表明，有时这种关联很弱。因此，这一有争议的证据倾向于表明环保态度不足以促使消费者实施环保相关行动。

Additionally, more recent research shows that environmental concern is often discussed and studied in relation to the measurement of environmental awareness. Many relevant studies utilized the scales of environmental concern to measure the general awareness of environmental issues, which are centered on people's motivation for environmentally friendly behaviors . It can be anticipated that people have related themselves to the environmental issues though being concerned about the environment . As such, it is promising to investigate how eco-labels possibly affect the purchase behaviors by considering both environmental attitude and environmental concern as mediators in this process.

即使是一个涉及常识性的概念，如年轻一代，也需要提供相应的文献支持。

此外，更为近期的研究表明，环保关注经常被测量以研究人们的环保意识。许多相关研究利用环保关注的相关量表来测量公众对待环境问题的普遍意识，这些意识集中在人们对环境友好行为的动机之上。可以预见的是，人们是通过环境关注而将自己与环境问题联系起来。因此，通过考虑环保态度和环保关注作为这一过程中的中介变量来研究环保标签如何可能影响消费行为是值得期待的。

The young generation, as a potentially large group of participants in pro-environmental activities and a large group for product consumption, has been emphasized in environmental protection and related pro-environmental activities, and this phenomenon is examined on environmental issues statistically. Studies show they tend to incline towards sustainable behaviors much more, compared with older generations . Nevertheless, prior studies undertake limited consideration of the role of the young generation from the eco-label perspective.

在环境保护和相关的亲环境行为中，年轻一代作为亲环境活动和庞大的产品消费的潜在参与者，被相关研究进行了针对环境问题的统计检验。研究表明，与老一代相比，年轻人倾向于更倾向于可持续行为。尽管如此，从环保标签的角度对年轻一代的作用进行调查在先前的研究中还不多见。

Therefore, based on the above theoretical observations, we present the following hypothesis aiming at better understanding the effects of eco-label on consumers' environmental awareness:

因此，基于上述理论观察，我们提出以下假设，旨在更好地理解环保标签对消费者环境意识的影响：

H1. The eco-label has a positive impact on environmental attitude.

研究假设 1. 环保标签对环境态度有积极影响。

H2. The eco-label has a positive impact on environmental concern.

研究假设 2. 环保标签对环保关注有积极影响。

H3. The eco-label has a positive impact on green purchase behavior.

研究假设 3. 环保标签对可持续消费行为有积极影响。

如前面章节的叙述，定量研究假设是与您的研究问题相关的可测试陈述。假设弥合了您打算调查的一般问题（即研究问题）与您假设变量之间的联系的简明陈述。

2.2 Eco-Label as A Product Attribute

Previous studies show that the ethical attributes of products may motivate consumers' attitudinal behavior, and tend to be an effective determinant for translating positive attitudes into actual purchasing actions . For instance, some scholars have verified that the appearance of the word "green" appears to have a significant effect on people's purchase intention . In this context, the eco-label is regarded as one of the most recognizable attributes of green products to inform consumers' purchase decisions, improving transparency and confidence concerning environmental and social assertions . Empirical studies propose that the awareness of integrating environmental concerns into product attributes is prevalent in companies' product development . Eco-labels tends to be a crucial factor to influence consumers' purchase decision when a green product is relatively expensive or lower quality . In other words, the product attribute of eco-labeling plays a dominant role compared with other conventional attributes, such as functional qualities.

2.2 环保标签作为产品特征属性

以往的研究表明，产品的伦理属性可能会激发消费者的态度行为，并且倾向于将积极态度转化为实际购买行为。例如，一些学者已经证实，“绿色”这个词的出现似乎对人们的购买意愿可以产生重大影响。在这种背景下，环保标签被认为是绿色产品最容易识别的属性之一，可以为消费者的购买决策提供信息支持，提高信息透明度和对环境和社会主张的信心。实证研究表明，将环境问题纳入产品属性的意识在公司的产品开发中很普遍。当绿色产品相对昂贵或质量较低时，环保标签往往是影响消费者购买决策的关键因素。换句话说，与其他传统属性（如功能质量）相比，环保标签的产品属性起着主导作用。

However, some studies reveal that eco-labels are not sufficient to indicate the recognizable information about green products . Several studies reported that consumers' green purchase intention and behavior are influenced by other quality-driven factors significantly, rather eco-labeling . For instance, perceived functional quality of green products influences consumers' decision-making. It has been proposed that consumers with a preference for environmental and social responsibilities look for environmentally friendly attributes, whereas consumers that attach higher importance to individual consequences seek functional attributes in a product. Health considerations are strong predictors of green consumption .

然而，一些研究表明，环保标签不足以表明有关绿色产品的可识别信息。一些研究报告称，消费者的可持续购买意愿和行为受到其他质量驱动因素的显著影响，而非环保标签。例如，绿色产品的感知功能质量会影响消费者的决策。有学者已经提出，偏好环境和社会责任的消费者会倾向于寻求环境友好的产品属性，而更重视自我的消费者寻求产品中的功能属性。其中，健康方面的考虑是可持续消费的强有力决定因子。

Simon suggests the products labeled by environmental friendliness conform to new attitudes toward environmental values. An awareness regarding environmental concerns is considered a pre-condition for consumers to pay attention to the relevant product attributes . The relevant provision of information may influence consumers' perceptual value upon an environmentally friendly commodity . Meanwhile, some scholars pay attention to the informative functions of eco-labeling as an educative medium. Tang et al. propose that products attached to the eco-labels themselves offer a communicative approach to offer costumers' the relevant information regarding environmental concerns. Relevant research measures the effectiveness of eco-labeling on influencing consumers' environmental awareness after exposure to label information .

Simon认为环保标识的产品符合对环境价值观的新态度。关注环境问题的意识被认为是消费者关注相关产品属性的前提条件。相关的信息支持可能会影响消费者对环保商品的感知价值。同时，一些学者从教育媒介的信息功能角度关注环保标签。Tang等人建议有环保标签的产品提供了作为一种宣传方式为消费者提供有关环境问题的相关信息。相关研究测量了消费者接触环保标签信息后影响其环境意识的有效性。

With regard to these controversial observations, the necessity of examining the interaction between eco-labeling and environmental awareness draws on the distinctive role of product attributes of green consumptions as an intermediary variable. If eco-labeling tends to be an influential factor to enhance the consumers' perceptions of product attitudes, it is anticipated that eco-labeling and relevant information make a distinctive contribution to shape the perceivable attribute of environmentally friendly product.

关于这些有争议的观察，调查环保标签与环境意识之间相互作用的必要性是源于绿色消费产品属性作为中介变量的独特作用。如果环保标签通常是提高消费者对产品态度认知的一个有影响力的因素，那么我们可以推测环保标签和相关信息会对塑造环保产品的可感知属性做出独特贡献。

Consequently, we formulate the following hypotheses based on the above discussion:

因此，我们根据上述讨论制定了以下假设：

H4.The eco-label has a positive impact on product attributes.

研究假设4：环保标签对产品属性有积极影响。

H5. The product attributes have a positive impact on environmental attitude.

研究假设5：产品属性对环境态度有积极影响。

H6. The product attributes have a positive impact on environmental concern.

研究假设6：产品属性对环保关注有积极影响。

2.3 Environmental Awareness and Green Purchase

With the long history of sustainable research, an individual's awareness for the environment is fundamental and crucial . It denotes an individual's general attitude towards the environment and an individual's concern level as to environmental issues and has been verified to be a sufficient determinant of environmentally conscious actions ranging from recycling behavior to green purchasing behavior . The study shows that consumers with stronger environmental awareness are more likely to purchase products as a result of their environmental claims and social responsibility .

2.3环境意识和可持续消费

在可持续研究的悠久历史中，个人对环境的意识是至关重要的论题。它表示个人对环境的一般态度和个人对环境问题的关注程度，并已被证实是环境意识行动的充分决定因素，包括垃圾回收行为和可持续购买行为。有研究表明，具有较强环保意识的消费者更有可能因其环境主张和社会责任而购买环保相关产品。

As discussed in Section 2.1, an individual's environmental concern has also been found more close to the consequential purchase behavior, compared to the attitudinal awareness. Some scholars argue that environmental concern refers to an individual's fundamental beliefs or values of environmental ethics. Schultz and Zelezny suggest that environmental concerns are positively influenced by altruistic values including biospherism, but are negatively related to egoistic values such as collectivism. On the other hand, some studies investigate the relationships between collectivism, environmental concerns, and green purchase behaviors is a hierarchical model of value–attitude–behavior . In this way, the potential consequence between attitudinal awareness and environmental concerns is anticipated.

如第2.1节所述，与态度意识相比，个人的环保关注也更接近于相应的购买行为。一些学者认为，环境问题是指个人对环境伦理的基本信念或价值观。Schultz和Zelezny认为环境问题受到利他主义价值观的积极影响，包括生物系统，但与集体主义等自我价值观有负相关。另一方面，一些研究调查集体主义、环境问题和可持续购买行为之间的关系是价值–态度–行为的等级模型。通过这种方式，我们可以预期态度意识和环境问题之间的潜在因果顺序。

However, the effectiveness of the psychological determinants of environmentally friendly behavior is controversial. The relevant behavioral research reports a positive relationship between knowledge and behavior , while some studies have shown that ecological knowledge exerts no prominent bearing on eco–friendly behaviors . Such findings suggest a more complex connection between ecological knowledge and behavior . In this context, the mediatory role of conscious awareness of environmental issues is proposed to better build the relationship of environmental attitudes and consequent behaviors . Therefore, this study first argues the intermediary factor of environmental concern is the potential to connect the environmental attitude and green purchase under the impact of eco–labeled product attribute.

然而，环境友好行为的心理决定因素的有效性是有争议的。相关的行为研究报告了知识与行为之间的正相关关系，而一些研究表明生态知识对生态友好行为没有显著影响。这些发现表明生态知识与行为之间存在更复杂的联系。在这种背景下，有学者提出了环境问题意识可以作为中介变量以建立环境态度和随之而来的行为之间的关系。因此，本研究首次主张，在环保标签产品属性的影响下，环保关注作为中介变量可以将环境态度与可持续购买行为有效地联系起来。

H7. The environmental attitude has a positive impact on environmental concern.

H8. The environmental attitude has a positive impact on green purchase behavior.

H9. The environmental concern has a positive impact on green purchase behavior.

研究假设7：环境态度对环保关注产生积极影响。

研究假设8：环境态度对可持续购买行为产生积极影响。

研究假设9. 环境问题对可持续购买行为产生了积极影响。

3. Research Framework and Hypotheses

Based on our review of prior related research, we assume that the eco-label plays a significant role in product attribute evaluation, environmental awareness, and consequent purchase intention. In this section, we empirically test the research framework that shows the impacts of eco-label from the perspective of the young Chinese generation. This research framework is intended to help us have insights into the relationship between different variables; and the effects of eco-labels and the perception of related environmental awareness on consumers' behavior reactions.

3. 研究框架与假设

根据对先前相关研究的回顾，我们假设环保标签在产品属性评估、环境意识和随后的购买意愿中起着重要作用。在本节中，我们从中国年轻一代的角度对环保标签的影响进行了实证检验。该研究框架旨在帮助我们深入了解不同变量之间的关系；以及环保标签的效果和相关环境意识对消费者行为反应的感知。

Figure 2 presents the research framework and hypotheses developed following the above reasoning. As shown in Figure 2, there are nine hypotheses formulated to answer the research questions stated above.

图2显示了根据上述推理开发的研究框架和假设。如图2所示，有

9个假设用于回答上述研究问题。

4. Research Methods

In order to validate our research framework, an empirical study was employed by collecting survey responses from major universities in Beijing and Anhui which are allocated in the northern and eastern part of China, respectively. Beijing is the capital of China; therefore Beijing participants stand for the young northern Chinese generation who are more associated with traditional culture . On the other hand, Anhui is one of the major provinces in the eastern part of China. Therefore participants stand for the young eastern Chinese generation, believed to be more sensitive to new concepts and ideas . As the broad distribution of young Chinese generation, the current sampling tries to control the influence from different localizations, to some extent, to represent a general picture of Chinese young people.

4. 研究方法

为了验证所提出的研究框架，我们实施了一项实证调查，收集了分别位于中国北部和东部的北京和安徽主要大学的调查回复。北京是中国的首都；因此，北京的研究参与者代表了与传统文化更相关的中国北方一代。另一方面，安徽是中国东部的主要省份之一。因此，此地研究参与者代表年轻的中国东部一代，他们被认为对新的概念和想法更为敏感。由于中国年轻一代的广泛分布，目前的抽样试图在一定程度上控制不同地方的文化影响，以调查中国年轻人的总体情况。

在定量研究中，试点研究有其必须性，通常用于测试小范围的抽样样本，然后可以进行细节调整。如果在试点研究中遗漏任何东西，它可以添加到随后（和更昂贵）的正式数据收集中，以提高结果显著性的机会。

4.1 Measures

Table 1 shows the measurements that have been used to validate Research Hypotheses 1–9. To specify, there are five measurements associated with the current study and each measurement item or scale was all adapted from the previous relevant studies (Table 1). The detail could be found in Appendix A. In this way, we developed a survey which contained the related measurement items and demographic questions.

4.1 测量

表1显示了用于验证研究假设1—9的测量量表。具体来说，有五个与当前研究相关的测量值，每个测量项目或量表都是根据之前的相关研究进行调整的（表1）。详细信息可以在附录A中找到。通过这种方式，我们开展了一项调查，其中包含相关的测量项目和人口统计问题。

4.2 Survey Procedure and Response Rate

Firstly, we ran a pilot study checking whether the survey was appropriately designed to fulfill the research objectives stated above. 27 university students enrolled in the pilot study. By revising and reorganizing the redundant questions, we confirmed the consistency of this survey, making this survey as clear and concise as possible.

4.2 调查步骤和回复率

首先，我们进行了一项试点研究，检查问卷的设计是否可以实现上述研究目标。27名大学生参加了试点研究。通过修改和重新组织冗余问题，我们确认了此调查的目的一致性，使此调查问卷内容尽可能简洁明了。

In order to get a better understanding of environmental perception and the resultant behavioral reaction within the research framework from the young Chinese generation perspective, a total number of 2349 questionnaires were sent randomly and individually from the instructors to university students through Wechat and QQ. The list of university students was collected from academic secretaries of related Beijing and Anhui universities for students of various regions. A total of 699 unique and usable responses were received (response rate of 29.7%).

为了从中国年轻一代的角度更好地了解研究框架内的环境感知和由此产生的行为反应，通过微信和QQ，从教师和大学生中随机和单独地发送了2349份问卷。大学生名单是从北京和安徽相关大学的秘书那里收集到的。本次调查共收到699个单独且可用的回复（回复率为

29.7%)。

5. Findings

SPSS 22 for Windows and AMOS 24 for Windows were used to perform the related statistical analysis, analyzing the relationship among different variables. To specify, the SPSS software was mainly used to check the reliability of scales and measurement items and summarize the demographical information, while the AMOS software was introduced to perform the confirmatory factor analysis (CFA) of different constructs, and run the structural equation model (SEM) to figure the model fit and related path analysis.

5.研究结果

本次使用了Windows版本的SPSS 22和Windows版本的AMOS 24来执行相关的统计分析，以了解不同变量之间的关系。具体来说，SPSS软件主要用于检查量表和测量项目的可靠性并总结人口统计信息，同时AMOS软件用来执行不同构面的验证性因子分析（CFA），并运行结构方程模型（SEM）来计算模型拟合和执行相关路径分析。

The demographic information of the study is summarized in Table 2. The largest age group in this study was 18 years old, accounting for 37.91% of all the participants. The next largest age group was the age 19 and age 20, accounting for 33.33% and 19.60% of all the participants respectively. Other demographical information was also summarized in Table 2.

该研究的人口统计信息总结在表2中。本研究中最大年龄组为18岁，占所有参与者的37.91%。第二大年龄组是19岁和20岁，分别占所有参与者的33.33%和19.60%。其他人口统计资料也在表2中进行了总结。

5.1 Reliability and Validity

Reliability refers to the extent that a measurement item or scale produces similar responses under consistent conditions with consistent participants. To specify, Cronbach's alphas would work as an indicator to analyze the internal consistency of measurement items or scales of the survey. Table 3 summarizes the result of Cronbach's alphas in the current survey. All Cronbach's alphas and composite reliability (C.R.) of the measurement items and scales in the column were above 0.70, suggesting all the constructs of this survey are statistically reliable.

5.1 可靠性和有效性

可靠性是指测量项目或量表在一致条件下与一致参与者产生类似响应的程度。具体来说，Cronbach的alphas将作为分析测量项目或调查范围的内部一致性的指标。表3总结了当前调查中Cronbach's alphas的结果。所有Cronbach的α和复合可靠性（C.R.）的测量项目和量表都在0.70以上，这表明该调查的所有构面在统计上都是可靠的。

Construct validity refers to the extent to which the correspondence between a measurement of the claimed construct and its operationalization. Notably, it contains four specific assessments: unidimensionality, convergent validity, discriminant validity, and nomological validity.

构面有效性是指所要求的结构的测量与其操作之间的对应关系程度。值得注意的是，它包含四个特定的评估：单维度，收敛有效性，判别有效性和法则有效性。

Unidimensionality refers to the extent to which a measurement item or scale has only one dimension. Regarding the unidimensionality of this study, we adopted confirmatory factor analysis (CFA) to check whether the measurement of a construct is corresponding to our comprehension of the nature of the construct (or factor). In particular, CFA was performed for all the five constructs to confirm that 18 indicators have measured the construct they were designed to adequately. Maximum likelihood (ML) estimation was used to evaluate our research framework statistically, and the criteria contained the Comparative Fit Index (CFI), the Root Mean Square Residual (RMSR), Goodness-of-Fit Index (GFI), Adjusted Goodness-of-Fit Index (AGFI), and so forth. Table 3 summarizes the reliability and unidimensionality of all five constructs.

单维度是指测量项目或规模只有一个维度的程度。关于本研究的单维性，我们采用验证性因子分析（CFA）来检查构面的测量是否与我们对构面（或因子）的性质的理解相对应。具体而言，即对所有五种构面进行CFA检验以确认18种指标可以用来测量我们的目标构面。我们使用最大似然（ML）估计来统计评估本研究框架，标准包含比较拟合指数（CFI），均方根残差（RMSR），拟合优度指数（GFI），调整后的良好性健康指数（AGFI），等等。表3总结了所有五种构面的可靠性和单维度。

Convergent validity refers to the extent to which measures of every construct that are not only theoretically related to each other but, in fact, are observed to be related to each other. According to Fornell and Larcker and Huang et al. , standardized factor loadings value should be 0.5 or above, and averaged variances expected (AVE) value should be 0.5 or above. In the current study, the results showed the minimum value of C. R. in our study (= 14.552) was much higher than the ‘2’ threshold; minimum standardized factor loading (=0.681) exceeded the ‘0.5’ threshold. However, the lowest AVE calculated (=0.490) is not above 0.50. According to Fornell and Larcker , we could accept 0.40 as the threshold for AVE since all the composite reliabilities are above 0.60; as a result, the convergent validity of the constructs is still adequate.

收敛有效性指的是每个构面的测量在多大程度上不仅在理论上彼此相关，而且实际上被观察到彼此相关。根据Fornell和Larcker和Huang等人的观点，标准化因子载荷值应为0.5或以上，平均预期方差（AVE）值应为0.5或以上。结果显示我们研究中的C.R.的最小值（= 14.552）远高于‘2’阈值；最小标准化因子载荷（= 0.681）超过‘0.5’阈值。但是，计算出的最低AVE（= 0.490）不高于0.50。根据Fornell和Larcker的说法，我们可以接受0.40作为AVE的最低值，因为所有复合可靠性都高于0.60；因此，本研究所有构面的收敛有效性仍然是足够的。

Discriminant validity refers to the situation in which scales, concepts or measurement items that are not supposed to be related are unrelated. We calculated the correlation coefficients of our research framework. Table 4 shows the maximum shared variance (MSV) and average shared variance (ASV) to assess discriminant validity (threshold: MSV < AVE and ASV < AVE). Results show AVE values are all above MSV and ASV values, ensuring that the five dimensions of the current research framework achieved adequate discriminant validity.

判别有效性是指测量量表、概念或测量项目无关的情况。我们计算了研究框架的相关系数。表4显示了评估判别有效性的最大共享方差（MSV）和平均共享方差（ASV）（阈值：MSV <AVE和ASV <AVE）。结果显示AVE值均高于MSV和ASV值，确保当前研究框架的五个维度达到足够的判别效度。

Nomological validity refers to a comparison of at least two constructs and that those constructs have a possible linkage. Considering the coefficient between environmental concern and green purchase, 0.785, was relatively high, we performed a multi-collinearity test. Variance inflation factors (VIF) were introduced to evaluate the nomological validity (the threshold should be 10 or less). Results of VIF in our research framework suggested that VIFs ranged from 1.328 to 3.194, ruling out the potential threat of multicollinearity in this research; namely, nomological validity of this research framework is acceptable.

同源有效性是指至少两种构面的比较，并且这些构面具有可能的联系。考虑到环保关注与可持续购买行为之间的系数0.785，相对较高，因此我们进行了多重共线性测试，通过方差膨胀因子（VIF）来评估法则有效性（阈值应为10或更低）。在我们的研究框架中，VIF的结果表明VIF的范围从1.328到3.194，排除了本研究中多重共线性的潜在威胁；即，该研究框架的同源有效性是可以接受的。

Moreover, we also checked the goodness-of-fit with absolute fit indices and incremental fit indices in our current framework. Table 5 shows the summarization of all the fit indices. To specify, SRMR (standardized root mean square residual), GFI and AGFI (goodness-of-fit index), RMSEA (root mean square error of approximation), NFI (normed fit index), IFI (incremental fit index), TLI (Tucker-Lewis index), and CFI (comparative fit index) were all within the respective thresholds. Therefore, the research framework was considered to be fitted to the responses collected.

此外，我们还在当前框架中检查了绝对拟合指数和增量拟合指数的拟合优度。表5显示了所有拟合指数的总结。具体来说，SRMR（标准化均方根残差），GFI和AGFI（拟合优度指数），RMSEA（近似的均方根误差），NFI（标准拟合指数），IFI（增量拟合指数），TLI（Tucker-Lewis指数）和CFI（比较拟合指数）均在各自的阈值范围内。因此，研究框架被认为适合所收集的答复。

5.2 Path Analysis

The chief aim of this study is to understand the effect of eco-labels on the perception of environmental awareness, thus influencing consumer behavior. In order to analyze the relationship in the research framework, we conducted a path analysis based on a Structural Equation Model (SEM). Figure 3 shows the output of this analysis and Table 6 shows the standardized coefficient of each path and the results of the hypotheses.

5.2 路径分析

本研究的主要目的是了解环保标签对环境意识感知的影响，从而影响消费者行为。为了分析研究框架中的关系，我们基于结构方程模型（SEM）进行了路径分析。图3显示了该分析的输出信息，表6显示了每条路径的标准化系数和假设的结果。

6. Results and Discussion

Results show that eight of the nine hypotheses were supported. First of all, eco-labels influence consumers' environmental attitude and concern significantly, with the coefficients of 0.372 and 0.590 respectively, verifying H1 and H2. This result suggested that eco-labels play an important role in improving people's environmental attitude and concern within the young generation. This is consistent with previous findings that young people were more inclined to embrace emerging concepts or ideas and support environmental protection campaign compared with older generations . For example, McDougle et al. suggest that people tend to be more aware of the Earth within a green landscape. In this way, when faced with an eco-label, the young generation tends to have a higher level of environmental attitude and concern. Our finding tends to further build the logical connection between green consumption and young generation from the perspective of eco-labeling.

6. 结果和讨论

结果显示，9个假设中有8个得到了支持。首先，环保标签显著地影响消费者的环境态度和关注，系数分别为0.372和0.590，验证了研究假设1和研究假设2。这一结果表明，环保标签在改善年轻一代人的环境态度和关注方面发挥着重要作用。这与先前学者的研究结果一致，即与老一代相比年轻人更倾向于接受新兴概念或思想并支持的环保运动。例如，McDougle等人表明人们倾向意识到地球是存在绿色的环境之中。通过这种方式，当面对环保标签时，年轻一代往往具有更高水平的环境态度和关注。我们的发现倾向于从环保标签的角度进一步建立可持续消费与年轻一代之间的逻辑联系。

In this study, eco-labels showed a significant effect on purchase behavior directly with the path coefficient of 0.199, which supports H3. Our finding verified the argument of the informative function of eco-label to green consumption. As numerous studies doubt the role of eco-label in shaping consumer behavior, our evidence from the young Chinese generation confirms its effectiveness again. For this reason, it is clear that the communication medium of the eco-label, with adequate information, plays a crucial role in green marketing.

在这项研究中，环保标签直接显示出对购买行为的显著影响，路径系数为0.199，支持研究假设3。我们的发现验证了环保标签对于可持续消费的信息功能性的主张。由于许多研究质疑环保标签在塑造消费者行为中的作用，我们来自中国年轻一代的证据再次证实了其有效性。因此，很明显，环保标签的传播媒介作用可以提供充足的信息，它在绿色营销中起着至关重要的作用。

Additionally, the eco-label is also a significant predictor of product attributes; the path coefficient of 0.487 supports H4. Limited research has discussed the effect of the eco-label on product attributes, while the current study tries to fill in this research gap by showing that eco-label could have an impact on people's perception of product attributes. Prior literature has suggested different types of appeal would have a significant effect in influencing people's purchase intention and advertising attitude towards appeals . However, it does not explore the process of how green appeal influences consumers' perception regarding product attributes. This study tried to extend the previous literature and contribute to the controversy regarding the communicative effect of eco-labels, as it seems to assuage doubts about insufficient indications of eco-labels.

此外，环保标签也是产品属性的重要预测指标；0.487的路径系数支持研究假设4。很少研究讨论了环保标签对产品属性的影响，而本研究试图通过展示环保标签对产品属性的感知影响调查来填补这一研究缺口。之前的文献表明，不同类型的诉求会影响人们的购买意愿和广告态度。但是，它没有探讨环保吸引力如何影响消费者对产品属性的看法。本研究试图扩展以前关于环保标签的传播效应的研究文献，因为它回应了学术界对于环保标签有效性的疑虑。

Moreover, results show that product attributes enhanced by eco-labels have a significant influence on environmental attitude, with the path coefficient 0.340 supporting H5. However, the environmental concern tends not to be influenced significantly; H6 is not supported statistically. The reason might lie in the difference between environmental attitude and environmental concern as aforementioned. While environmental attitude might be more associated with individuals' consistent tendencies, perception or evaluation towards the environmental object or related concepts , environmental concern might be more related to an actual relief, emotion and commitment towards the environmental issues. Crilly et al. suggested product attributes would be processed at a visual level first and then processed at a behavioral level; it would therefore have a more direct effect on the perceptional level, rather than actual reaction. That might be the reason why product attributes could have a significant effect on environmental attitude while it does not significantly influence environmental concern. A similar observation further suggests that environmental concern is more involved with emotional response and reaction towards an environmental issue while environmental attitude is regarded as a pre-factor influencing cognitive reaction. Furthermore, bootstrap estimation (n = 5000 resamples) confirmed that environmental attitude mediated the effect of product attributes on environmental concern (LLCI = 0.023, ULCL = 0.140; p = 0.005), with the effect size of 0.073. We could infer from the present result that, although product attributes play a crucial role in influencing environmental attitude and concern, the impact of product attributes on environmental concern is indirect, mediated by environmental attitude. Our finding tends to inform the present research regarding environmental awareness, that attitudinal awareness plays an indirect role in influencing consumers' purchase behavior.

此外，结果表明，因环保标签增强的产品属性对环境态度有显著影响，路径系数0.340支持研究假设5。但是，环境问题往往不会受到显著影响；统计数据不支持研究假设6。原因可能在于前面提到的环境态度和环境问题之间的差异。虽然环境态度可能与个人对环境对象或相关概念的态度一致性、感知或评价更为相关，但环境问题可能与实际的信仰、情感和对环境问题的检查更为相关。Crilly等人建议产品属性首先经过视觉层面处理，然后在行为层面处理；因此，它会对感知水平产生更直接的影响，而不是实际的反应。这可能是产品属性对环境态度产生重大影响的原因，但它不会显着影响环保关注。类似的研究观察进一步表明，环保关注更多地涉及情绪和对环境问题的反应，而环境态度被视为影响认知反应的前因素。此外，bootstrap评估（n = 5000重新采样）证实环境态度介导了产品属性对环境问题的影响（LLCI = 0.023，ULCL = 0.140; p = 0.005），效应大小为0.073。我们可以从目前的结果推断，虽然产品属性在影响环境态度和关注中起着至关重要的作用，但产品属性对环境关注的影响是间接的，由环境态度所调节。我们的发现可以为当前关于环境意识的研究提供信息，即态度意识在影响消费者购买行为方面起间接作用。

The influence of environmental attitude on environmental concern is confirmed with a coefficient of 0.186; H7 is supported. It reveals a possible relationship situated in environmental awareness and behavior. Namely, environmental attitude mediated by the factor of environmental concern tends to influence the resulting purchase of environmentally friendly products. This finding tends to inform why ecological knowledge sometimes has little influence on behavioral change .

环境态度对环境问题的影响系数是0.186；支持研究假设7。它揭示了环境意识和行为直接的潜在关系。即由环保关注因素介导的环境态度倾向于影响由此产生的环保产品的购买。这一发现可以说明为什么生态知识有时对行为改变影响不大。

Last, the influence of environmental attitude and environmental concern on green purchase behavior was confirmed with the coefficient of 0.223 and 0.532 respectively, supporting H8 and H9. The results show that environmental attitude and environmental concern are all significant in shaping the young generation's green purchase behavior under the determinant of the eco-label. This is consistent with relevant studies which have suggested the impact of eco-label, environmental attitude, and concern on people's purchase intention .

最后，环境态度和环保关注对可持续购买行为的影响被确认，系数分别为0.223和0.532，支持研究假设8和研究假设9。结果表明，在环保标签的决定因素下，环境态度和环保关注对于塑造年轻一代的可持续购买行为具有重要意义。这与相关研究一致，这些研究表明了环保标签、环境态度和环保关注对人们购买意愿的影响。

7. Conclusions, Implication, and Limitation

First, the young generation, as a potentially large group for product consumption, has rarely been examined from the eco-label perspective . The current study focused on the role of the eco-label in environmental perceptions and behavioral reaction within the context of young Chinese generation and tried to provide a holistic picture among different variables from three levels: product level, perception level, and behavioral level. According to the Chinese age structure of the population report, nearly one-third of the population of China is comprised of people below 24 years old . Therefore, finding a way to improve young people's environmental attitude and environmental concern is a challenge of considerable significance. Our finding suggests an eco-label design-centered framework could have a positive effect on product attributes and environmental perception, thus influencing the young generation's green purchase behavior.

7. 结论，含义和研究的局限性

首先，年轻一代作为一个潜在的强大产品消费群体，学者很少从环保标签的角度进行调查。本研究从中国年轻一代的角度重点关注环保标签在消费者环境感知和行为反应中的作用，并试图从三个层面提供不同变量的整体图景：即产品属性层面、感知水平层面和行为水平层面。根据相关报告中国近三分之一的人口是由24岁以下的年轻人组成的。因此，找到一种方法来改善年轻人的环境态度和环保关注是一项具有重大意义的挑战。我们的发现表明，以环保标签设计为中心的框架可以对产品属性和环境感知产生积极影响，从而影响年轻一代的可持续消费行为。

Limited research has focused on analyzing the mechanism of how eco-labels influences people's perception and consequent behavior. This study offers several theoretical contributions in the field of eco-label, environmental awareness, and green purchase, helping academics to have a deeper sight on this relationship. First of all, this study statistically verified the impact of eco-label mediated by product attributes on environmental attitude and environmental concern, and how green purchase behavior is influenced through this process significantly.

此前很少有研究集中分析环保标签如何影响人们的感知和相应行为的机制。本研究在环保标签、环境意识和可持续购买行为领域提供了一些理论贡献，帮助学者更深入地了解这一关系。首先，本研究统计验证了产品属性介导的环保标签对环境态度和环境关注的影响，以及可持续消费行为如何被这一过程显着影响。

Addressing the ambiguous controversy on environmental attitude and environmental concern , this study tried to distinguish these two concepts by clarifying those different reactions and processed levels associated with them. To specify, our findings tend to provide preliminary evidence that environmental attitude and environmental concern should be treated separately and environmental attitude would have a positive effect on environmental concern in the perceptual level. It validates the process and mechanism around how product attributes could influence people's green purchase behavior statistically. By identifying the mediation role of environmental attitude in this process, we could find that product attributes could not directly influence environmental concern. Instead, it could influence environmental concern indirectly through influencing environmental attitude.

针对此前研究中关于环境态度和环保关注的争议，本研究试图通过澄清这些不同的反应和与之相关的处理过程来区分这两个概念。具体而言，我们的研究结果倾向于提供初步证据表明环境态度和环保关注应该被分开看待，环境态度会对感性层面的环保关注产生积极影响。它验证了产品属性如何在统计上影响人们的绿色购买行为的过程和机制。通过确定环境态度在这一过程中的中介作用，我们发现产品属性不能直接影响环保关注。相反，它可以通过影响环境态度间接影响环保关注。

Last, limited previous research has examined the relationship between product attributes and the eco-label. Prior research mainly focused on discussing the effect of eco-label and product attributes on green purchase separately . However, as a crucial element of product attributes, the eco-label could influence consumers' perceptions regarding its product category . Rarely studies have analyzed the impact of eco-label in influencing product attributes; the current study tried to fill in this theoretical gap by empirically exploring the role of the eco-label in affecting product attributes towards environmental perception and behavioral reaction. In this study, product attributes were significantly influenced by eco-labeled information, suggesting eco-label design could work as an effective tool to improve the young generation's cognition of product attributes. From the managerial point of view, people would have a more positive attitude towards products with the eco-label design.

最后，很少研究验证产品属性和环保标签之间的关系。之前的研究主要集中在分别讨论环保标签和产品属性对可持续消费行为的影响。然而，作为产品属性的关键要素，环保标签可能会影响消费者对其产品类别的看法。少有研究分析了环保标签对产品属性的影响；本研究试图通过实证研究环保标签在影响产品属性对环境感知和行为反应方面的作用来填补这一理论缺口。在本研究中，产品属性受到环保标签信息的显着影响，表明环保标签设计可以作为提高年轻一代对产品属性认知的有效工具。从营销的角度来看，人们对有环保标签设计的产品会持更积极的态度。

From the managerial point of view, this study also provided several practical implications. First of all, the results show that it is an effective way to improve the young generation's environmental attitude and environmental concern by introducing eco-label in the product design process. Since eco-label could significantly increase the young generation's green purchase behavior, commercial companies or institutes, especially those mainly aims at young people, would also have a greater tendency to adopt pro-environmental technologies in their manufacturing process then be licensed to introduce eco-labels in their product design under related regulation, thus improving their sale volume in the end. Future research would try to extend the current framework by introducing other potential related variables, such as consumer affect and PCE.

从管理的角度来看，这项研究还提供了一些实际意义。首先，结果表明，在产品设计过程中引入环保标签，是提高年轻一代环境态度和环保关注的有效途径。由于环保标签可以显著增加年轻一代的可持续消费行为，商业公司或机构，特别是那些主要针对年轻人的商业公司或机构，可以在其制造过程中更多地采用亲环境技术，然后获得许可引入符合相关法规的绿色产品标签，从而最终提高其销售量。未来的研究将尝试通过引入其他潜在的相关变量来扩展当前的框架，例如消费者的情感因素和PCE。

The current study has some limitation in methodology. Since the participants recruited in this study are mainly in two normal universities from Beijing and Anhui in which the majority gender for both universities is female, as a result, there might exist a gender bias in the current study. However, the majority of the studies concerning gender differences in social behavior are based on social role theory and evolutionary psychology, suggesting that human beings are the given passive role holders; males and females are socialized differently and play different roles in our society . In the context of environmental protection activities, prior research has shown no significant difference between males and females on pro-environmental behavior , thus we would predict the influence of gender difference on environmental attitude and environmental concern might be insignificant. Further study would be implemented in a comprehensive university where gender would be balanced to some degree, strengthening the current result. Besides, the young generation, by the Merriam-Webster definition, refers to youth usually between the ages of 12 and 24, and no criteria or requirement on education background is involved in this definition. Although some previous literature also used university students to represent the young generation, analyzing their sustainable behavior , it might be inappropriate to sample university students only. Future studies would be conducted in a more balanced and accurate sample size. Additionally, the AVE for eco-label is relatively low. Future studies would try to employ different eco-label scales to validate the current findings.

本研究在方法上有一些局限性。由于本研究招募的参与者主要来自北京和安徽的两所师范大学，两所大学的学生大部分都是女性，因此，本研究中可能存在性别偏见。大多数关于社会行为中性别差异的研究都是基于社会角色理论和进化心理学，这表明人类是被动的角色所有者；男性和女性的社会化程度不同，在我们的社会中扮演着不同的角色。然而在环境保护活动的背景下，先前的研究表明，男性和女性在亲环境行为方面没有显着差异，因此我们可以预测性别差异对环境态度和环保关注的影响可能很微弱。未来进一步的研究将在一所综合性大学实施，在那里性别将在一定程度上得到平衡，从而巩固目前的研究结果。此外，根据梅里亚姆-韦伯斯特的定义，年轻一代指的是年龄通常在12至24岁之间的年轻人，并且在该定义中没有涉及教育背景的标准或要求。虽然以前的一些文献也使用大学生代表年轻一代来分析他们的可持续行为，但仅对大学生进行抽样可能是不合适的。未来的研究将以更加平衡和准确的样本量进行。此外，环保标签的AVE值相对较低。未来的研究将尝试使用不同的环保标签量表来验证当前的发现。

Appendix A.

Measurement Items of eco-label, environmental awareness, product attributes and green purchase (five-point Likert scale)

附录A

环保标签，环境意识，产品属性和绿色采购的测量项目（五点李克特量表）

Product Attributes (Praxmarer, 2011 & Chen et al. 2015)

• Eco-friendly designed product looks appealing.

• Eco-friendly designed product looks stylish.

• Eco-friendly product is of good quality.

Eco-Label (Nittala, 2014)

• If possible, I would like to buy products with recycling label

• Marketers must advertise the environmental aspects of their products.

• Government must make eco-labeling mandatory.

Environmental Attitudes (Kim, 2011)

• When humans interfere with nature it often produces disastrous consequences.

• The balance of nature is very delicate and easily upset.

• We are approaching the limit of the number of people the Earth can support.

Environmental Concern (Straughan and Roberts, 1999)

• I try to buy energy-efficient household appliances.

• I try to buy products that can be recycled.

• To save energy, I drive my vehicle as little as possible.

Green Purchase (Kim and Choi. 2005)

• I make a special effort to buy paper and plastic products that are made from recycled materials.

• I have switched products for ecological reasons.

• When I have a choice between two equal products, I purchase the one less harmful to other people and the environment.

• I make a special effort to buy household chemicals such as detergents and cleaning solutions that are environmentally friendly.

• I have avoided buying a product because it had potentially harmful environmental effects.

References参考文献

1. D'Souza, C.; Taghian, M.; Lamb, P.; Peretiatkos, R. Green products and corporate strategy: an empirical investigation. Soc. Bus. Rev. 2006, 1, 144–157, doi:10.1108/17465680610669825.

2. Taufique, K.; Siwar, C.; Talib, B.; Sarah, F.; Chamhuri, N.; Taufique, K. M. R.; Siwar, C.; Talib, B.; Sarah, F. H.; Chamhuri, N. Synthesis of Constructs for Modeling Consumers' Understanding and Perception of Eco-Labels. Sustainability 2014, 6, 2176–2200, doi:10.3390/su6042176.

3. Gilg, A.; Barr, S.; Ford, N. Green consumption or sustainable lifestyles? Identifying the sustainable consumer. 2005, doi: 10.1016/j. futures.2004.10.016.

4. Chan, R. Y. K. Environmental Attitudes and Behavior of Consumers in China. J. Int. Consum. Mark. 1999, 11, 25–52, doi:10.1300/J046v11n04_03.

5. Martinsons, M. G.; So, S. K. K.; Tin, C.; Wong, D. Hong Kong and China: Emerging Markets for Environmental Products and Technologies. Long Range Plann. 1997, 30, 277–290.

6. Lee, K. Opportunities for green marketing: young consumers. Mark. Intell. Plan. 2008, 26, 573–586, doi:10.1108/02634500810902839.

7. DZULKIFLI MUKHTAR, FOO SHU SHEN, LEE CHA SHIN, NUR DIYANA MOHD NAZLI, NURUL AQMA ABDUL RAHIM, SHAHIRA MOHD ADNAN, HASANNUDDIIN HASSAN INFLUENCING FACTORS OF PURCHASING BEHAVIOUR AMONG GENERATION Y ON GREEN PRODUCTS IN UNIVERSITIES AND COLLEGES. Intercont. J. Mark. Res. Rev. 2017, 5, 20–35.

8. Minkov, N.; Bach, V.; Finkbeiner, M. Characterization of the Cradle to Cradle CertifiedTM products program in the context of eco-labels and environmental declarations. Sustain. 2018, 10, doi:10.3390/su10030738.

9. Grankvist, G.; Dahlstrand, U.; Biel, A. The Impact of Environmental Labelling on Consumer Preference: Negative vs. Positive Labels; Kluwer Academic Publishers, 2004; Vol. 27;.

10. Shen, J. Understanding the determinants of consumers' willingness to

pay for eco–labeled products: An empirical analysis of the China Environmental Label; 2008;

11. Sammer, K.; Wüstenhagen, R. Sammer and Wustenhagen 2006 – The influence of eco–labelling on consumer behaviour – washing machines. pdf. 2006, 199, 185–199.

12. John Thøgersen Psychological Determinants of Paying Attention to Eco–Labels in Purchase Decisions: Model Development and Multinational Validation. J. Consum. Policy 2000, 23, 285–313.

13. Tang, E.; Fryxell, G. E.; Chow, C. S. F. Visual and Verbal Communication in the Design of Eco–Label for Green Consumer Products. J. Int. Consum. Mark. 2004, 16, 85–105, doi:10.1300/J046v16n04_05.

14. Van Amstel, M.; Driessen, P.; Glasbergen, P. Eco–labeling and information asymmetry: a comparison of five eco–labels in the Netherlands. 2006, doi:10.1016/j.jclepro.2006.07.039.

15. Horne, R. E. Limits to labels: The role of eco–labels in the assessment of product sustainability and routes to sustainable consumption. Int. J. Consum. Stud. 2009, 33, 175–182, doi:10.1111/j.1470–6431.2009.00752.x.

16. Tanner, C.; Kast, S. W. Promoting Sustainable Consumption: Determinants of Green Purchases by Swiss Consumers. Psychol. Mark. 2003, 20, 883–902, doi:10.1002/mar.10101.

17. Gardner, G. T., & Stern, P. C. Environmental problems and human behavior; Allyn & Bacon: MA, 1996;

18. Hill, H.; Lynchehaun, F. Organic milk: attitudes and consumption patterns. Br. Food J. 2002, 104, 526–542, doi:10.1108/00070700210434570.

19. Chen, C. Design for the Environment: A Quality–Based Model for Green Product Development. Manage. Sci. 2001, 47, 250–263, doi:10.1287/mnsc.47.2.250.9841.

20. Yau, Y. Eco-labels and willingness-to-pay: a Hong Kong study. Smart Sustain. Built Environ. 2012, 1, 277–290, doi:10.1108/20466091211287146.

21. D'Souza, C.; Taghian, M.; Lamb, P.; Peretiatko, R. Green decisions: Demographics and consumer understanding of environmental labels. Int. J.

Consum. Stud. 2007, 31, 371–376, doi:10.1111/j.1470-6431.2006.00567.x.

22. Kanchanapibul, M.; Lacka, E.; Wang, X.; Chan, H. K. An empirical investigation of green purchase behaviour among the young generation. 2014, doi:10.1016/j.jclepro.2013.10.062.

23. McDougle, L. M.; Greenspan, I.; Handy, F. Generation green: understanding the motivations and mechanisms influencing young adults' environmental volunteering. Int. J. Nonprofit Volunt. Sect. Mark. 2011, 16, 325–341, doi:10.1002/nvsm.431.

24. Hengl, T.; Gould, M.; Gerritsma, W. The Unofficial Guide for Authors From Research Design to Publication Wageningen Arnhem; e second,.; the European Communitie: Luxembour, 2011; ISBN 9279017039.

25. Clemenz, G. Eco-Labeling and Horizontal Product Differentiation. Environ. Resour. Econ. 2010, 45, 481–497, doi:10.1007/s10640-009-9324-2.

26. Bougherara, D.; Combris, P. Eco-labelled food products: what are consumers paying for? Eur. Rev. Agric. Econ. 2009, 36, 321–341, doi:10.1093/erae/jbp023.

27. Barrier/Motivation Inventory #1 Recycling: Why People Participate; Why They Don't A Barrier/Motivation Inventory: The Basis of Community-Based Social Marketing; 2002;

28. Giridhar, T. . Eco-labeling: A comparative analysis. Chem. Bus. 1998, 12, 95.

29. Gosselt, J. F.; Thomas Van Rompay, ; Haske, L. Won't Get Fooled Again: The Effects of Internal and External CSR ECO-Labeling. J. Bus. Ethics 2017, 1–12, doi:10.1007/s10551-017-3512-8.

30. ERSKINE, C. C.; COLLINS, L. Eco-labelling: success or failure? Environmentalist 1997, 17, 125–133, doi:10.1023/A:1018552000651.

31. Karl, H.; Orwat, C. Environmental labelling in Europe: European and national tasks. Eur. Environ. 1999, 9, 212–220, doi:10.1002/(SICI)1099-0976(199909/10)9:5<212::AID-EET203>3.0.CO;2-I.

32. Nilsson, O. S. Rapport fra "forbrugergruppen" under Erhvervsministeriets mærkningsudvalg. In Mærkning: Mærkningsudvalgets Redegørelse;

Forbrugerstyrelsen, Erhvervsministeriet, 1999; pp. 152–199.

33. Horne, R. E. Limits to labels: The role of eco–labels in the assessment of product sustainability and routes to sustainable consumption. Int. J. Consum. Stud. 2009, 33, 175–182, doi:10.1111/j.1470–6431.2009.00752.x.

34. Bohdanowicz, P. Environmental awareness and initiatives in the Swedish and Polish hotel industries—survey results. Int. J. Hosp. Manag. 2006, 25, 662–682, doi:10.1016/J.IJHM.2005.06.006.

35. Stabler, M. J.; Goodall, B. Environmental awareness, action and performance in the Guernsey hospitality sector. Tour. Manag. 1997, 18, 19–33, doi:10.1016/S0261–5177(96)00095–7.

36. Fishbein, M.; Ajzen, I. Belief, attitude, intention, and behavior : an introduction to theory and research; Addison–Wesley Pub. Co, 1975; ISBN 0201020890.

37. Milfont, T. L.; Duckitt, J. The structure of environmental attitudes: A first– and second–order confirmatory factor analysis. J. Environ. Psychol. 2004, 24, 289–303, doi:10.1016/J.JENVP.2004.09.001.

38. Schultz, P. W. New Environmental Theories: Empathizing With Nature: The Effects ofPerspective Taking on Concern for Environmental Issues. J. Soc. Issues 2000, 56, 391–406, doi:10.1111/0022–4537.00174.

39. Hines, J. M.; Hungerford & Audrey, H. R.; Tomera, N. N. Analysis and Synthesis of Research on Responsible Environmental Behavior: A Meta–Analysis. J. Environ. Educ. 1987, 18, 1–8, doi: 10.1080/00958964.1987.9943482.

40. Karp, D. G. Values and their Effect on Pro–Environmental Behavior. Environ. Behav. 1996, 28, 111–133, doi:10.1177/0013916596281006.

41. Lee, J. A.; Holden, S. J. S. Understanding the determinants of environmentally conscious behavior. Psychol. Mark. 1999, 16, 373–392, doi:10.1002/(SICI)1520–6793(199908)16:5<373::AID–MAR1>3.0.CO;2–S.

42. Joanne Vining, A. E. What makes a recycler? A comparison of recyclers and nonrecyclers. Environ. Behav. 1990, 22, 55–73.

43. Gill, J. D.; Crosby, L. A.; Taylor, J. R. Ecological Concern, Attitudes,

and Social Norms in Voting Behavior. Public Opin. Q. 1986, 50, 537, doi: 10.1086/269002.

44. Oskamp, S.; Harrington, M. J.; Edwards, T. C.; Sherwood, D. L.; Okuda, S. M.; Swanson, D. C. Factors Influencing Household Recycling Behavior. Environ. Behav. 1991, 23, 494–519, doi:10.1177/0013916591234005.

45. Xiao, J.; Siu, K. The international journal of environmental sustainability.; Common Ground Publishing, 2016;

46. Bamberg, S. How does environmental concern influence specific environmentally related behaviors? A new answer to an old question. J. Environ. Psychol. 2003, 23, 21–32, doi:10.1016/S0272-4944(02)00078-6.

47. Maloney, M. P.; Ward, M. P. Ecology: Let's hear from the people: An objective scale for the measurement of ecological attitudes and knowledge. Am. Psychol. 1973, 28, 583–586, doi:10.1037/h0034936.

48. Liere, K. D. Van; Dunlap, R. E. The Social Bases of Environmental Concern: A Review of Hypotheses, Explanations and Empirical Evidence. Public Opin. Q. 1980, 44, 181, doi:10.1086/268583.

49. Tsakiridou, E.; Boutsouki, C.; Zotos, Y.; Mattas, K. Attitudes and behaviour towards organic products: an exploratory study. Int. J. Retail Distrib. Manag. 2008, 36, 158–175, doi:10.1108/09590550810853093.

50. Joris Aertsens, Koen Mondelaers, Wim Verbeke, Jeroen Buysse, G. V. H. The influence of subjective and objective knowledge on attitude, motivations and consumption of organic food. Br. Food J. 2011, 113, 1353–1378, doi: 10.1108/00070701111179988.

51. Young, W.; Hwang, K.; McDonald, S.; Oates, C. J. Sustainable consumption: green consumer behaviour when purchasing products. Sustain. Dev. 2009, 18, n/a–n/a, doi:10.1002/sd.394.

52. Cerjak, M.; Mesić, Ž.; Kopić, M.; Kovačić, D.; Markovina, J. What Motivates Consumers to Buy Organic Food: Comparison of Croatia, Bosnia Herzegovina, and Slovenia. J. Food Prod. Mark. 2010, 16, 278–292, doi:10.1080/10454446.2010.484745.

53. Schuhwerk, M. E.; Lefkoff-Hagius, R. Green or Non-Green? Does

Type of Appeal Matter When Advertising a Green Product? J. Advert. 1995, 24, 45-54, doi:10.1080/00913367.1995.10673475.

54. Thøgersen, J.; Ölander, F. Human values and the emergence of a sustainable consumption pattern: A panel study. J. Econ. Psychol. 2002, 23, 605-630, doi:10.1016/S0167-4870(02)00120-4.

55. Dangelico, R. M.; Pujari, D. Mainstreaming Green Product Innovation: Why and How Companies Integrate Environmental Sustainability. J. Bus. Ethics 2010, 95, 471-486, doi:10.1007/s10551-010-0434-0.

56. Mondelaers, K.; Verbeke, W.; Van Huylenbroeck, G. Importance of health and environment as quality traits in the buying decision of organic products. Br. Food J. 2009, 111, 1120-1139, doi:10.1108/00070700910992952.

57. Smith, S.; Paladino, A. Eating clean and green? Investigating consumer motivations towards the purchase of organic food. Australas. Mark. J. 2010, 18, 93-104, doi:10.1016/J.AUSMJ.2010.01.001.

58. Magnusson, M. K.; Arvola, A.; Hursti, U.-K. K.; Åberg, L.; Sjödén, P.-O. Choice of organic foods is related to perceived consequences for human health and to environmentally friendly behaviour. Appetite 2003, 40, 109-117, doi:10.1016/S0195-6663(03)00002-3.

59. Simon, F. L. Marketing green products in the triad. Columbia J. World Bus. 1992, 27, 268-285.

60. Bergstrom, J. C.; Stoll, J. R.; Randall, A. The Impact of Information on Environmental Commodity Valuation Decisions. Am. J. Agric. Econ. 1990, 72, 614, doi:10.2307/1243031.

61. Cameron, T. A.; Englin, J. Respondent Experience and Contingent Valuation of Environmental Goods. J. Environ. Econ. Manage. 1997, 33, 296-313, doi:10.1006/JEEM.1997.0995.

62. Teisl, M. F. (Mario F. Labelling strategies in environmental policy; ISBN 1351154508.

63. Kallgren, C. A.; Wood, W. Access to attitude-relevant information in memory as a determinant of attitude-behavior consistency. J. Exp. Soc. Psychol. 1986, 22, 328-338, doi:10.1016/0022-1031(86)90018-1.

64. Simmons, D.; Widmar, R. Motivations and Barriers to Recycling: Toward a Strategy for Public Education. J. Environ. Educ. 1990, 22, 13–18, doi: 10.1080/00958964.1990.9943041.

65. Chan, T. S. Concerns for Environmental Issues and Consumer Purchase Preferences: J. Int. Consum. Mark. 1996, 9, 43–55, doi: 10.1300/J046v09n01_04.

66. Donaton, S., & Fitch, K. (1992). Polls show ecological concern is strong. , 63(24), 49–49. Advert. Age 1992, 63, 49–49.

67. Mainieri, T.; Barnett, E. G.; Valdero, T. R.; Unipan, J. B.; Oskamp, S. Green Buying: The Influence of Environmental Concern on Consumer Behavior. J. Soc. Psychol. 1997, 137, 189–204, doi:10.1080/00224549709595430.

68. Stern, P. C.; Dietz, T.; Guagnano, G. A. The New Ecological Paradigm in Social–Psychological Context. Environ. Behav. 1995, 27, 723–743, doi: 10.1177/0013916595276001.

69. Schultz, P. W.; Zelezny, L. C. Values and Proenvironmental Behavior. J. Cross. Cult. Psychol. 1998, 29, 540–558, doi:10.1177/0022022198294003.

70. Follows, S. B.; Jobber, D. Environmentally responsible purchase behaviour: a test of a consumer model. Eur. J. Mark. 2000, 34, 723–746, doi: 10.1108/03090560010322009.

71. Park, C. W.; Mothersbaugh, D. L.; Feick, L. Consumer Knowledge Assessment. J. Consum. Res. 1994, 21, 71, doi:10.1086/209383.

72. Alba, J. W.; Hutchinson, J. W. Knowledge Calibration: What Consumers Know and What They Think They Know. J. Consum. Res. 2000, 27, 123–156, doi:10.1086/314317.

73. Scott Geller, E. Evaluating Energy Conservation Programs: Is Verbal Report Enough?; 1981; Vol. 8;.

74. Wu, Z.; Zhang, J.; Detels, R.; Li, V. C.; Cheng, H.; Duan, S.; Li, Z.; Dong, L.; Huang, S.; Jia, M.; Bi, X. Characteristics of risk–taking behaviors, HIV and AIDS knowledge, and risk perception among young males in southwest China. AIDS Educ. Prev. 1997, 9, 147–60.

75. Jingxiong, J.; Rosenqvist, U.; Huishan, W.; Koletzko, B.; Guangli, L.;

Jing, H.; Greiner, T. Relationship of parental characteristics and feeding practices to overweight in infants and young children in Beijing, China. Public Health Nutr. 2009, 12, 973, doi:10.1017/S1368980008003509.

76. Mugge, R.; Schoormans, J. P. L. Product design and apparent usability. The influence of novelty in product appearance. Appl. Ergon. 2012, 43, 1081–1088, doi:10.1016/J.APERGO.2012.03.009.

77. Fornell, C.; Larcker, D. F. Structural Equation Models with Unobservable Variables and Measurement Error: Algebra and Statistics. J. Mark. Res. 1981, 18, 382–388, doi:10.2307/3150980.

78. Chun-Che Huang, Yu-Min Wang, Tsin-Wei Wu, and P.-A. W. An Empirical Analysis of the Antecedents and Performance Consequences of Using the Moodle Platform. Int. J. Inf. Educ. Technol. 2013, 3, 217–221, doi: 10.7763/IJIET.2013.V3.267.

79. Lizawati Aman, A. H.; Harun, A. The Influence of Environmental Knowledge and Concern on Green Purchase Intention the Role of Attitude as a Mediating Variable; 2012; Vol. 7;.

80. Crilly, N.; Moultrie, J.; Clarkson, P. J. Seeing things: consumer response to the visual domain in product design. Des. Stud. 2004, 25, 547–577, doi:10.1016/J.DESTUD.2004.03.001.

81. Hayes, A. F. An Index and Test of Linear Moderated Mediation. Multivariate Behav. Res. 2015, 50, 1–22, doi:10.1080/00273171.2014.962683.

82. Preacher, K. J.; Hayes, A. F. SPSS and SAS procedures for estimating indirect effects in simple mediation models. Behav. Res. Methods, Instruments, Comput. 2004, 36, 717–731, doi:10.3758/BF03206553.

83. Balabanis, G.; Diamantopoulos, A. Domestic Country Bias, Country-of-Origin Effects, and Consumer Ethnocentrism: A Multidimensional Unfolding Approach. J. Acad. Mark. Sci. 2004, 32, 80–95, doi: 10.1177/0092070303257644.

84. Pfau-Effinger, B. Gender cultures and the gender arrangement—a theoretical framework for cross-national gender research. Innov. Eur. J. Soc. Sci. Res. 1998, 11, 147–166, doi:10.1080/13511610.1998.9968559.

85. Blocker, T. J.; Eckberg, D. L. Gender and Environmentalism: Results from the 1993 General Social Survey; 1997; Vol. 78;.

86. Hill, J.; Lee, H. Young Generation Y consumers' perceptions of sustainability in the apparel industry. J. Fash. Mark. Manag. An Int. J. 2012, 16, 477–491, doi:10.1108/13612021211265863.

第三章 混合方法研究

混合方法是指研究人员在同一研究中同时收集和分析定量和定性数据。混合方法研究可以利用定性和定量方法的潜在优势，允许研究人员探索不同的观点，以揭示研究问题的多方面复杂层次之间存在的关系。就复杂性而言，当前的设计艺术研究无疑是多维度、多方面的综合问题处理。它既融合了工程学等技术性问题，又包括了认知层面的行为与心理研究，其客观性与主观性是并存的。因此，越来越多的设计领域研究人员与学术期刊编辑开始信赖混合方法得出研究结果。

研究方法的选择是依据研究问题的本质和研究目标。混合方法设计适用于回答定量或定性方法无法单独回答的研究问题。它可用于①更好地理解定性和定量数据之间的联系或矛盾；②可以让参与者在研究过程中获得发言权和分享经验的机会，以此丰富证据并使问题得到更深入的回答。混合方法通过融合关于研究问题的不同观点而促进更深入的学术互动。

关于观察世界的单一或普遍真理或方法（如苏格拉底、柏拉图），与多重或相对真理（诸如普罗塔哥拉斯和高尔吉斯），极端或极端混合（亚里士多德的“中庸之道”或平衡原则，温和的怀疑主义等）的争论至少可以追溯到古老的西方哲学源头。这些观念的思想基础体现在当下三种探究社会问题的不同方法上，即定量、定性与混合。普罗塔哥拉斯说“人是衡量一切的唯一标准”,事物的好坏皆以人的需求而定。直至今日，这一观点仍在引发哲学研究的争论。这场争论持续影响着研究者如何看待知识，以及如何相信所寻找和证明的“知识”的合理性。而混合研究在某种程度上是介于柏拉图和普罗塔哥拉斯所持的两种极端观点之间。混合研究试图充分尊重这两种观点的智慧，同时也为许多问题寻求可行的中和解决方案。今天，混合研究的主要哲学基础是实用主义。一般来说，混合方法研究是一种认识边缘（理论和实践）的方法，它试图考虑多重视角和立场。

一个多世纪以来，定量和定性研究范式的倡导者一直在进行激烈的争论。定量主义者认为社会问题的观察应该是被视为一种理论层面的实体，与物理科学家对待物理现象的方式大致相同。简而言之，定量主义者认为社会科学探究应该是客观的。而定性主义者拒绝所谓的实证主义，而主张建构主义，理想主义，相对主义，人文主义，诠释学的优越性，坚持主观知识是唯一的现实来源。

随着混合方法的研究逐渐被学术界广泛接受，相关的学术研究已经从提供混合方法研究的总体理由发展到关注在混合方法研究框架中包含特定的定性方法的哲学基础，如扎根理论（Grounded Theory）与现象学研究（Phenomenological Research）。现象学研究由埃德蒙·胡塞尔（Edmund Husserl）提出，早于扎根理论40多年。现象学研究的灵活性及其方法的适应性是其最大的优势之一。因此，尽管其具有悠久的哲学传统，但现象学方法仍然具有时代可塑性，并且可以适应研究方法领域内的新兴理念，例如混合方法研究。现象学方法的描述性、解释性和替代形式可以作为混合方法研究的组成部分[①]。

作为第三种研究范式的混合方法研究可以帮助弥合定量和定性研究之间的分裂。然而，混合方法的研究过程会很大程度上增加一项研究的复杂性。它往往需要更多的资源（时间、人员）和额外的研究训练（研究团队需要熟悉样本选择、数据收集、数据分析和数据合成的不同方法）。因此，在实际的研究活动中，研究人员需要依据实际情况来决定是否采用混合方法。

第一节　混合研究方法的基本步骤

Campbell 和 Fiske 的研究《多特征多方法矩阵的收敛性和判别性验证（Convergent and discriminant validation by the multitrait-multimethod matrix）》

① Mayoh, J., & Onwuegbuzie. A. J. Toward a Conceptualization of Mixed Methods Phenomenological Research[J]. Article Journal of Mixed Methods Research, 2015, 9(1): 91-107.

通常被认为是首次正式实践混合研究方法的案例。这篇论文提出利用一个矩阵来表示至少两个特征的测试之间的相互关系，每个特征至少用两种方法来测量。相同性状的测量值之间的相关性应该比不同性状的测量值之间的相关性要高。在1959年的这篇文章中，Campbell和Fiske引入了三角测量（Triangulation）的概念，也称为“多重操作主义”。指的是在验证过程中不只使用一个方法以确保解释方差是来源于研究现象或特征本身的结果，而不是方法所导致的。来自两种或两种以上方法的研究结果的一致性可以强化其有效性。此后的学者进一步扩展了Campbell和Fiske的观点，他们将多重操作主义定义为多重度量的使用，这些度量假设具有共同的理论基础，但是具有不相关的组件模式。一个命题一旦被两个或两个以上独立的测量过程所证实，其解释的不确定性就会大大降低。最有说服力的证据是来自经三角验证的测量过程。这种说服力是通过尽量减少每一种方法措施的误差而增加的。一般来说，方法论层面的三角测量可以分为两种：同步三角测量和顺序实施三角测量。同步三角测量是同时使用定性和定量方法，在数据收集阶段，两种数据来源之间的相互作用有限，但在数据解释阶段，研究结果是相辅相成的。另一方面，当一种方法的结果对于规划下一种方法是必要的前提时，应考虑顺序实施三角测量。

混合研究的必要性还体现在定性与定量方法之间的衔接。在研究设计阶段，定量数据可以识别有代表性的样本以及外围样本（即异常案例）。而定性数据可以构建概念以引导后续的定量测量。在数据收集阶段，定量数据可以提供基本的信息以避免后续定性研究的“精英偏见”（只与地位高的人交谈）。在数据分析阶段，定量数据有利于避免定性数据的过度解释。另外，定性数据可以解释、澄清、描述和验证定量结果。因为定量数据的优势在于判断，而非提供解释。

虽然目前没有一个具体的标准模式，但通常混合研究的设计需要考虑以下几个步骤：

1. 确定可以被定性和定量检验的研究问题。在开始一个混合研究计划之前，研究者首先需要形成明确的研究问题，并思考它是否可以通过定性与定量的方法检验。此前章节已经介绍过，定量问题是指独立变量和因变量之间的统计学关系。定性问题本质上是开放式和非定向性的，是在寻求对所解决问题的现象性描述。

2. 审查并决定数据收集的定量和定性类型。在混合方法设计中，需要确定所有定性和定量相关的方法类型（定性方法将在下一节中详细说明）。混合方法研究将包括至少一种定量方法和一种定性数据收集方法。简单地说，定性方法包括四种主要的定性形式数据，即观察、访谈、文档和视听材料。

3. 评估每种方法的相对权重和实施策略。基于定性与定量方法的优劣与适用性，研究人员需要仔细考量每种方法在整个研究计划当中的权重与安排。如果研究的目的是从一种方法构建到另一种方法，研究人员可以按顺序实施定量与定性方法。如果研究的目的是汇总和对比验证（Triangulation），那么可以同时进行定性与定量的研究方法。

4. 制定混合方法研究计划。研究人员在综合考虑时间，执行顺序和研究质量等问题后，制定出完整的研究实施计划和步骤，可以使用流程图说明整个研究计划。同步设计：①定性（为主）+定量（为辅）或定性（为辅）+定量（为主）；②定性（为主）+定性（为辅）或定性+定性；③定量（为主）+定量（为辅）或定量+定量。

顺序设计：①定性（为主）→定量（为辅）或定性（为辅）→定量（为主）或定性→定量；②定量（为主）→定性（为辅）或定量（为辅）→定性（为主）或定量→定性。

5. 实施研究计划并分析数据。混合研究通常时间跨度比较长，数据的收集与分析都将比单一研究方法更花费研究人员的精力。具体的分析方法会在第三节详细阐述。

第二节 混合研究方法中的定性数据收集

定性研究方法作为一种研究范式被广泛应用在许多学科的实证研究之中，尤其是社会科学相关研究。定性方法倡导一种从内至外的角度观察与研究被访者。由于设计艺术学的大量研究课题涉及被研究对象的心理感知，因此，定性方法是国际设计艺术学研究方法论的主流范式之一。

定性研究主要涉及四种数据收集：①深入、开放的访谈。它是对被访者的经历，观点，感受和知识的直接引用；②直接观察，观察数据包括对人们活动、行为的观察，是对被访者人际交往和组织过程的全方位的详细描述；③书面文件，包括研究组织所留存的记录中的摘录、引文或整个段落、备忘录和通信记录、官方出版物和报告、个人日记、对调查问卷和调查的书面答复等；④视听材料，主要是指视频影音记录材料。

定性研究的数据通常来自实地的考察。在实地考察期间，研究人员将时间花在研究环境中，比如某一特殊组织或社区，可以观察被访者、采访被访者，以及分析相关文件材料。研究人员对被访者的活动和状况进行第一手观察，有时作为“参与观察者”亲自参与这些活动。例如，研究人员可以参加所有或部分的设计活动，如设计工作坊。定性研究人员与被访者谈论他们的经历和看法，也可以进行更正式的个人或小组访谈，包括审查相关记录和文件。通过这些观察、访谈和文件审查可以收集大量的实地数据，研究人员可以将其处理编辑成可读的叙述性描述，包括主要主题、类别和通过内容分析归纳提取的说明性案例。定性研究通常可以生成某种概念框架（Conceptual framework）、理解或解释。

定性数据的质量在很大程度上取决于研究人员的方法技能、敏感性和研究的完整性。定性调查需要研究人员具备扎实的学科知识、实践能力和坚定的信念才能保证研究成果的价值。在下面章节中，将逐一讲述定性数据的收集。

一、混合方法中的定性研究抽样

采样方法的不同逻辑是定量和定性研究方法之间的首要差异。定性研究采样方法的逻辑、策略与目的都与定量研究不同。定性调查通常侧重于相对较小的样本，甚至是有目的地选择的单个案例（即 n = 1），而定量方法通常取决于随机选择的较大样本（参加第二章）。随机抽样的逻辑和效应源于统计概率理论。相比之下，有目标性的抽样逻辑和效应在于所选择的案例或被访者的信息丰富性，它们可以让定性研究者从中搜集到很多对研究问题至关重要的信息，因此，称为目标研究样本。定性与定量研究背后的策略逻辑都有特定的用途。信息丰富的案例、个体可以让研究者对研究问题进行深入理解，而不是经验性的规律概括。例如，如果一个研究项目的目标是提高贫困家庭的经济收入，那么通过深入研究少数精心挑选的贫困家庭比起收集具有统计代表性的大型样本更有代表性意义。

目标研究样本抽样侧重于选择信息丰富的案例与个体以阐明研究中的问题，在混合研究中，有几种常见的定性抽样方法：

①便利抽样（Convenience Sampling）。

这是最不严格的抽样技术，是指选择最容易接近的案例或者个体。研究人员可以花费最低的时间、精力和金钱方面的成本，但可能导致数据质量较差，研究结果缺乏可信度。国际期刊的审稿人通常会在这一方面质疑研究者。

②专家评判抽样（Judgement Sampling）。

专家评判抽样也称为权威抽样，是一种非概率抽样技术。研究人员通常根据自己现有的知识或专业判断来选择要抽样的单位。因此，研究人员的个人素质会在很大程度上影响采样的质量。当只有少数个体具有研究者感兴趣的特征时，专家评判抽样是最有效的。例如，假设一组研究人员对年轻人为何选择设计师作为职业很感兴趣。那么，随机抽样调查的对象中有相当数量的年轻人可能并不热衷于设计。相反，研究人员应该只关注符合他们的研究标准和兴趣的人群。在这种情况下，判断抽样是获取特定人群信息的唯一可行选择。

③最大变化（异质性）抽样（Maximum Variation Sampling）。

通过识别变化的关键维度然后找到尽可能彼此不同的情况来构建最大变化样本。这种抽样方法有助于提升案例质量，提供尽可能细节的描述；以及从异质性中找到关键性的同质。利用最大变化抽样，研究人员可以辨别不同利益相关者在不同背景下所经历的现象的基本特征和变量特征，以构建更为全面的洞察。假设不同的研究可以阐明一个现象的不同方面，那么最大变化抽样通过合成几个不同维度的研究结果来共同构建对该现象的整体理解。

④均匀抽样（Homogenous Sampling）。

与最大变化抽样形成鲜明对比的是选择一个小型同质样本，其目的是深入描述一些特定的小群体。均匀抽样是一种有目的的采样技术，旨在实现均匀的采样，简单来说，其样本单位（例如，个人、案例等）具有相同（或非常相似）的特征或特征（例如，在年龄，性别，背景，职业等方面相似的一组人）的样本。

⑤典型案例抽样（Typical Case Sampling）。

典型案例抽样是一种有目的的抽样方法，当研究者对某一特定单位（例如个人、案例、事件、背景、地点等）的典型性感兴趣时，可以使用典型案例抽样。典型一词并不意味着这样的样本在概率意义上是有代表性的（即样本与所研究的群体具有相同或相似的特征）。相反，这里的“典型”一词意味着研究人员能够将使用典型案例抽样的研究结果与其他类似样本进行比较（即比较样本，而不是将样本推广到总体）。因此，对于典型的案例抽样，研究人员不能简单直接地使用所得结果推导整体情况，只可以用来类推其他类似的样本情况。典型案例抽样可以单独使用，也可以基于另一种目标采样技术，如上述的最大变异抽样。这样的混合可以进一步丰富信息的多样性。

⑥雪球或链采样（Snowball or Chain Sampling）。

雪球采样是指从关键信息提供者那里获取相关的信息。合成者可以通过“脚注追逐”来识别引用次数最多的主要研究报告，其中包括搜索引文索引，或浏览相关主题的选定报告的参考书目，先前的研究综合，主要研究报告，政策文件，由从业者和非从业者撰写的论文。与脚注追逐详尽的采样不同，脚注追逐雪球采样将涉及找到被引用次数最多的论文。然而，这种方法可以加强确证性偏见，其中与普遍观念一致的研究更有可能被发表和引用，而与传统观点相异的研究不太可能被发表或引用。为了克服这个问题，有学者建议使用一篇引用广泛的关键文章，以证明该研究具有广泛的视角。然而，这也可能存在问题，因为它可能排除方法学上严谨和相关的研究，这些研究深入而非广泛地集中在研究现象的某个方面。

⑦标准抽样（Criterion Sampling）。

标准抽样涉及审查和研究符合某些预定重要标准的所有案例。混合方法研究经常采用这种方法来构建对满足某些预定标准的所有研究的全面理解。大多数混合研究者通过陈述明确的包含/排除标准来采用标准抽样，其中包括方法学严谨性的规范。样本必须严格和现实地反映所使用的标准，尤其是方法严谨的标准。方法学严谨的标准可能导致包含过于少量的研究，即合成发现的可转移性变得有问题。同时，使用方法学上较弱的研究也可能导致合成结果基于可疑的证据。混合方法研究者必须反思研究的方法学规范如何影响其报告准确性，而不是寻找方法学上完美的研究。

⑧基于理论的抽样（Theory-Based Sampling）。

定性研究设计的迭代过程意味着样本通常或多或少地受到理论驱动。理论抽样需要从新兴数据中建立理论，并选择一个新的样本来检验和阐述这一理论。定性研究会经常使用理论抽样方法，尤其是使用扎根理论方法（Grounded theory）的研究。

⑨确认和不确定案例（Confirming Cases Sampling）。

确认性案例抽样是从已被其他相关研究认可的案例中确认研究样本，通常是基于其他抽样方法并与其结合的抽样策略。当使用混合方法的研究人员希望出于道德或政治原因提倡特定立场时，可以在公开的文献中寻求确认性案例，或者来验证特定边缘化团体或利益相关者群体的看法。

⑩分层有目标地抽样（Stratified Purposeful Sampling）。

分层样本是样本中的样本，对于调查某个特定现象表现的变化特征是有非常有意义的。基本的分层抽样是指研究人员将人口划分为子群（或阶层），使得每个单元属于单个层（例如低收入、中等收入、高收入等），然后从这些层中选择个体单位。在混合研究中，基本的分层抽样可以基于其他的目标抽样方法而形成分层有目标的样本。分层有目标抽样不同于分层随机抽样，因为分层目标抽样的样本量通常太小而无法推广。

⑪机会性或紧急抽样（Opportunistic or Emergent Sampling）。

机会性或紧急抽样是利用任何优势以便在实际研究中抓住不可预见的机会。机会或紧急抽样可用于正处于探索性阶段的混合研究，例如新兴的机器学习辅助设计可能是由一群偶然使用智能技术教学的教授而无意引导的，研究者可以抓住机会进行研究。

⑫极端或偏差的案例抽样（Extreme or Deviant Case Sampling）。

混合研究中的极端或偏离案例抽样是选择极端的成功或失败的案例或个体样本，主要缺点是缺乏可推广性。但如果研究者的目的本身只是基于现象性描述，那么研究结果的推广性可以不予考虑。

总体来说，采用混合方法的研究者通常采用两种或以上的上述抽样方法来充分满足其研究目的，获取目标数据。在选择采样策略的组合时，研究者必须反思这些策略如何相互补充与增益。

二、样本数量

不同种类的有目标的采样需要不同的最小样本量，简而言之，任何一种情况都提供了各种数据，这些数据必须以足够的数量进行采样才能成为案例。总体来说，定性研究的样本通常比定量研究中使用的样本小得多。例如，在极端案例抽样中，其意图是理解某种现象的非寻常性或非典型性的表现，那么一个样本个体可能就足够了。然而，即使是一个样本也需要内部抽样，即研究人员必须从极端案例样本中获得的大量数据中进行抽样。因此，研究人员需根据实际情况进行样本量选择。

三、数据收集方法

1.深度访谈（In-depth Interview）。

在讨论定性研究方法时，深度访谈是最为广泛使用的一种数据收集方法。自19世纪开始，深度访谈逐渐成为社会科学研究中社会问题研究的主要资料收集途径。在与日常生活紧密联系的问题上，观察、聆听和接触，是最常被用来了解周围环境的方法。某种程度上而言，深度访谈是在创造一种环境，让研究者在聆听与观察的同时，直接与研究对象进行双向的语言沟通，以完成对特定社会现象的本质意义的了解、还原与诠释。虽然语言谈话看起来更像是一种日常活动，但作为一种方法论存在的深度访谈更为强调谈话过程的严谨性与目的性。

访谈为研究人员提供了一种了解他人世界的有用方法，尽管真正地理解有时可能是难以捉摸的。即使访谈人员和受访者说着同一种语言，他们的话也可能有完全不同的文化含义。因此，当人们拥有不同的世界观时，沟通就变得更加困难。但是，小心谨慎，精心策划的访谈可以为研究者提供丰富的数据。在深度访谈的执行过程中，研究者实际上是在进行一种与研究对象的“对话”。在这一过程中，研究者与被访谈对象，即研究对象，是一种同伴关系，借由语言的交流达到研究的目的。这里对“同伴”的理解，是指在整个访谈过程中，研究者需要将被访谈对象视为与自身平等的存在，双方共同努力构建对于一个现象或事实的意义构建。

简而言之，深度访谈是通过口头语言叙述的形式，针对一个现象或者问题收集相关研究资料，以构建对研究题目的全面了解。在整个访谈过程中，研究者的责任是营造自然的环境，让被访谈对象总是处于一种被尊重与平等的互动状态。深度访谈的形式包括：

①结构化访谈（Structured Interviews）。

结构程度是对访谈研究方法进行分类的常用方法。结构化访谈是访谈人员向受访者询问一系列预先确定的问题的方法，通常只允许限定数量的回答类别。结构化访谈是严格的，所有受访者都以相同的顺序被问到相同的问题，然后从列表中获得简短的答案。因此，结构化访谈的量化结果可以十分直接明了。

由于研究人员在问题设计中发挥了非常积极的作用，因此他们可能会无意中或明显地产生调查偏向性。与定量方法相比，由于涉及大量的时间和精力以及访问限制，通常深度访谈不能研究非常大或随机的样本。但对于结构化访谈而言，研究人员却有可能接触相对较大的样本。这是因为与非结构化访谈相比，所有受访者使用相同问题的过程可以很大程度上减少采访人员的时间精力。

②非结构化访谈（Open Ended Interviews）。

与结构化访谈相对应的是非正式的、非结构化的访谈，其研究传统是源自开放式的人种学访谈。非结构化的访谈过程可以根据具体情况和背景进行机动调整，旨在使受访者感到放松自然。非结构化访谈的前提是访谈者并无实现预备的具体问题（这里并非指没有研究目标，只是没有具体的访谈问题）。从一个浪漫主义的角度来看，采访人员是耐心的听众，他们探索受访者的内心世界与生活体验。这里需要承认的是并非所有受访者都必须以同样的方式理解同一个措辞。非结构化访谈的目的不是为了把事情放在别人心中，而是为了获得被采访者的内心观点。因此，在非结构化访谈中，采访人员必须开发、适应和机动地提出采访问题，以达成研究的核心目的。非结构化访谈也可能在发生在结构化访谈之前以帮助建立与被访者的融洽关系。

③半结构化访谈（Semi-structured Interviews）。

半结构化访谈不需要采访人员严格遵循正式的问题列表，采访人员可以提出更多开放式问题，允许与受访者进行讨论，而不是简单的问答形式。

通常在半结构化访谈中，采访人员可以准备一份问题清单，但不一定全部询问，或以任何特定顺序询问。半结构化访谈因为具有灵活性、可访问性和可理解性，经常被研究人员采用作为收集信息的最有效和最方便的手段。它允许采访人员基于经验判断修改问题的措辞、语速和询问顺序，以获得受访者最充分的回应。最重要的是，它使受访者能够以他们自己的方式语言提供答案。

半结构化面试的基础确保问题必须能够被受访者所理解。同时，访问人员必须敏感地观察到受访者个体的思维方式差异。进行半结构化访谈需要在访谈之前、期间和之后对问题的提问和解释方式进行大量的关注和规划。

④深度访谈中使用的问题类型。

没有一种标准化的访谈方式是完美无缺的。采访人员的措辞有效性、访谈环境的设置、受访者的观点以及采访人员的个人风格共同作用，为每次访谈创造了一个独特的环境条件。采访人员在访谈中需要灵敏的反应和敏感性才能获得“理想”的回应。某种程度上来说，访谈是一个复杂而琐碎的程序，没有适用所有情况的访谈设计方法。但是，可以考虑一些有用的指导性原则。许多访谈技巧看起来很容易，多数人认为访谈源于的人类的自然经验，如日常对话，然而，访谈的问题形式和过程是复杂且技巧性的，包括：

引入性问题。引入问题意味着“开启”面试并尽快将谈话内容转移到访谈的焦点环节。它们与研究目的可能没有直接关系，而是提出一些日常性问题，例如“你能告诉我……”“你还记得……”或“……中发生的事情……”。这些问题是为了确保受访者准备好说话，没有惊慌或者过度紧张。也可以简要说明本次访谈的目的，并在开始访谈之前询问受访者是否有任何顾虑等等简要开场。

大多数研究者都会强调研究人员在访谈之前的“引言或闲聊”阶段与受访者建立融洽关系的重要性，其目的是建立信任并告知受访者面谈的目的，以使受访者自由地说话。访谈人员的态度需要保持开放，可以稍微说一些关于他/她自己的事情，不要刻意保证某种冷漠或者专业。

跟进和探究性问题。跟进和探究性问题试图通过采访人员的询问来扩展受试者的答案。经验丰富的采访人员通常可以识别答案中的关键点，例如不寻常的术语或语调，这可能意味着存在某种大量的信息。在这种情况下，采访人员应该继续跟进问题进一步挖掘信息。

修订问题。修订问题是指采访人员从一般陈述中发展出更精确的、更为合适的问题描述。

间接问题。间接问题通常采取开放式的形式，旨在为受访者提供机会让他们详细阐述他们认为有重要意义的信息。间接问题更具投射性。

沉默回应。沉默回应是指允许受访者在面试中发生停顿，这可以让受访者有时间反思并回忆信息以进行更多的描述。应该指出的是，并非所有文化浸润下的受访者都具有同样的健谈和表达能力。有些人善于表达（如北美地区的居民），而其他人则沉默寡言，甚至可能将沉默作为其语言的一个组成部分，特别是在一些正式会议中。因此，采访人员必须学会容忍沉默，不要不耐烦，而是让受访者有机会思考他们想说什么。在一段谈话中暂停，这是一种自然的人类倾向。

构建性问题。当主题用尽时，采访人员可以通过使用诸如“我现在想引入另一个主题……”之类的叙述来中断不相关的回应，将谈话的重心回归到研究焦点上。

解释性问题。解释问题的目的是通过阐述来克服理解障碍，而不是探索和挖掘新信息。通常采访人员可以采样“你的意思是……?”，“你认为……是否正确?”或“……是否涵盖了你刚刚表达的内容?”等描述来确认被访者的答案。

放松性问题。个别时候，当受访者表面自己的敏感区域遭侵犯，采访人员可以通过一些问题来放松受访者紧张的情绪，例如说“噢，我忘了问你……”，这样就给了受访者一些冷静的时间。

除了所列的这些问题之外，采访人员在准备和进行访谈时也需要考虑其他因素，包括对研究主题的了解，在谈话中尽量保证描述的清晰明确，态度的温和，以免威胁到受访者。此外，采访人员也应该开放并接受新的想法，但要基于研究方向来引导访谈。

2. 焦点小组（Focus Group）。

焦点小组最初用于传播学研究，比如探索电影和电视节目的影响的流行方法。焦点小组是一种小组访谈形式，利用多个研究参与者之间的沟通来生成数据。虽然小组访谈通常只是作为一种快速方便的方式同时从多个人那里收集数据，但焦点小组明确地将小组互动作为方法的一部分。这一过程不是研究人员逐一对每个参与者提问并收集回应，而是鼓励不同参与者互相交谈，包括相互提问、交流轶事和评论彼此的经验和观点等。这种方法对于探索人们的知识和经验特别有效，不仅可以调查单独参与者的想法，还包括他们是如何思考的以及背后的原因。

焦点小组访谈可以帮助研究人员利用人们在日常互动中使用的许多不同形式的交流，包括讲笑话、谈轶事、相互戏弄和争论，以获得多样化的信息。更具日常性质的沟通方式可能会提供研究人员更多深刻的内容。从这个意义上说，焦点小组到达了其他方法无法达到的部分，揭示了更常规的数据收集技术往往尚未开发的理解维度。通过研究小组内使用的不同类型的叙述，研究人员可以识别共同的信息本质。

焦点小组是一种对文化变量特别敏感的数据收集技术，它经常被用于跨文化研究和与设计少数民族的研究话题。但焦点小组的缺点是群体表达也可能导致的不同意见很难被发现。

焦点小组研究的开展包括：

①抽样与成组（Sampling and Group Composition）。

根据项目的目标和可用资源，组数由几个到数十个不等，大多数研究只涉及几个小组。很多混合研究会将焦点小组方法与其他数据收集技术相结合。虽然可以使用小群体的代表性样本，但大多数焦点小组研究都使用理论抽样模型（参加此前解释），即选择参与者以反映总研究人群的范围或测试特定假设。将不同群体（例如，来自不同专业领域）聚集在一起以最大化地探索群体环境中的不同视角是有利的，但是，更重要的是要了解组内的等级差异可能如何影响数据（例如，一组不同专业学生的小组讨论可能会被来自同一学校的老师的存在而有所影响）。这些群体可以是“自然发生的”（例如，一起工作的人），也可以专门为研究而聚集在一起。

②访问实施。

访问过程应该放松，最好提供舒适的环境，茶点和围成一圈将有助于营造舒适的氛围。理想的团体规模在四到八人之间。谈话可能持续一到两个小时（或延长到整个下午或一系列会议）。主持人应该解释，焦点小组的目的是鼓励人们互相交谈，而不是同研究人员说话。研究人员可能会首先退居二线，作为旁听者存在。然而，在谈话的后期，研究人员可采用一些干预手段，例如进一步引导参与人员的观点交流，结束或者鼓励参与者讨论与自己相左观点和分歧。

研究人员也可以加入一些活动方式。一个常见方法是向小组参与者分发卡片（卡片上有一些信息陈述），要求参与者根据自己的见解将卡片分类随后阐明原因。

理想情况下，小组讨论应该录音和转录。如果这是不可能的，那么仔细记录是至关重要的，研究人员可能会发现让小组参与记录活动挂图上的关键问题是有用的。

3.参与式行动研究（Participatory Action Research）。

参与式行动研究是一种定性研究方法，被认为是民主的、公平的、解放的、提高生活质量的探究。因此在公共空间等相关设计学研究得到广泛应用。使用参与式行动研究可以在没有研究人员控制或操纵的情况下揭示个人感受、观点和模式的定性特征。参与式行动研究与大多数研究方法不同，它旨在通过改变环境来理解和改善世界。其核心是研究人员和参与者所进行的集体式的、自我反思的探究。因此，通过真实的实践过程，研究者可以理解和改进现状。反思过程来源于直接的行动，也会受历史、文化背景以及社会关系的影响。

参与式行动研究主要在三个方面区别于传统研究方法。首先，它侧重于实现目的行动的研究。通过循环反思以实现预期行动，参与者数据收集和分析数据，然后确定应采取的行动。通过进一步研究所得到的数据，迭代循环以完成数据收集。其次，参与式行动研究注重权力关系，倡导研究者和研究者之间分享主动权，换句话说，模糊他们之间的界限，指导研究对象成为研究人员。研究参与者不再是对象，而是整个研究过程中的合作伙伴，他们会参与包括选择研究课题，数据收集和分析，以及决定研究结果应该采取什么行动。参与式行动研究被认为是“新范式科学”的表达，它与旧范式或实证主义科学有很大不同。实证主义科学的标志是它认为世界具有单一的现实，可以由客观科学家独立观察和测量，最好是在实验室条件下，所有变量都可以控制和操纵，以确定因果关系。相比之下，新的范式科学和参与式行动研究假设观察者可以对所观察的现象产生影响，并为他们的研究带来一系列影响研究过程的价值观。

①参与式行动研究的优势。

参与式行动研究在政治、经济和社会背景下承认并重视人是社会性生物。这种研究方法有强烈的价值取向，旨在解决有关人类，社区和生态的繁荣的重要问题。因此，参与者不是研究对象，而是参与研究过程所有阶段的研究的积极贡献者。参与式行动研究的过程有助于构建个体成为世界上创造性行动者的能力，同时积极参与有意义的决策。

参与式行动研究的最终目标是赋予参与者参与社会变革的能力，鼓励所有参与者的能力发展和能力建设。研究者相信具有不同知识，技能和专业知识的个人的合作促进了知识共享的发展。个人也通过实践来学习，并进一步发展他们分析和利用信息的技能。理想情况下，一个社区团体与研究人员合作，确定现有的社会问题是什么，以及他们想要消除或改变的问题。

②参与式行动研究中使用的方法。

参与式行动研究可以使用各种数据收集方法。对于每个特定的问题或情况，研究人员和参与者合作建立适当的数据收集方法。但是，建议至少使用三种选择的方法来避免每个方法的局限性，以便对数据生成进行相互验证（Triangulation）并产生更有效的问题解决方案。

行动研究中经常会使用深度访谈、焦点小组（这里不赘述，具体方法参见前面的章节）和参与式观察。这种观察是一种创新的定性研究方法。它为研究人员提供了在社会情境中对研究对象的特权访问，并通过记录主观和客观的人类行为来捕捉个体发挥社会作用的过程。研究人员成为观察过程的一部分，并与参与者一起沉浸在环境中，听到、看到并体验社会现实情境。因此，作为参与者观察者的研究人员不仅观察情境的活动，还参与适合社会情况的活动。

参与式观察需要通过使用详细而全面的实地记录系统记录过程中的事件、行为和对象。随着时间的推移，研究人员可以获得关于特定社会行为的第一手知识，因此，研究人员可以更广泛地了解正在发生的事情，并有机会详细说明所传达的内容以及情境中隐含的内容。

4.图片启发调查（Photo-elicitation）。

图片启发调查研究方法在理论上是基于图像揭示“真相”的能力。该方法会要求研究参与者自主拍摄与研究主题的照片或者其他形式的视觉表现（例如，手绘插画），然后进行基于拍摄的照片进行半结构化访谈，并要求参与者谈论所拍摄照片，这样做的目的是让参与者更直接地参与到研究过程，并鼓励收集与传统访谈无法获得的信息。

最早使用这种方法的已知学者是John Collier，他是一位研究由技术和经济引起的移民变化的人类学家。Collier强调，通过使用照片采访可以增加参与者的记忆，并引发更长、更全面的采访。

如何将图片整合到访谈过程中？

图片可以通过外部（形式：我们在照片中看到的）或内部（内容：已发送给我们的消息）两个层面解读。研究者不仅需要考虑照片中包含的图像形式，还需要考虑图片的呈现方式，换句话说，图片应该以“不寻常的角度”来呈现，以便激励参与者思考他们对于社会现象的新观点。

在访谈中使用不同的顺序呈现图片可能有助于打破定式思维框架，然而，很少有研究人员报告他们呈现图片的次序。Diamond和Hestenes①调查了学龄前儿童如何理解残疾这一概念。在采访中，被访儿童一次性可以看到五张不同的黑白照片，前四张图片内容都是患有以下残疾的女孩：身体残疾，视力障碍，听力障碍和唐氏综合征，第五张照片是没有任何明显的残疾学龄前儿童。这些照片都是被访儿童从不熟悉的书籍中拍摄得来的，因此参与者无法与照片中的儿童联系起来。Weinger②的研究则探讨了儿童对社会环境的看法，特别是来自经济上处于不利地位的家庭的儿童是否意识到他们较富裕的同龄人获得成功的机会可能比他们自己更大。每次采访都是研究人员向孩子展示两张相反的照片（一张描绘了一个破旧的家，另一张显示了一个郊区式牧场的富裕家庭）以激发与孩子们的对话。

需要注意的是，图片启发并不能取代基于传统访谈的研究，只可以视为这些传统方法的辅助手段，以提供额外的有效性、深度理解、新的观点和机会。但这种方法并不总是有适当有效的。由于图片启发调查是一项相对耗时的活动（对于研究人员和参与人），最好在确保它能为研究提供有效贡献时采用。其次，图片启发通过信息关联刺激了被参与者表达感知的能力。另外，还需要考虑在某些特殊情况下，这种方法是否会被参与者拒绝，

① Diamond, K. E., & Hestenes, L. L. Preschool Children's Conceptions of Disabilities[J]. Topics in Early Childhood Special Education, 1996, 16(4): 458-475.

② Weinger, S. Children Living in Poverty: Their Perception of Career Opportunities[J/OL]. Families in Society: The Journal of Contemporary Social Services, 1998, 79(3): 320-330.

某些参与者会对使用相机或其他拍摄器材感觉不舒服甚至是抗拒。

(四)计算机辅助的定性数据处理方法

一些比较常见的方法有助于理解如何汇整、概念化以及理解定性数据。

许多定性分析策略依赖于一种称为“持续比较分析”的方法。最初是用于格扎根理论方法，它本身是从社会学理论的符号互动论发展而来。该策略主要指拿一组数据（如一个访谈）和所有其他相似或不同的数据进行比较，进而发展出能够整合各个数据之间关系的理论概念。例如，通过比较两个有相似经历的人的数据，研究人员可能会提出这样的分析性问题：为什么这个和那个不同？这两者有什么联系呢？在许多定性研究中，其目的是产生关于人类经验中常见模式和主题的知识，这一过程在每次新的访谈或叙述的比较中持续进行，直到所有的访谈或叙述相互比较为止。

持续的比较分析非常适合于扎根理论，它可以解释一些基于行为和经验的人类现象，比如悲伤的阶段或恢复的过程。这一方法也是自然主义探究、主题分析和互动描述的主要基础，可以基于所经历的环境以理解人类现象。

持续的比较分析并不是定性研究的唯一方法。一些定性的方法不是以寻找人类经验中的模式和共性为目的，而是通过对个别案例的深入研究来寻找经验的一些基本结构或本质。例如，常见的现象学研究是抱着欣赏、理解的心态，以试图揭示和描述悲伤这一情绪的本质，而不是直接去解释此过程。在这些研究中使用的分析方法避免交叉比较，而是将研究人员导向深度和细节，只有通过对生活中的经历进行详尽、系统和反思的研究才能理解这些深度和细节。

现象学研究的形式多种多样，但基本方法都来自胡塞尔（Husserl）的认识论哲学和海德格尔关于本体论的解释学传统。这些方法的差异主要集中在对于解释（研究者）的接受程度，但都主张研究者需要将自我沉浸在数据之中，对数据进行反思，并形成丰富的描述，以启发读者了解特定人类经验背后的更深层的结构。

民族志研究方法源于人类学研究，用以解释文化行为的过程和产物。民族志学者记录如信仰、亲属关系模式和生活方式等人类经验。在社会化设计（Social Design）领域，研究人员使用民族志方法来揭示和记录不同社会和文化群体如何理解彼此，进而共同合作。一般来说，研究者会深入参与实地工作或观察来了解一个文化群体。民族志研究分析是一个迭代的过程。在这个过程中，实地参与产生的观念会被转化、翻译或以书面文件的形式表达出来。它包括对数据的筛选和分类，以发现不同的主题，并对正在发生的事情和原因得出结论。

在收集定性数据之后，基本的分析处理软件能提供有助于定性研究的多种工具，如转录分析、编码和文本解释、递归抽象、内容分析和话语分析等，本书中以通用性较高的软件为例。

1.逐字转录。

转录是指将访谈的录音或录像资料，完整地、逐字逐句地转为文字记录，以便研究人员可以深入理解与分析。使用定性方法的研究人员经常通过访谈、焦点小组、观察或文件调查产生大量文本资料，因此转录是定性研究人员用于管理和分析记录文本数据的第一步。文本数据的转录任务是一个冗长且充满挑战的过程，需要专业的技能、耐心和能力。通过转录定性数据，研究人员可以更加接近并更熟悉数据，从而建立额外理论敏感性度。研究人员利用转录的机会仔细聆听并深入思考录制的声音和当时的采访情况。另一方面来看，转录的过程也为进行采访的研究人员提供了一个独特的机会反思他们自己的访谈技巧。某种程度上来说，转录的过程比起数据收集的过程更容易让研究人员总结他们的思想、感受、反应和分析假设，从而使他们将数据的各个部分整合起来。

当然，撰写备忘录和笔记也是定性研究过程的重要方面，这会大大助益整个转录过程。听取采访记录可以让研究人员产生大量的想法和采访回忆，研究人员应该在转录过程中将这些记录为成为备忘录或笔记。这些笔记信息在分析和写作的后期阶段与逐字转录一样重要，更丰富的备忘录或者笔记可能会让研究人员在分析过程中产生更好的见解和理论框架。

逐字转录可以让研究者多次听到受访者的话语、语气、沉默和一些非语言表达，如叹息或哭泣等。研究人员可以在抄录过程中仔细聆听，专注于思考其中的原因。

语音识别软件

近几十年来，数字技术的进步使数据收集、管理和分析变得更加简单和快捷。更简化的转录技术让更多的研究人员可以直接在短时间内对大量资料进行转录。语音识别软件（VRS）是一种计算机软件，可以自动转录数字录音而无须研究人员自己打字输入。自20世纪80年代以来，这项技术已向公众开放，有些软件准确率可以达到98%，这一比率甚至高于许多人工转录者。

虽然VRS的技术在过去的二十年中有了显著的改进，但在识别同时多个语言对话时，精确度不如人工转录。它能够理解多种语音，但它无法同时理解多个语音的信息。虽然在政府和军事情报界等地方多种语音识别技术已经被应用，但对于普通研究人员而言，成本过高。

目前国内通用性较高的转录平台为讯飞听见（https：//www.iflyrec.com/）。此平台由科大讯飞股份有限公司开发，依托科大讯飞的核心语音技术机器处理，准确率最高可达95%以上。

2.分析与解读。

定性数据的分析过程是秩序化、结构化和意义化所收集数据的质量的过程[①]。这样的过程显然不是一件容易的事，因为定性数据通常是无序的（相对于定量数据而言），其分析自然也是困难和耗时的。事实上，定性数据分析旨在类化数据，并找出主题之间的潜在关系，以增加对研究问题现象的理解。因此，研究人员在分析的过程中需要灵活积极地处理数据，而不是严格基于某种程序。

由于定性数据是基于文本或图片的（大部分数据都将最终转录成文本或图片），因此分析这些数据的基石是代码编译过程（Coding Process）。根据马尔斯Miles的定义，代码是将定性的文本或图片数据中的描述性或推论性信息编译成独立或相关的意义单位的标签[②]。编码即是定位受访者或文件中提到的相关词语、短语或图像，然后将这些单词或短语组合在一起以完成它们之间的意义连接。

①编码与分类。

编码的过程会分为几个周期以完成代码的逐级编译。在第一周期编码处理期间要编码的数据部分的范围可以从单个字到完整句子，或至图像。在第二周期编码过程中，编码的部分可以是完全相同的单元、长文本段。

① Hamed, A., Saleh, H., & Alabri, S. Using Nvivo For Data Analysis In Qualitative Research[J]. International Interdisciplinary Journal of Education, 2013,2(2), 181-186.

② Schwandt, T. A. Qualitative data analysis: An expanded sourcebook[J]. Evaluation and Program Planning, 1996, 19(1): 106-107.

表3.1是一段编码的实例。

表3.1 编码示例

转录文本	代 码
"我觉得看到那个机器人之后,感觉它特别智能,能帮我解决很多日常工作的问题。"	信任感

编码是一种方法，使研究人员能够将类似编码的数据组织和分组为类别或“族”，因为它们具有共同或相似的特征。研究人员使用分类推理的思考方法以确定哪些数据“相似”和“感觉相似”，将它们分组在一起。

但很少有研究人员可以一次就完成正确的编码。定性的调查需要对语言进行细致关注，同时对经验活动的新兴模式和意义不断反思，因此，可以多次重新编码以求更加准确地研究结果。第一周期的代码可能稍后被其他代码包含、重新标记或一起删除。在第二周期编码时可能会对编码数据进行一些重新排列和重新分类，使其成为不同的甚至是新的类别。

②从编码到理论生成。

Richards与Morse认为代码信息分类的过程是研究人员从数据的多样性和数据的形式，跨越到其所代表的各种事物的意义的进程。而理论概念的建立是走向更通用，更高层次，更抽象的结构的过程。当研究人员对主要代码类别相互比较并以各种方式进行整合时，即开始超越数据的“真实”并朝着主题、概念、和理论的建立进发。那么，对于研究人员而言，如何从完成的编码的类别中发展出主要主题或概念呢？图3.1展示了一个理想化的路线流程。

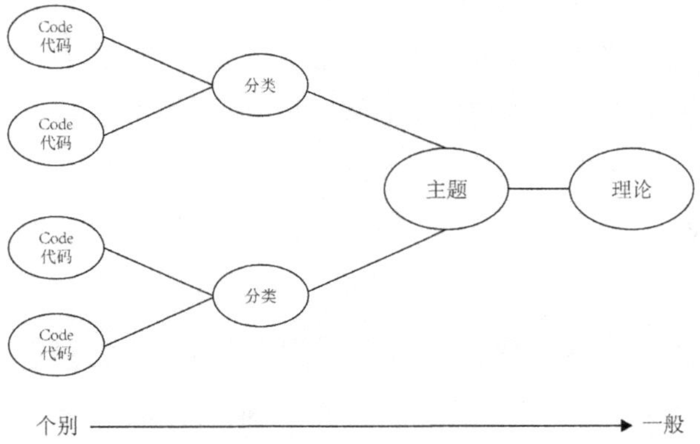

图3.1 从代码到生成理论的过程，改编自萨尔达娜[1]

① Saldaña, J. The Coding Manual for Qualitative Researchers[M]. Sage, 2021.

例如，Lin与Cheng[1]等人的一项研究，通过深入访谈调查用户在实际产品操作过程中有关惊喜感（Later Wow）的反应。研究中出现了两个主要类别：互动步骤给人带来惊喜，和惊喜感属性的语义评估。那么，从这些类别可以开发出哪些主要主题或概念？Lin与Cheng提出了关键推论：

> “首先，我们认为第一印象，包括风格，部件，颜色，材料和尺寸，可能会引起第一次惊喜感。然而，用户并不一定在第一印象中感到惊喜（在20次采访中有7次），但在后面的步骤中确实感到了惊喜。其次，从感知原始外观后的步骤中产生的惊喜可以代表本研究中讨论的Later Wow。我们原本以为具有意外属性和条件的设计可能会在操作之前、期间和之后产生惊喜感。通过这项研究我们厘清了关于Later Wow的模糊概念，并将其定义为（1）非典型或意外的交互（或操作），（2）意外的功能（包括外观变化），以及（3）对语义关联的评估，即“不协调”的过程。

这个关键性的论断实际上是建立了一个理论，即试图通过推断将独立的概念发展到一般规律。换句话说，Lin与Cheng从研究样本中观察的信息，也可以在其他人的反应中得出相似的情况。

早期的研究人员通常是手工完成编码过程的，他们利用不同颜色的笔画取文本进行分类，然后将数据进行次级分类。可以想象，这项任务实际上是混乱、易出错且非常耗时。考虑到这一点，本文主要讲解目前广泛使用的定性数据分析程序NVivo（QSR International Pty Ltd，2008）的分析方法，以提高其定性数据分析程序的严谨性。

五、验　证

定性数据的分析解释通常比定量数据分析相关的过程主观得多。社会科学家们普遍认为，对社会现实不存在一种偏颇的、客观的看法。例如，一些定量的研究人员声称定性的个体不能直接代表社会世界，不同的研究

① Lin, M. H., & Cheng, S. H. Examining the “Later Wow” through Operating a Metaphorical Product[J]. International Journal of Design, 2014, 8(3): 61-78.

人员可能会对相同的数据有不同的解释。因此，这就导致了定性数据分析的可验证性问题。

因此，对于定性研究人员的分析是否应该得到第三方的验证或验证，目前还存在争议。一些学者认为该方法可以使分析更加严谨、减少元素偏差。有两个关键的方法来验证数据分析：一是由被调查者验证检查，即回到研究的参与者，让他们来验证分析；二是同行评审，由另一个独立的定性研究者分析数据。

参与者验证要求参与研究的人员仔细阅读他们的访谈记录和数据分析，以便验证或反驳研究者对数据的解释。但这个过程是非常耗时。而且如果不是发生在数据收集和分析后的较短时间间隔之内，参与者可能也改变了他们最初的看法和观点。

同行评审的过程包括至少另一位有适当经验的研究人员独立评审，包括观察访谈记录和数据分析。这一过程可能有助于防范潜在的主观偏见，并有助于提供更多的见解、推动理论的发展。然而，许多研究人员也认为这种方法的价值是有问题的，因为每个研究人员可能会以不同的方式对数据或数据的一部分进行预处理。另外，如果两种观点都基于数据并得到数据的支持，也无法评判一种解释是否一定比另一种解释更有效。

尽管一直存在争论，定性分析的有效性问题却没有一个明确的答案。但是，为了保证分析过程的系统性和严谨性，必须对收集到的全部数据进行全面的分析。研究人员在分析数据时也应该使用“不断比较”的过程。这本质上涉及阅读和重新阅读数据，在不断地理解数据的过程中搜索和识别新兴的主题。在适当的情况下，研究人员还应该在报告中详细解释数据是如何收集和分析的，这也会有助于读者对其研究的价值作出评判。

第三节 混合研究方法的计算机辅助数据分析

定量与定性的分析软件已在此前章节介绍过，这里不再赘述。

一、方法混合或者数据混合

大多数人文社会科学家认为混合方法是同时或按照一定顺序使用定性

和定量研究方法进行数据收集和分析，然而这里还有更冒险的方法即所有这些做法的整合。统计分析的不同方法可以应用于相同的数据集以回答定性问题，或者可以采用不同的定量方法来对相同的访谈或焦点小组数据进行定性分析，以整合来自不同学科传统的数据和方法。

大部分人对于构成混合方法以及这种方法的合法性的混淆都源于对定性和定量术语的模糊理解。“定量”一词意味着可以量化或测量的东西，从这个意义上说，它可能适用于涉及计数的任何对象，如数值数据和某些统计程序的使用。“定性”一词意味着进行解释性的评估或判断。因此，它可能适用于某些类型的数据（涉及做出判断的数据）和解释性分析，后者通常涉及文本或其他非数字材料，但也可能涉及数字数据或统计输出。

软件通常不规定特定的分析方法，而是提供能够适用于研究人员选择的分析方法的工具。本节的重点是讲述计算机在结合定性和定量数据以及整合文本分析中的应用和同一项目内的统计分析。

二、方法设计与问题

混合方法可用于研究过程的不同阶段，包括从研究整体抽样到最终分析。当研究人员试图采用混合方法研究时，他们要考虑如何在一项研究中容纳定性和定量两个方法共存。定量和定性方法在很大程度上是研究的独立元素，“混合”可用于确认、证实解释，或者可用于发展或发起新的想法和理解。使用混合方法背后的基本原理是旨在确保数据的相关性和辩证性。

混合数据的集成可以在许多层面上进行，并且通过使用计算机软件便利操作。最简单的集成形式是传输一种数据以供另一种方法使用。更为复杂的混合设计可能设计到多次在定性和定量材料之间来回考察。即使是单一模式下的分析也可以在整体、迭代、嵌入或变革设计中分析得出另一种模式。

三、整合数据的策略

分析软件的设计主要是用于数值数据的定量（统计）分析（或转换成数字格式的描述性数据）或用于文本或其他非数字材料的定性（解释性）分析。目前没有程序提供全面的功能来同时涵盖定性定量的应用程序。使用软件进行混合方法分析不需要任何特殊用途或整合统计或文本分析程序，例如，当并行地使用不同的数据源或方法来验证或详细说明结果时。但是，混合性分析可能需要将定量数据（例如电子表格，数据库或统计程序）转移到定性软件中，或将定性方法产生的定量数据转移到统计程序中。

此外，还有一些是将定量或定性分析软件连接到其他类型软件。例如，图形程序中使用的数据，例如用于绘制社交网络状态的数据，可以与定量和定性数据库相关联；语义和概念映射工具可以是定性分析程序的一部分或链接到定性分析程序。

四、混合抽样方法

定量数据收集可以用作选择定性访谈样本的基础，好处是可以将小范围的受访者与更大（也可能更具代表性）的群体样本进行比较。假设我们对1500名青少年的随机样本进行了聚类分析。一旦确定了分类组（个性活跃和个性不活跃的八个分类组），那些包含与该研究最相关成员的组就可以被定位出来，那么就可以为每个群集选择最典型的案例，并且删去不适合的案例。从剩下的那些成员中，使用SPSS生成随机选择的若干名受访者进行采访。

混合抽样的方法逻辑大致可以分为：

1.基本的混合抽样。一个众所周知的基本混合抽样策略是分层目的抽样。这种抽样策略兼具了定性与定量特征，其中层次性是概率抽样的特点，而通过它产生的典型的少数案例是有目的抽样的特点。在该策略中，研究人员首先将感兴趣的组划分为层（例如，高于平均水平/平均水平/低于平均水平的学生），然后基于有目的地抽样选择少数个体在每个层内集中研究。这有助于研究人员发现并详细描述跨层或子群相似或不同的特征。

2.顺序混合方法抽样。通常，前一种方法和结果是后一种方法的前提。例如将定量调查中使用的最终样本用作后续定性访谈的抽样基础。换句话说，定性研究使用了定量研究的子样本。Han-cock，Calnan和Manley在1999年的一项研究中使用了从定量到定性的混合抽样。他们的研究旨在调查居民对牙科服务的看法和体验。在该研究的定量部分，研究人员进行了一项涉及聚类和随机抽样的调查：首先，研究人员使用整群抽样（Cluster

Sampling）从英格兰南部一个县的365个区中选择了13个区。然后以1/28的比例随机选择了2747人并向其邮寄问卷，最后研究人员收到了1506份答复（回复率55%）。调查问卷包括衡量牙科护理满意度的五个项目。研究人员接着使用强度和均匀抽样用于随后的定性研究。首先选择20个高得分的个体，再选择20个低得分的个体。接着选择了10名在过去5年内未接受过牙科护理的人，同时也选择了没有全口义齿的人以均匀样本。在这项研究中，定量调查产生的信息对于选择适合随后定性研究的参与者是必要的。

定性方法产生的结果也可以影响随后的定量研究样本。比如在定性研究中，研究团队可以通过焦点小组访谈来理解残疾人出行时会遇到的问题。根据分析结果得出问题的不同维度与方面，进而据此设计调查问卷。如果没有最初从定性研究中收集到的信息，就不可能进行研究的定量部分。

3.多级混合方法抽样。这种抽样策略在组织机构相关的研究中较为普遍。一个机构，如大型设计公司，通常内部单元彼此嵌套。即某些员工既属于设计执行，又兼任品牌推广工作。因此，这类研究的整体抽样策略通常需要多种抽样方法结合。

五、将定量数据导入定性软件中

定量和定性数据最常见的整合形式之一，是整合人口统计数据。假设一个人的性别，年龄或身份（或其中包含的任何内容）与他/她行为表现相关。在基于该原则的推导下，对预分类问题的答复（例如，是/否，经常/有时/从不）或比例测量（例如，满意度，对社会异化度量的分数）也可以被融入定性数据的解释性分析中。

NVivo作为一个定性分析软件，允许直接导入定量的图表等数据，例如电子表格，数据库或统计包等。文件需要以指定的格式保存，以便通过定性程序读取并应用于文档或案例。其他替代方案是一次性编码人口统计或其他分类信息文档或在文档中输入关键词允许使用文本搜索自动编码整个或部分文档（例如，Atlas.ti和HyperResearch）。

对比分析。将人口统计和其他分类信息导入定性数据库的主要目的是允许对参与者样本中的子群，根据定性材料中提出的主题概念或问题的响应进行比较分析。比如，男性和女性是否有相似或不同的观点？这种比较分析可以揭示定性数据中差异性。

一些软件还将允许使用分类变量的值来过滤数据，以便可以分析总样本的子组内的关系模式。使用分类变量（例如地理位置）作为过滤器，可以将分析范围限定为特定情况，或者允许进行跨案例比较。

六、将定性数据导入定量软件中

定性数据分类或量化的编码信息（通常称为“量化的”数据）需要从定性程序转移到定量程序以进行统计分析。这可以是0/1编码的形式来显示每个文档或案例的编码类别的文本中存在或不存在，是以数字形式出现在每个文档的编码文本中。比例图可以表示每个代码所占据的“比重”，或基于对文本的解释的评级。对于用于生成定量编码信息的所有代码和检索程序来说，文本功能可用于审查、验证或进一步解释结果。

导出的编码一旦转移到统计包中，就可以对数据中的规则性和复杂关系进行不同类型的检查。非参数统计测试通常可能比非参数分析测试更合适（非参数与参数的概念参见第二章）。

1.使用单个文档编码。定性数据的量化可以将来自定性分析的变量与定量数据得到的变量的分析当中，这样做的优势在于使得定性数据分类（或量化）的准确性更高，更具体地说，是可以验证编码。通过将定量编码数据与其他定量数据相结合，可以实现扩展分析。

2.用矩阵显示以探索编码模式。在初始的探索过程中为了找出潜在数据模式，研究人员通常针对一个或两个关键分组运行所有变量来比较平均值。在定性分析中，从文本数据生成并以矩阵显示的编码信息可以为数据中的模式分析提供基础。矩阵显示的数据可以以摘要形式直接输入电子表格或从内容分析软件中提取。

3.使用计算机生成的矩阵数据。计算机可用于“删减”和查看矩阵显示中的数据，也可以直接统计定性编码。一个矩阵可以显示代码（或变量和代码）在文本中相交或以其他方式共同出现的位置。矩阵中每个单元格代表的受访者/案例数量或文本密度可以揭示数据的总体模式，这为后面的理论解释提供了基础。大多数情况下，研究人员使用交叉表（Cross-tabulations）来简单地说明类别之间关联趋势，或者展示群体之间的比较。

例如，构建一个性别变量（或社会地位、经验或年龄）的矩阵，以确定哪个群体在研究现象上表现得较为活跃。这也可以调查出某种模式特征（例如，男性比女性更多地谈论工作）以及内容（例如，男性是否表达与女性不同的特定观点）。或者，在更理论的层面上，矩阵列表可以显示例如体验类型、体验发生的环境以及对这些体验的反应之间的关联。如果需要的不仅仅是简单的数字显示，可以将交叉制表（矩阵）编码导出到统计（或数学）数据库，以便使用聚类和对应分析等技术进行进一步分析。在很大程度上，确定是否可以适当地应用统计技术和采用何种统计技术是取决于数据在定性计划中的编码和分析方式本身。另一方面还取决于研究人员使用这些统计技术的目的。涉及代码（变量）之间关系的图形显示的探索技术可能用于辅助这种类型的数据分析，而不是严格地检验某种明确的假设。

七、定性数据的定量分析（内容分析）

内容分析是通过客观系统地辨别数据的特定特征来进行推理的过程。虽然处理的是定性（文本）数据，内容分析仍然被视为一种定量方法。内容分析历史十分悠久，可追溯到18世纪。研究人员早期将内容分析用作他们研究中的定性或定量方法。随后，内容分析主要用作定量研究方法，将文本数据编码为可显示的类别，然后使用统计数据进行描述。这种方法有时被称为定性数据的定量分析。

内容分析是用于分析文本数据的众多研究方法之一，其他方法包括民族志、扎根理论、现象学和历史研究。使用内容分析的研究侧重于语言交流的特征挖掘，关注文本的内容或语境产生的意义。文本数据可能是口头、印刷或电子形式，可能来自叙述性回答、开放式调查问题、访谈、焦点小组、观察或印刷媒体，如文章，书籍或手册。定性内容分析不仅仅是通过单词计数来检查语言特征，其目的是将大量文本分类成为代表相似含义的有效数值。这些类别可以显露信息或帮助推断。内容分析的主要目标是提供对所研究现象的了解和理解。在本文中，定性内容分析被定义为通过编码和识别主题或模式的系统分类过程对文本数据内容的主观解释的研究方法。

除非进行进一步的定性分析以扩展内容分析的结果，否则它不能真正被视为混合方法。相反，它是一种恰好适用于定性数据的定量方法。有些人使用内容分析的变体，即保留了定量分析的严格性，但修改或添加它以创建“定性内容分析”。这些方法的不同之处在于方法的更多解释性元素是在更自动化的组件之前还是之后。尽管存在批评，内容分析也有其独特优势。它对于分析内容有较高的敏感度，且在研究设计方面具有灵活性。

分析的过程。内容分析是一种可用于定性或定量数据的方法。此外，它也可以通过归纳或演绎的方式。使用哪一种取决于研究的目的。如果研究问题本身的相关观念并不清晰或者认识是零散的，那么可以使用归纳方法。这些类别是根据归纳内容分析中的数据派生出来的。演绎内容分析是在已有知识的基础上对分析结构进行操作，研究的目的是理论检验。基于归纳数据的方法是从具体到一般，因此通过观察个例将其组合成一个更大的整体或一般陈述。演绎方法是建立在早期理论或模型的基础上的，因此它是从一般到具体。

归纳和演绎分析过程分为三个主要阶段：准备、组织和报告。尽管如此，分析数据并没有系统的规则，关键特征是将文本中的许多单词划分为更小的内容类别。准备阶段从选择分析单元开始的，可以是一个单词或一个主题。在选择分析单位之前，决定要分析哪些细节和抽样考虑十分重要。样本必须代表它所抽取的范围。但当内容太大而不能全部分析时，有必要进行概率抽样或判断抽样。一个意义单位可以由一个以上的句子组成并包含几个意思，因此分析过程相对困难。另一方面，一个分析单元太窄，例如一个单词，可能导致分析的碎片化。根据研究问题的不同，分析单元也可以是字母、单词、句子等。

归纳内容分析。如果研究人员选择使用归纳内容分析，这个过程包括开放编码、创建类别和抽象化。开放式编码是指在阅读时在文本中写入注释和标题。再次通读书面材料，并在空白处写下尽可能多的标题，以描述内容的各个方面。在开放编码之后，按更细化的顺序分组。分组数据的目的是通过将相似或不同的类别分解成更广泛的更高阶类别来减少类别的数量。然而，分类不是简单地把相似或相关的观察结果汇集在一起。当数据“属于”一个特定的组，这意味着将这些数据与其他类别的数据进行比较。创建类别的目的是提供一种描述现象的方法，以增加理解和产生知识。当通过归纳内容分析来创建类别时，研究人员通过主观解释来决定哪些东西应该归入同一类别。抽象化是指通过生成类别对研究主题进行概括描述。每个类别都以内容特征的描述性词语而命名。相似的数据被归类为一个类别，相似类别被归类为一个主要类别。

演绎内容分析。这通常用于研究人员希望在新的情境中重新测试现有数据的情况。如果选择了演绎内容分析，下一步是建立一个分类矩阵和代码数据类别。在演绎内容分析中，根据研究的目的可以使用结构化或开放的分析矩阵。它一般基于此前的研究，如理论或模型等。在一个分类矩阵被确定之后，所有的数据都经查看和编码，以便于具体的类别对应。当使用开放矩阵时，根据归纳内容分析的原则，在其范围内创建不同的类别。当使用结构化的分析矩阵时，可以只从符合分类框架的数据中选择具体方面，也可以选择不符合分类框架的方面。这样，不符合分类框架的方面就可以根据归纳内容分析的原则创建属于它们自己的概念。

信度。通过对分析过程和结果进行详细的描述以清楚地呈现分析是如何进行的，以及分析的优势和局限性。借由对分析过程的剖析呈现结果的有效性。内容分析的效度元素在任何定性研究设计中都是通用的。

最后，内容分析不是以线性方式进行的，比定量分析更为复杂和困难，因为它不那么标准化和公式化。数据分析结果取决于调查者的技能、洞察力和分析能力。另一方面，定性数据的数量都是极其庞大的。数百页的数据会让研究人员头疼不已。而且，在分析数据时，往往会出现许多与研究主题无关的内容。在这种情况下，牢记研究问题是内容分析的一个基本要素。研究人员必须始终能够回到研究任务中，只寻找与之相关的分析单元。

八、定量数据的定性分析

如果样本量或抽样方法不足以允许从数据进行推断的统计检验，则数值数据仍可以“定性”方式使用。一些学者将从定量或定性来源产生的计数用于概括模式而不是用于统计推断的活动称为“定性化”的分析过程。基于定量调查中的数据聚类，在其目标人群中可以生成了有用的次级组来描述主题。案例研究的编码通常包括统计信息摘要和在不进行统计测试的情况下对这些数据的量化解释。

大多数定性分析程序产生汇总统计数据，允许对个案的特征或不同案例的统计模式进行解释性总结。使用这种类型的定量数据与已知人群进行比较或与已建立的标准进行比较的功能对定性研究是十分有益的，其中样本不是随机的并且通常相对较小。在许多情况下，研究人员将他们收集的比例或其他定量数据作为他们研究数据的一部分，这些数据也允许他们将样本定位在更大的人群中，然后帮助确定他们可能在多大程度上得出定性研究结论。

九、定性和定量混合方法引发的问题

在使用混合方法时，计算机辅助分析主要是围绕代码和变量的性质，因此，分析方法可能存在潜在冲突。

代码，主题和变量。无论采用哪一种方法，数据的编码或分类几乎是任何数据分析系统的必经过程。使用定量数据的研究人员主要处理变量和代码，而解释性研究人员使用主题和概念性的文本资料，但文本也是“编码的”。代码的生成方式和它们代表的含义以及它们的使用方式是定量和定性数据与分析工具之间差异的核心。

使用统计程序的研究人员需要“预先”定义他们的变量，并且不可随意改变。通过定性分析开发的类别也可以预先定义，但通常不是不变的。NVivo软件允许在分析正在进行时生成新代码，或随时重新将现有代码改编到新类别。只有当研究人员决定在数据类型之间建立一个通用的编码系统时，这些差异才会成为问题。

在定性程序中，代码通常用于多种目的，模糊了变量和主题编码之间的区别。代码用于人口统计信息（例如，性别的价值），分类或缩放数据（例如，经常/有时/从不的答案，赋值的分数或点，态度分类为正面或负面），基于项目的信息（例如，访问者是谁，什么类型的数据），以及将多个数据源分类到案例中以及从数据中提取的主题或概念。即使是后者也可能是多种类型，从实质性概念（例如，发现社区中的合作）到指示如何表达这些概念的代码（例如，作为意见/期望/经验）。主题或概念也可以用描述性（或代表性）类别编码，如工资和组织结构；解释（或工具）类别，如忧虑和刺激；甚至更抽象地分析类别，如身份识别。定量变量集涵盖了类似的各种变量类型，从人口统计学到基础结构的分数。

两个广泛的类别之间的差异在于，代码所代表的事物的范围与那些代码的特殊性或方向性不同。因为代码是在定量数据集中传递信息的唯一媒介，所以它们必须精确地传达它们所传达的内容，包括它是否被正确表达，例如，正面或负面。相比之下，定性编码通常基于概念和多方向，因为关于特定问题、想法或经验的所有文本将被分配相同的代码，而不管其表达方式如何。然后，分析师可以通过查看该文本片段的集合来探索整个概念。概念中的不同维度可以直接从该评论中确定，或者可以通过模式或比较分析来揭示。这些维度不是由编码系统预先确定的，并且可以提供关于概念的含义（或与其相关的东西）的全新视角。

定性分析中抽样的典型目标是在所研究的主题或过程中达到“理论饱和度”，有目的地探索和解释目标群体的经验和话语的变化。然而，统计分析中抽样的目标是产生可以推广到更大人口的结果，可能是由参与者/受访者的偏倚选择或高水平的变异性造成的（标准误差）。抽样问题与围绕分析目标的问题有关，例如，研究人员是想要了解过程的细节还是了解现象的程度。

当研究人员想要将统计程序应用于从小样本获得的编码信息时，往往会出现困难。例如，统计学家认为报告总N小于20的百分比是不合适的，并且很少有推论统计程序可以应用于这样的小样本。卡方统计量不能有效地用于测试预期频率较小的变量之间的关系，多变量分析需要每个变量有10到20个的样本。当定性程序可以提供统计摘要时，会存在过度解释，特别是在比较研究或涉及模式分析的那些研究中。

另一方面，研究人员面临需要处理大量非结构化数据的难题，而计算机可以做到这一点。以前的研究人员可能已经满足于20到30次的采访量，现在他们可能会寻求100、200甚至更大的样本。软件将有助于管理大型数据集，但仍需要大量时间来详细处理文本以进行令人满意的解释分析。计算机提供的一个选项是管理大量文档的分析，同时仍满足精确分析的要求。可以有目的地从文档池中进行采样，通过详细分析直到达到理论饱和度（通常约为20-25例），然后使用快速阅读结合文本搜索程序来验证结论并检查其余情况的偏差。另一种方法是将内容分析（或探索性文本搜索）的自动编码程序应用于较大的语料库，然后识别跟踪的目标样本，以便对完整文本进行更详细的分析。

评估混合方法研究的质量标准。如何评估混合方法的使用是一个困难的问题，这是由定性与定量的不同方法论标准所导致的。适用于定量研究的质量标准，如有效性、可靠性和可复制性，不能也不应用于定性研究。当然，定性研究中存在着一些广义上的对应概念。例如：定性研究的可信度可以对应定量研究中的内部有效性、适用性可以对应外部有效性。在进行混合方法研究时，在多大程度上使用这些独立的标准？一般而言，标准可能取决于整体研究中使用的定性或定量方法和数据分析类型的权重。换句话说，如果定性成分占主导地位，那么使用定性研究的通用标准来判断。同样地，当定量成分占主导地位时，可能更适合应用定量标准。当定性和定量成分都同样重要时，需要综合定制标准。

十、总　结

在探索复杂的研究问题时，混合方法设计可以提供实用的优势。定性数据提供了对调查问题的深刻理解，统计分析可以提供对理论模式的详细评估。然而，通过量化定性数据来结合定性和调查数据的分析过程是耗时且昂贵的，可能导致研究人员在严格的预算或时间限制下减少样本量或限制采访时间。最终，这些设计似乎最适合不需要对定性数据进行广泛深入分析或定量数据多变量分析的研究。

进行高质量的混合方法研究需要一个多学科的研究团队，他们在大型研究中必须对可能不是他们专业领域的方法持开放态度，需要有能够轻松讨论定量分析的定性专家，反之亦然。因为每种方法都必须遵守自己的严格标准，因此，确保混合方法研究的每个组成部分的适当质量也是十分困难的。例如，定量分析需要比定性分析更大的样本量来获得统计显着性，定性分析需要满足饱和目标（不能从进行更多访谈中发现新信息）和相关性。

混合的分析需要以混合的方式撰写描述。通常，会从一种类型的数据或分析中得出结果和结论开始，随后过渡到另一种。这可能适合于选择不同方法以寻求结果相互佐证的研究，或者可能适用于将不同方法应用于所研究的一般问题的完全不同方面的情况。但假设两组数据和分析都是一个组成部分，构成整体分析的各种要素最好作为导致该结论的逻辑证据链。

采用这种方法时，也不可能将结果的表述与这些结果的解释分开，因为这样做通常会导致不必要的重复赘述。

探索性混合方法研究某种程度上来说是一种发现之旅，逐渐揭示了建立在结论之上的证据。通常在混合方法研究中，有效性不是来自某些外部标准的相关性，而是来自所提出论点的效力以及显示结论如何得出的清晰度和完整性。

第四节 研究案例分析

本节将使用作者此前发表的一篇相关论文①作为讲解案例。在设计学研究中，美学心理方面的文献大多使用概念阐释的方法。近年来，越来越多的研究人员开始融入实证研究方法来验证人们的审美心理感受，例如产品美学的定量测量量表的研究②。基于此背景，本文论证了佛教审美元素，如禅宗美学，的本质与测量方法。研究结果可以用于相关佛教美学设计的感知度测量，如佛教美学建筑或其他相关视觉设计。

本篇文章使用混合方法，即从定性访谈过渡到定量问卷的研究方法。具体来说，是通过定性方法生成关键项目，再通过定量方法进行项目验证。具体的细节建议会在注解中阐述。

Towards the Beauty of Buddhism: A Scale Development and Validation for Buddhist Aesthetics

走向佛教之美：佛教美学的测量量表与验证

Abstract: Buddhist aesthetics, as a profound intrinsic value of pleasure, has continually attracted scholars to shed light on its influential effects. Its aesthetic nature, however, has drawn on the laws of profound Buddhist thoughts, which is challenging for empiricists to generate the evidence. Though some in-

① Song, Y., & Qin, Z. Towards the Beauty of Buddhism: The Development and Validation of a Buddhist Aesthetics Scale[J]. Religions, 2019, 10(5): 343.

② Blijlevens, J., Hekkert, P., Leder, H., et al. The aesthetic pleasure in design scale: The development of a scale to measure aesthetic pleasure for designed artifacts[J]. Psychology of Aesthetics, Creativity, and the Arts, 2017, 11(1): 86-98.

dividual components or factors deriving from Buddhist aesthetics have been developed and exploited in previous studies, a holistic construct of Buddhist aesthetics remains ambiguous and lacks pragmatically useable measure. This study fills this gap by creating a Buddhist aesthetics scale. A total of fifteen items have been found valid and reliable to measure three determinants, namely, value, acumen, and response. This scale can be used in further empirical studies in designing objects aiming to elicit the unique Buddhist aesthetic experience. Moreover, it can be utilized in measuring the Buddhist aesthetics as a determinant in relevant practices, such as religious psychotherapy, cognitive engineering, and business.

摘要：佛教美学作为一种内在的愉悦度评价属性，不断吸引着学者们对其影响力进行探索。然而，它的审美本质源自深刻的佛教思想规律，这对于实证主义研究者而言很难获得客观证据。尽管在先前的研究中已经有学者论证和采用了源自佛教美学的一些个体成分或影响因素，但佛教美学的整体构造仍然很模糊并且缺乏具体实用的测量尺度。本研究通过创造佛教美学测量量表来填补这一学术缺口。本研究共发现十五项有效且可靠的项目来测量三个决定因素，即价值，敏锐度和反应。本量表可进一步用于旨在营造独特的佛教审美体验的产品设计实证研究中。此外，它可以用来衡量佛教美学作为相关实践的决定因素，如宗教心理治疗、认知工程和商业等。

目前，设计学研究的定量量表大部分是参考社会学研究的已有成果，设计美学相关的心理感知量表还较少。具体的量表制作方法可以参考感知心理学的相关方法论文献。

Keywords: Buddhism; Buddhist Aesthetics; Scale Development;

关键词：佛教；佛教美学；规模发展

1. Introduction

A religious belief has been discussed as the embodied form of supreme beauty (Garrett 2012); research on the aesthetic appraisal of artworks is evident throughout religious studies across the world. Numerous artistic representations of the religious subject matter have worked as a sensory way to map the spiritual world onto reality, such as painting, sculpture and so forth (Kraft 1992; A.Helman-wazny 2012; Male 2018). The abstract spirituality and doctrine of a specific religion can be perceived through observing religious artwork with sensational forms and symbols (Meyer 2010). For instance, the visual narration depicting the legends of the Buddha had been aesthetically designed in early Buddhist art (Hallman 2006). The pictorial artworks depicting Jesus Christ had carried and symbolized the hidden message throughout Christian history (Vera et al. 2017).

1.引言

宗教信仰被论述为一种至高的美的体现形式（Garrett 2012）；在世界各地的宗教研究中，对艺术品审美评价的研究是很丰富的。宗教主题的众多艺术再现成为将精神世界映射到现实的感官方式，例如宗教主题的绘画、雕塑等（Kraft 1992; A.Helman-wazny 2012; Male 2018）。通过观察具有神圣感的形式和符号的宗教艺术品，可以感受到独特且抽象的宗教灵性和意义（Meyer，2010）。例如，早期佛教艺术中经过精心设计的描绘佛陀传说的视觉叙事（Hallman 2006）。描绘耶稣基督的图像作品中传承并象征着隐藏的基督教历史信息（Vera et al.2017）。

在引言部分首先描述了佛教美学的学术重要性进而引入佛教美学量表的研究意义，并对具体的学术发展情况进行梳理。需要详细介绍此前学者的观点与贡献。另一方面，本文所涉及的关键概念定义需要陈述清楚，例如什么是美学。需要特别注意的是，一般涉及关键概念的论述时，尽量参考多个权威文献。一家之言通常很容易收到审稿人的质疑。

Recent research suggests a shifting focus on the mental experience of religion and aesthetics from the perspective of cognitive science (Long 2019). The academic conception of aesthetics refers to the perceptual attitudes and cognitive evaluation towards external objects (Adorno 2004; Shimamura and Palmer 2011). Dewey (2005) illustrates that aesthetic experience happens when the internal meaning connects an external object with an individual. Later scholars have continued to enrich the academic understanding of aesthetic experience, that is a psychological state of mind when perceiving an artwork, which is characterized by some neurological manifestations, such as attention (Wanzer et al. 2018; Parsons 1987; Ramachandran & Hirstein 1999). For this reason, aesthetic experience has been discussed as "an aesthetics-oriented method" to nourish the religious belief in the relevant studies (McRoberts 2004). Material objects with symbolic religious meanings tend to contribute to the configuration of religious experiences (Winchester 2017). The reason lies in the psychologically aesthetic power of religious practices. For example, Bychkov (2019) studies how aesthetic observation in a religious environment can influence human belief in reality.

最近的研究表明，从认知科学的角度转向关注宗教和美学的心理体验（Long 2019）。美学的学术概念是指对外部物体的感性态度和认知评价（Adorno 2004; Shimamura和Palmer 2011）。Dewey（2005）认为，当内在的意义将外部物体与个体联系起来时，就会发生审美体验。后来的学者们继续丰富了对审美经验的学术理解，这是一种在感知艺术品时的心理状态，其特征是一些神经学表征，如注意力（Wanzer et al.2018; Parsons 1987; Ramachandran & Hirstein 1999））。出于这个原因，审美经验被讨论为在相关研究中滋养宗教信仰的"美学导向方法"（McRoberts 2004）。具有象征性宗教意义的物质对象往往有助于宗教体验的构建（Winchester 2017）。原因在于宗教实践的心理审美力量。例如，Bychkov（2019）研究了宗教环境中的审美观察如何影响人类在现实中的信仰。

所引用的文献需要仔细斟酌，尽量选用受到学术界广泛认可的成果。有两个参考标准：一是文献的被引量，二是刊登这篇文章的期刊影响因子。

Buddhism, known for its spirituality beyond physical reality, has differed significantly from the western rational positivism (Hummel 2010; Assandri and Friederike 2019). Scholars argue that Buddhist values teach a way of understanding real life, such as life suffering (Fuderich 2008), compassion (Kraft

1992), and inner peace (Lee et al. 2013) and so forth. It has been suggested that Buddhist thoughts under these distinctive doctrines imply a transition from ethics to aesthetics (Voyce 2015). Also, it has been argued that what links Buddhism and aesthetics is the common nature of the intrinsic value of pleasure, as Buddhism advocates the aesthetic pleasure of "inner" beauty (Bahm 1957; Patnaik 2017). For instance, Buddhist artworks or objects, like an image of the Buddha, has been regarded as the "outer" beauty manifesting the "inner" aesthetic laws of virtue in Buddhism (Cooper 2017). Indeed, many scholars have exerted efforts on defining and revealing the underlying nature of Buddhist aesthetics; it has remained ambiguous in relevant research to discover the concrete effects of Buddhism in terms of aesthetics.

佛教以其超越物质现实的灵性而闻名，与西方理性实证主义有很大不同（Hummel，2010; Assandri和Friederike，2019）。学者们认为，佛教价值观宣扬了一种理解现实生活的方式，例如如何面对生活苦难（Fuderich 2008），同情（Kraft 1992）和内心的平静（Lee et al.2013）等等。有人认为，基于这些独特教义的佛教思想意味着从伦理到美学的转变（Voyce 2015）。此外，有人认为，佛教与美学的关系是内在愉悦价值的共同本质，因为佛教提倡“内在”美的审美乐趣（Bahm 1957; Patnaik 2017）。例如，佛教艺术品或物品，如佛像，在佛教中被视为体现了“内在”美学规律的“外在”美形式（Cooper 2017）。实际上，许多学者都在努力界定和揭示佛教美学的本质；然而在相关研究中发现佛教在美学方面的具体影响仍然模糊不清。

本文的引言书写逻辑采用了由大至小的策略，即先从整体的宗教美学研究出发，再进入佛教的具体论述。采用这一逻辑的原因在于国际期刊的审稿人大多是来自西方文化背景的学者，直接进入佛教的话题可能会导致审稿人的理解障碍。另外，在具体阐述佛教的审美本质时，也采用了西方视角，即先从佛教与西方文化的差异性开始论述。

More recent literature shows an increasing academic interest on the aesthetics of Buddhism in a wider range of disciplines, such as art and design

(Song et al. 2018), psychotherapy (Cormack et al. 2018), cognitive engineering (Van Dam et al. 2018), ecology (Lim and Ling 2019), business (Lucas 2018; Milligan 2018) and so forth. For example, Macmillan (2006) suggested that superior design is not just about the aesthetic improvement of our lives' quality; it is as much about the value created for the viewers. According to the report "the value of good design" (CABE 2002), the superior design could perform, convert, astonish, and fulfill its purpose, sharing both social and economic values with their reviewers, particularly aesthetics value, cultural value, useable value, and emotional value. Take Zen, a specific Buddhism related aesthetic attitude, as an example, it has been regarded as an essential appealing style in landscape design (Brown 2019). Figure 1 depicts a Zen garden in Ryōan-Ji, Tokyo, Japan. It is admired for visual simplicity by the minimalist approach. People enjoy the Zen aesthetics as "less is more." Thompson (2018) also has discussed how aesthetic experience can improve the state of Buddhist mindfulness in psychotherapy.

最近的文献表明，在更广泛的学科中，学术界对于佛教美学研究的兴趣日益增加，如艺术和设计（Song et al.，2018），心理治疗（Cormack等，2018），认知工程（Van Dam等。2018年），生态学（Lim和Ling 2019），商业（Lucas 2018; Milligan 2018）等。例如，Macmillan（2006）认为优秀的设计不仅仅关乎我们生活质量的美学改善；它与为观众创造的价值同样重要。根据报告“好设计的价值”（CABE 2002），优越的设计可以表现、转换、刺激社会和经济多方面价值，特别是美学价值、文化价值、可用价值和情感价值以实现其目的。以一种与佛教相关的具体审美态度禅宗为例，它被认为是景观设计中一种必不可少的吸引人的风格（Brown 2019）。图1描绘了日本东京Ryōan-Ji的禅宗花园。它采用极简主义的方式，以视觉上的简约而著称。人们欣赏禅宗美学，因为“少即是多”。Thompson（2018）也讨论了审美经验如何改善心理治疗中佛教正念的状态。

Figure 1. Zen aesthetics in Ryōan-ji, Toky

在引言部分的学术梳理遵循了大致的时间规律。但这种时间顺序是以时期或阶段来分割，并不需要严格地按照先后顺序。但需要说明的是，当撰写涉及具体时间差异影响研究进展的文章时，这一标准会有所变化。

Buddhist aesthetics is a frequent phenomenon in the countries with Buddhist culture, describing ‘the beauty of an inner state of mind’ or ‘the beauty of the inner reality’ (Cooper 2017). Although some research has addressed Buddhist aesthetics in different contexts, only a limited number of research has empirically explored how aesthetic pleasure for Buddhist objects should be defined and subsequently be measured, which leaves a research gap for further investigation. Also, it is necessary to holistically understand and determine the antecedents of Buddhist aesthetics considering the significant role of Buddhist mindfulness in increasing awareness and attention to the present, decreasing negative thinking and feelings, and refreshing the mind (Thompson 2018). More specifically, most research has examined how specific components such as emptiness (Pelowski 2012), and inner peace (Lee et al. 2013) explain variations in evaluations of Buddhist aesthetic experience respectively. Results of these studies make it, consequently, difficult to help relevant researchers to understand the empirical effects of the Buddhist aesthetic experience holistically. Accordingly, it is both theoretically and practically significant to explore the antecedents of Buddhist aesthetics. Thus, this study conducts an empirical approach to develop and validate a scale of the perceptual experience of Buddhist aesthetics. It contributes to the current academic understanding of the impact of the aesthetic pleasure elicited by Buddhist artworks and objects.

佛教美学是佛教文化国家的一种常见现象，描述了一种“心灵的美”或“内在现实之美”（Cooper 2017）。尽管一些研究已经在不同背景下探讨了佛教美学，但只有少数研究通过实证方法探讨了如何界定佛教相关物体的审美愉悦并进行随后的定量测量，这为进一步研究留下了研究缺口。此外，考虑到佛教正念在提高对现在的认识和关注中的重要作用，例如减少负面思考和感受，以及净化心灵，有必要从整体上理解和确定佛教美学的前因（Thompson 2018）。更具体地说，大多数研究已经研究了诸如空灵（Pelowski 2012）和内心平静（Lee et al.2013）等影响因素如何分别解释佛教审美经验评价的变化。相应地，这些研究结果使得相关研究人员难以从整体上理解佛教审美经验的实证效果。因此，探索佛教美学的前因，在理论上和实践上都具有重要意义。基于此背景，本研究采用实证方法来发展和验证佛教美学的感性体验的量表。它有助于当前学术界理解佛教艺术品和物品引起的审美愉悦的影响。

2. Defining Buddhist Aesthetic Experience

Inada (1994) construes that Buddhist aesthetic nature derives from the momentary understanding of reality, which is characterized by dynamic elusiveness. Following this cue, people can find it aesthetically pleasing to be enlightened by Buddhist thoughts, such as the notion of nothingness and impermanence. Because the fundamental beauty in Buddhism has rooted in the meaning-making towards real life, which is the Buddhist philosophy of being. Many eastern scholars' preliminary research into Buddhist paintings and poems has centered on the expression of such enlightening moment (Wang 1987). Consequently, the aesthetic characteristics of superiority and elegance have been argued. Zhang (1988) has elaborated such characteristics into sensible artistic forms, such as exaggerated visual proportions, lively details, and closeness, which is aimed to construct a sense of pleasure beyond momentary reality.

Inada（1994）认为佛教审美本质源于对现实的瞬间理解，其特征是一种难以捉摸的活力。基于这个理解，人们可以发现美学上令人愉悦的佛教思想，如虚无和无常的概念。因为佛教的本质美是根植于对现实生活的意义建构，这就是佛教的存在哲学。许多东方学者对佛教绘画和诗歌的初步研究都集中在这种思想的表达上（Wang 1987）。因此，这种优越和优雅的审美特征一直被学者所主张。Zhang（1988）将这些特征阐述为感性的艺术形式，如夸张的视觉比例，生动的细节和亲密，旨在构建一种超越瞬间现实的快感。

More recently, Pelowski (2012) has argued a more concrete cognitive model to approach the appreciation of Buddhist artworks, which is constructed by a process starting from self-image, cognitive mastery, secondary control, meta-cognitive re-assessment, to aesthetic phase. According to Pelowski's theory based on cognitive observations, approaching religious artworks or objects can be regarded as a way of constructing an "ideal self-image." The cognitive mastery and meta-cognitive re-assessment stage here is in line with the conception of self-realization in Buddhism since the existence of a separate self is fundamental in Buddhist thoughts.

最近，Pelowski（2012）提出了一种更具体的认知模型来接近佛教艺术品的欣赏，这种模式是从自我形象、认知掌握、二次控制，元认知再评估到审美阶段的过程构建的。根据Pelowski基于认知观察的理论，接近宗教艺术品或物品可以被视为构建"理想自我形象"的一种方式。认知掌握和元认知再评估阶段与自我实现的概念相吻合，因为独立自我的存在是佛教思想的基础。

Prominently, Buddhist art is mundane and material at the same time. From the perspective of artistic artifacts, the definition of aesthetics refers to the emotional and experiential perceptions of the object without particular motives; it is in line with the broad term of "aesthetic response" (Hekkert et al. 2017). It happens between an observer and artifact cognitively, may not necessarily be preconditioned by an appraisal of emotion, which is slightly different from Pelowski (2012)'s argument of self-image.

显而易见，佛教艺术既是世俗的也是物质的。从艺术作品的角度来看，美学的定义是指在没有功利目的的前提下，对特定对象的情感和体验感知；它符合“审美反应”的广义术语（Hekkert等人，2017年）。它发生在当观察者和作品之间发生了认知联系，不一定基于某种前因的情感满足，这与Pelowski（2012）关于自我形象的论证略有不同。

Based on the discussion aforementioned, the definition of Buddhist aesthetic experience adopted here is thus a synthetic cognition towards a material object attached with Buddhist meanings, ranging from the expressive forms in Buddhist art to cognitive response of aesthetic pleasure. Buddhist beauty is the distinctive aesthetic response elicited by meaningful material forms with Buddhist thoughts. In other words, similarly to other cognitive processes, Buddhist aesthetics is especially characterized by some fundamental laws of Buddhist appreciation of artifacts, namely, the value of realization, the acumen of details, and the response of materials.

基于前面的讨论，这里采用的佛教审美经验的定义是对佛教意义的物质对象的综合认知，从佛教艺术的表现形式到审美愉悦的认知反应。佛教之美是具有佛教思想的有意义的物质形式所引发的独特的审美反应。换句话说，与其他认知过程类似，佛教美学的特征还基于一些佛教中特有的物质欣赏规律，即实现的价值，细节的敏锐性和对物质的反应。

3. Research Procedure

Although the concepts and characteristics of Buddhism aesthetics have been discussed to some extent, limited previous research has addressed the formal measurement for artworks or objects from a perceptual and cognitive perspective. It is worth noting that the development of a Buddhist aesthetics scale would contribute to the sensory evaluation of Buddhism aesthetic objects and support comparative research in Buddhist psychotherapy, Buddhist practices, Buddhist item categories, and Buddhism art, such as Buddhist paintings. In order to address this issue, we attempt to develop and construct a valid and reliable Buddhist aesthetics scale following the guidelines of scale development (Churchill 1979). This scale tends to measure the general Buddhist aesthetics experience rather than relying on a specific category. The development and validation of this scale will be presented and discussed in the following sections.

3.研究步骤

虽然佛教美学的概念和特征已在一定程度上得到了讨论，但很少有先前研究从感性和认知的角度解决了对艺术品或物品的形式测量。值得注意的是，佛教美学量表的开发将有助于佛教审美对象的感官评价，并支持佛教心理治疗，佛教相关实践，佛教物品设计和佛教艺术，如佛教绘画的比较研究等。为了解决这个问题，我们试图按照量表制作的指导方针（Churchill 1979）开发和构建一个有效且可靠的佛教美学量表。本量表倾向于衡量一般的佛教美学经验，而不是依赖于特定的类别。我们将在以下部分中介绍和讨论此量表的开发和验证。

3.1 Items Generation

First of all, three major streams of relevant research were reviewed: the theoretical work of centrality of visual aesthetics and perceived aesthetics from psychological perspective (Workman and Caldwell 2007; Bloch et al. 2003; Wu et al. 2017; Lee and Koubek 2010; Hekkert et al. 2017), the explicitly aesthetics of Buddhist items (Inada 1994; Schopen 2006), as well as religious aesthetics literature, especially religious aesthetics of items and symbols from sensory perspective (B. Meyer 2010; Birgit Meyer 2006; Prohl 2010). Then, 42 college students at a major university in the eastern part of China were recruited to describe their experience and feeling when facing Buddhism items or symbols. The questions include, for example, “Could you describe the feeling after you have seen a beautiful Buddhist item?”, “Could you explain the special experience when you encounter some Buddhist symbols?”. Accordingly, the characteristics of Buddhism aesthetics could be summarized into three dimensions: Buddhism aesthetics value, Buddhism aesthetics acumen, and Buddhist aesthetics response (Bloch et al. 2003). A total number of 39 items are listed in Table 1.

3.1 项目

首先，回顾了三个主要的相关研究领域：视觉美学的中心性理论和心理学视角下的感知美学（Workman 和 Caldwell 2007; Bloch et al.2003; Wu et al.2017; Lee and Koubek 2010; Hekkert et al.，2017），已明

确的佛教美学项目（Inada 1994; Schopen 2006），以及宗教美学文学，特别是感官视角中的物品和符号的宗教美学（B. Meyer 2010; Birgit Meyer 2006; Prohl 2010）。然后，招募了中国东部一所大学的42名大学生来描述他们在面对佛教物品或符号时的经历和感受。问题包括，例如，“你能描述一下你看到一件美丽的佛教物品之后的感觉吗?”，“你能解释一下你遇到一些佛教符号时的特殊体验吗?”。因此，佛教美学的特征可以概括为三个维度：佛教美学价值，佛教美学敏锐度和佛教美学反应（Bloch et al.2003）。表1列出了总共39个项目。

对于本文来说，学术贡献首先在于给出佛教美学的定义。定义的过程需要经过仔细的文献研读，借鉴并引用相关的证据和文献，以便恰当地定义一些东西。

Table 1. Measurement items' categories, keywords, and references.

测量项目的类别、关键词与参考文献

Source	Statements
Perceived aesthetics from a psychological perspective	
Blijlevens, Janneke, et al. (2017)	Beautiful, attractive, pleasing to see, nice to see, and like to look at
Wu, Freeman, et al. (2017)	Beautiful, artistic, pretty, and aesthetically appealing
Lee, S., & Koubek, R. J. (2010)	Satisfied, aesthetic, pleasant, clear, clean, systematic, creative, fascinating, special, original, and sophisticated
Bloch, P. H., Brunel, F. F., & Arnold, T. J. (2003)	Good, enjoyment, pleasure, beautiful, distinguished, sensitive, fit, look better, reach, speak
Perceived aesthetics from a Buddhist aesthetics perspective	
Inada, K. K. (1994)	Logic, aesthetic, symmetric, real, dynamic, natural, reach
Schopen, G. (2006)	Beautiful, ideal, visual, lovely, nature, grab, panoramic, magnificent, fine
Perceived aesthetics from a religious aesthetics perspective	
Prohl, I. (2010)	Beautiful, feel good, ritual, engagement, and visually attracting

续 表

Source	Statements
Meyer, B. (2006)	Divine, sacred, transcendental, sublime, happy, beautiful, wonderful, and like
Meyer, B. (2010)	Beautiful, aesthetic, ritual, transcendental, ideal, healthy, and prosperous
Perceived aesthetics from in-depth interview and survey	
In-depth Interview and Survey	Happy, attractive, sensitive, interaction, enjoy, beautiful, aesthetic, unique, special, superior, purchase and approach

对于相关定义的研究梳理是十分重要的，需要重点指出异同。

3.2 Refinement and Item Reduction

According to the guidelines of scale development (Churchill 1979; DeVellis 2017; Gheorghe and Huza 2018), the initial items generation process tends to be over-inclusive. Regarding this issue, an items' refinement process was conducted to select the specific statements, representing the whole constructs of Buddhism aesthetics scale (Gerbing and Anderson 1988; Kim 2017). As a result, the initial 39 items were revised and refined. It is based on the validity of the contents by a panel of experts, which included five related researchers majoring in religion study, culture study and Buddhism art from a major university in the east of China. To be more specific, researchers try to evaluate and revise each item based on its redundancy, relevance, and clarity, and then classify items to the three theoretical dimensions aforementioned (Gerbing and Anderson 1988; Gheorghe and Huza 2018). During this process, some ambiguous items were modified. For example, one item, "Owning Buddhist item or symbol that have with superior designs makes me feel good," was ambiguous to understand. Therefore, it was modified to "Owning Buddhist item or symbol with superior designs makes me feel good about myself." After this process, 21 items were discarded while 18 items remained and were clustered into three theoretical dimensions: Buddhist aesthetics value, Buddhist aesthetics acumen, and Buddhist aesthetics response (Bloch et al. 2003) (Table 2).

3.2 细化和项目缩减

根据量表制作指南（Churchill 1979; DeVellis 2017; Gheorghe and Huza 2018），初始项目的生成过程往往会过度包容。针对这个问题，我们进行了一个项目的改进过程来选择具体能够代表佛教美学量表的整体结构的陈述（Gerbing and Anderson 1988; Kim 2017）。因此，最初的39个项目进行了修订和完善。它是基于一组专家对其内容的有效性进行考察。专家包括来自中国东部一所主要大学的五名相关研究人员，主修宗教研究，文化研究和佛教艺术。更具体地说，专家根据其冗余性，相关性和清晰度来评估和修改每个项目，然后将项目分类为上述三个理论维度（Gerbing and Anderson 1988; Gheorghe and Huza 2018）。在此过程中，修改了一些含糊不清的项目。例如，有一个项目，“拥有一个有着优秀设计的佛教物品或符号让我感觉良好”，并不利于理解。因此，它被修改为“设计精良的佛教物品或符号使我产生美好的自我感觉。”在这个过程之后，丢弃了21个项目，剩下18个项目，并分为三个理论维度：佛教美学价值、佛教美学敏锐度和佛教美学的反应（Bloch et al.2003）（表2）。

研究方法使用精练的语句完整描述整个过程。量表构建的参考文献需要明确给出，例如本文参考了Churchill（1979）的步骤。

Table 2. Buddhist aesthetics scale items of the three factors

三个因子的佛教美学测量项目

Items
Factor 1: Buddhist Aesthetics Value
R5: The likelihood for me to interact with a desirable Buddhist item or symbol is high.
R6: The probability that I would consider approaching a pleasant Buddhist item or symbol is high.
R4: I am willing to approach a Buddhist item or symbol with superior designs.
R3: When I see a Buddhist item or symbol that has a great design, I feel a strong motivation to approach.
R1: Sometimes the way a Buddhist item or symbol looks seems to reach out and grab me.
R2: If a Buddhist item or symbol's design really “speaks” to me, I feel a strong motivation to approach.
Factor 2: Buddhist Aesthetics Acumen
V2: I enjoy seeing displays of Buddhist item or symbol that have superior designs.

续 表

V5: I will feel happy when seeing an appealing Buddhist item or symbol designs.
V3: A Buddhist item or symbol's design is a source of pleasure for me.
V1: Owning a Buddhist item or symbol that have with superior designs makes me feel good about myself.
V6: Attractive Buddhist item or symbol designs is important to me.
V4: Beautiful Buddhist item or symbol designs make our world a better place to live.
Factor 3: Buddhist Aesthetics Response
A3: I have the ability to imagine how a Buddhist item or symbol will fit in with designs of other things in my life.
A2: I see things in a Buddhist item or symbol's design that other people tend to pass over.
A4: I have a pretty good idea of what makes one Buddhist item or symbol look better.
A6: It is easy for me to recognize a Buddhist item or symbol's specialty.
A1: Being able to see subtle differences in Buddhist item or symbol designs is one skill that I have developed over time.
A5: I can discover the unique beauty in a Buddhist item or symbol.

尽可能地阐明研究的局限性以规避审稿人的质疑。比如，本量表不涉及某个特别的佛教审美经验，而是一种通用性的描述。在此段落中加以特别声明。

详细描述测量项目的生成过程，即通过文献阅读与定性访谈。在此详细列出了文献的来源，访谈对象的人口统计学特征。访谈中的主要问题也一一阐明，并描述分析处理过程。

4. Scale development and factor analysis

This research attempts to identify phrases as the measurement items of Buddhist aesthetics scale and check the related reliability and validity of different constructs. Specifically, all 18 items were formed and measured based on a nine-point Likert scale. Participants would respond to the scale from 1 = strongly disagree to 9 = strongly agree. SPSS 23 and AMOS 24 for windows were used to conduct statistical analysis, the exploratory factor analysis (EFA) and confirmatory factor analysis (CFA) of distinctive constructs, and to examine the model fit indices of the theoretical structure.

4.量表生成与因子分析

本研究试图将口语短语识别为佛教美学的测量项目，并检验不同构面的相关信度和效度。具体而言，所有18个项目均基于9分李克特量表形成问卷并经测量。参与者将回答从1=非常不同意到9=非常同意的比例量表问卷。再用Windows版本SPSS 23和AMOS 24用于统计分析，即探索性因子分析（EFA）和独特构面的验证性因子分析（CFA），并检查理论构面的模型拟合指数。

对于量表的研究而言，测量项目是非常重要的，因此需要详细列明来源以便相关学者参考与验证。

4.1 Pre-study

Following scale development procedure (DeVellis, 2017; Kim, 2017), 102 undergraduate students from a major university in eastern China were recruited in the pilot study to check the consistency and clarity of the current scale. The scale was formatted in a 9-point Likert scale. Some confusing questions were accordingly modified. For example, "I have long developed a skill to differentiate the difference in Buddhist items or symbol" was modified to "Being able to see subtle differences in Buddhist item or symbol designs is one skill that I have developed over time." Accordingly, we try to make sure the consistency and clarity of this scale. Besides, the Cronbach's alpha of the pilot study was 0.96 which was considered to be reliable.

4.1 试点研究

按照量表制作标准（DeVellis 2017; Kim 2017），来自中国东部一所主要大学的102名本科生被招募进行试点研究，以检查当前量表问卷的一致性和清晰度。量表格式为9分李克特量表。通过这一过程修改了一些令人困惑的问题。例如，“我早已发展出区分佛教物品或符号差异的技能”被修改为“能够看到佛教物品或符号设计的细微差别是我随着时间的推移而发展的一项技能。”因此，我们尽量确保问卷问题的一致性和清晰度。此外，试验研究的Cronbach's alpha为0.96，被认为是可靠的。

4.2 Respondents

Buddhism was introduced to China since the Han dynasty and had influenced and interacted with traditional Chinese culture, and eventually had become part of Chinese ideology (Assandri 2019; Li et al. 2018). Chinese people are quite familiar with Buddhism and consider it as one part of their daily lives (Guang 2013). Therefore, conducting this study in the context of China has been considered as appropriate and effective. The sample contained 257 unique responses from China. To be more specific, 191 (74.31%) were women, and 66 (25.69%) were men. The participants' age ranged from 12-60: 113 were between the age of 12-20 (31.65%); 109 were between the age of 21-22 (42.41%), and 35 were between the age of 23-60 (25.94%). In terms of residence places, 210 were from the eastern part of China (81.71%), 47 were from the northern part of China (18.29%).

4.2 受访者

自汉代以来，佛教传入中国，很大程度上影响并融入了中国传统文化，最终成为中国文化意识的一部分（Assandri 2019；Li et al.1188）。中国人对佛教非常熟悉并将其视为日常生活的一部分（Guang 2013）。因此，在中国背景下进行这项研究被认为是恰当和有效的。该样本包含257个来自中国的独特回复。更具体地说，191名（74.31%）是女性，66名（25.69%）是男性。参与者的年龄范围为12岁至60岁：共113名，年龄在12—20岁之间（31.65%）；年龄在21—22岁之间109名（42.41%），年龄在23—60岁之间35名（25.94%）。居住地区方面，210名参与者来自中国东部（81.71%），47名参与者来自中国北部（18.29%）。

4.3 Data Screening and Exploratory Factor Analysis

The normal distribution of the current data set was validated through the skewness and kurtosis index. The threshold value for skewness and kurtosis is between −2 to 2 (Groeneveld and Meeden 1984). Results showed that Skewness ranged from −0.258 to 0.08 and kurtosis ranged from −0.104 to 0.719 which confirms normal univariate distribution.

4.3 数据筛选和探索性因子分析

通过偏度和峰度指数验证当前数据集的正态分布。偏度和峰度的阈值应在-2到2之间（Groeneveld and Meeden 1984）。结果显示，偏斜度为-0.258至0.08，峰度范围为-0.104至0.719，这证实了本次所收集数据的正常单变量分布。

Exploratory factor analysis (EFA) was conducted to reduce the dimensionality and explore the appropriate structure of the current scale. Therefore, a principal axis factoring analysis with varimax orthogonal rotation was conducted. Results showed the Kaiser-Meyer-Olkin Measure of Sampling (KMO) was 0.973 and Bartlett's test (chi-square) value was 8,487.12 (p = 0.000) suggesting that it is suitable for factor analysis (Tabachnick and Fidell 1996). Each construct was examined and determined on the eigenvalues and the scree plot (Wang and Weng 2002). In terms of item selection for the three factors, three items were discarded because of double-loading onto multiple factors with coefficients greater than 0.50 (Roemer and Gratz 2004; Kyle and William 2016). Specifically, item R2 "If a Buddhist item or symbol's design really 'speaks' to me, I feel a strong motivation to approach", item V4 "Beautiful Buddhist item or symbol designs make our world a better place to live" and, item A5 "I can discover the unique beauty in a Buddhist item or symbol" all have a double loading on two factors (with loadings of 0.552, 0.544 and 0.512 on factors 3, 1 and 2, respectively). Factor loadings with varimax rotation were provided in Table 3.

进行探索性因子分析（EFA）以减少维度并探索当前量表的适当结构。因此，进行了具有varimax正交旋转的主轴因子分析。结果显示，Kaiser-Meyer-Olkin抽样测量（KMO）为0.973，Bartlett测试（卡方）值为8,487.12（p = 0.000），表明它适用于因子分析（Tabachnick和Fidell 1996）。检查每个构面并在特征值和碎片图上确定（Wang and Weng 2002）。在三个因子的项目选择方面，由于系数大于0.50的多因素的双重加载，丢弃了三个项目（Roemer and Gratz 2004; Kyle and William 2016）。具体来说，项目R2"如果一个佛教项目或符号的设计真的'对我说'，我感觉有很强的动力去接近"，项目V4"美丽的佛教项目或符号设计使我们的世界成为一个更好的居住地”，项目 A5 “我可以发现佛教物品或符号中的独特美感”所有都有两个因素的双重负荷（因子3，1和2的载荷分别为0.552,0.544和0.512）。表3中提供了具有最大旋转的因子负荷。

在得出初始项目之后，需要对项目进行精简与修正。这一过程中的步骤操作可列明参考文献，以表明方法的合理性。

Table 3. Varimax rotation method for Buddhism aesthetics scale in three factors

Items	Factor 1	Factor 2	Factor 3
Factor 1: Buddhist Aesthetics Value			
R5: The likelihood for me to interact with a desirable Buddhist item or symbol is high.	.770		
R6: The probability that I would consider approaching a pleasant Buddhist item or symbol is high.	.752		
R4: I am willing to approach a Buddhist item or symbol with superior designs.	.714		
R3: When I see a Buddhist item or symbol that has a great design, I feel a strong motivation to approach.	.699		
R1: Sometimes the way a Buddhist item or symbol looks seems to reach out and grab me.	.633		
Factor 2: Buddhist Aesthetics Acumen			
V2: I enjoy seeing displays of Buddhist item or symbol that have superior designs.		.730	
V5: I will feel happy when seeing an appealing Buddhist item or symbol designs.		.727	
V3: A Buddhist item or symbol's design is a source of pleasure for me.		.708	
V1: Owning a Buddhist item or symbol that have superior designs makes me feel good about myself.		.699	
V6: Attractive Buddhist item or symbol design are important to me.		.684	
Factor 3: Buddhist Aesthetics Response			
A3: I have the ability to imagine how a Buddhist item or symbol will fit in with designs of other things in my life.			.732

续 表

Items	Factor 1	Factor 2	Factor 3
A2: I see things in a Buddhist item or symbol's design that other people tend to pass over.			.719
A4: I have a pretty good idea of what makes one Buddhist item or symbol look better.			.703
A6: It is easy for me to recognize a Buddhist item or symbol's specialty.			.652

Notes: Rotation method: Varimax. Extraction method: Principal axis factoring. Rotation converged in seven iterations with loading values more than 0.5.

精简地描述分析工具、过程与方法。

4.4 Confirmatory Factor Analysis

Con fi rmatory factor analysis (CFA) was used to evaluate the initial 18 items scale. However, the results showed that original model did not provide an adequate model fit (χ2 (132) = 438.057, p = 0.000; SRMR = 0.046; RMSEA = 0.095; CFI = 0.964; NFI = 0.950; IFI = 0.964; TLI = 0.959; and GFI = 0.838). Following the suggestions from Kyle and William (2016), reasonable modifications were introduced based on the correlated residuals and cross-loadings, producing a good model fit (Hooper, Coughlan, and Mullen 2008). Regarding this, the first modified model contained 15 items excluding the double loading items (R2, V4 and A5). Results showed that this model had a good model fit (χ2 (87) = 241.716, p = 0.000; SRMR = 0.040; RMSEA = 0.083; CFI = 0.978; NFI = 0.966; IFI = 0.978; TLI = 0.973; and GFI = 0.893). The second modifi ed model contained 14 items excluding R1, producing a better model fit for the data (χ2 (74) = 169.536, p = 0.000; SRMR = 0.033; RMSEA = 0.071; CFI = 0.985; NFI = 0.974; IFI = 0.985; TLI = 0.982; and GFI = 0.914). Table 4 presents the model fit indices for the original and revised models.

4.4 验证性因子分析

使用验证性因子分析（CFA）评估最初的18项量表。然而，结果显示原始模型没有提供足够的模型拟合（$\chi2$（132）= 438.057，p = 0.000；SRMR = 0.046；RMSEA = 0.095；CFI = 0.964；NFI = 0.950；IFI = 0.964；TLI = 0.959；和GFI = 0.838）。根据Kyle和William（2016）的建议，引入基于相关残差和交叉载荷了的合理修改可以产生良好的模型拟合（Hooper，Coughlan和Mullen 2008）。对此，第一个修改模型包含15个项目，不包括双重装载项目（R2，V4和A5）。结果显示该模型具有良好的模型拟合（$\chi2$（87）= 241.716，p = 0.000；SRMR = 0.040；RMSEA = 0.083；CFI = 0.978；NFI = 0.966；IFI = 0.978；TLI = 0.973；和GFI = 0.893）。第二个修改模型包含除R1以外的14个项目，为数据产生更好的模型（$\chi2$（74）= 169.536，p = 0.000；SRMR = 0.033；RMSEA = 0.071；CFI = 0.985；NFI = 0.974；IFI = 0.985；TLI = 0.982；GFI = 0.914）。表4列出了原始模型和修订模型的模型指数。

Table 4. Correlation matrix of the constructs.

Models	$\chi2$	d.f.	$\chi2$ / d.f.	SRMR	RMSEA	CFI	NFI	IFI	TLI	GFI
18 items	438.057	132	3.319	0.046	0.095	0.964	0.950	0.964	0.959	0.838
15 items	241.716	87	2.778	0.040	0.083	0.978	0.966	0.978	0.973	0.893
14 items	169.536	74	2.291	0.033	0.071	0.985	0.974	0.985	0.982	0.914
Threshold		1–3	< 0.08	< 0.08	> 0.90	> 0.90	> 0.90	> 0.90	> 0.90	

Note: SRMR stands for standardized root mean square residual; RMSEA stands for root mean square error of approximation; CFI stands for the comparative fit index; NFI stands for normal fit index; IFI stands for the incremental fit index; TLI stands for Tucker–Lewis Index; GFI stands for the goodness of fit.

Although the 14 items model achieved a better model fit, we still supported the second model that includes R1 "Sometimes the way a Buddhist item or symbol looks seems to reach out and grab me." There are two reasons why we preserved R1: firstly, "to reach or to grab" was the recurring statements in the item generation process; secondly, modification indices were primarily the tools which should follow the previous theory (Hooper et al. 2008; Roemer and Gratz 2004; Kyle and William 2016). Consequently, the scale with 15 items was finalized to 3 distinct constructs, factor 1–3, with the standard coefficients ranged from 0.94–0.96, 0.93–0.96, and 0.91–0.96, respectively. Even the GFI of this model (0.893) is slightly below the threshold. Figure 2 shows the path diagram of the Buddhism aesthetics scale.

尽管这14个项目的模型获得了更好的模型拟合，但我们仍然支持包含R1的第二个模型“有时佛教物品或符号的外观可以吸引我。”我们保留R1的原因有两个：首先，“吸引”是项目生成过程中反复出现的陈述；其次，修改指数主要是应遵循先前理论的工具（Hooper et al.2008; Roemer and Gratz 2004; Kyle and William 2016）。因此，具有15个项目的量表最终确定为3个不同的构面，因子1–3，标准系数分别为0.94–0.96,0.93–0.96和0.91–0.96。甚至该模型的GFI（0.893）也略低于阈值。图2显示了佛教美学量表的路径图。

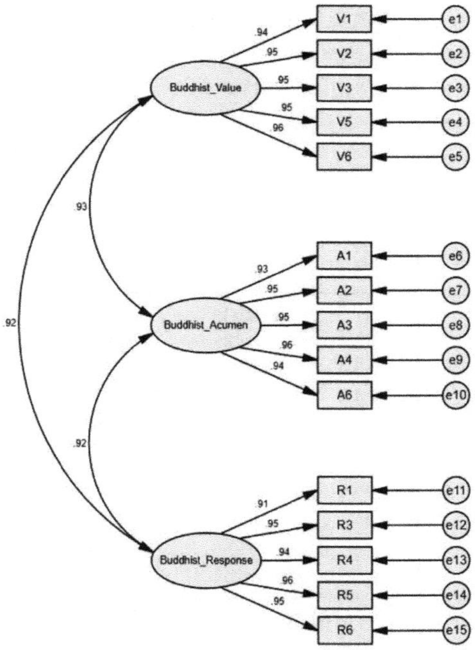

Figure 2. The path diagram of the Buddhism aesthetics scale

佛教美学量表的路径图

4.5 Convergent & Discriminant Validity

Confirmatory factory analysis was conducted to check convergent and discriminant validity of the current scale. For convergent validity, the standardized factor loadings should be above the threshold, 0.5 or above (Huang et al. 2013), C.R. (t–value) should be above the threshold, 2 or above, and averaged variances expected (AVE) value should also be above the threshold, 0.5 or above (Fornell and Larcker 2006). Table 5 shows that all the C.R. (t-value), standardized factor loadings, and AVE achieved adequate value.

4.5 收敛和判别有效性

进行了验证性因子分析以检查当前量表的收敛和判别有效性。对于收敛有效性而言，标准化因子载荷应高于阈值0.5或以上（Huang et al.2013），CR（t值）应高于阈值2或以上，平均差异预期（AVE）值也应高于阈值0.5或以上（Fornell and Larcker 2006）。表5显示所有C.R.（t值），标准化因子载荷和AVE达到了足够的值。

Table 5. Convergent & discriminant validity of Buddhism aesthetics scale

佛教美学量表的收敛和判别有效性

Construct	Cronbach's Alpha	Variable	Standardized Factor Loading	C.R. (t-value)	SMC	AVE	Composite Reliability
Buddhist Aesthetic Value (BAV)	0.979	V1	0.939	–	0.882	0.904	0.979
		V2	0.954	32.839	0.910		
		V3	0.954	32.686	0.910		
		V4	0.949	32.034	0.901		
		V5	0.958	32.370	0.918		
Buddhist Aesthetic Acumen (BAA)	0.977	A1	0.933	–	0.870	0.896	0.977
		A2	0.948	30.929	0.899		
		A3	0.949	31.113	0.901		
		A4	0.962	32.963	0.925		
		A5	0.942	30.074	0.887		
Buddhist Aesthetic Response (BAR)	0.975	R1	0.915	–	0.837	0.890	0.976
		R2	0.951	28.757	0.904		
		R3	0.942	27.771	0.887		
		R4	0.956	29.282	0.914		
		R5	0.954	29.024	0.910		

For discriminant validity, the correlation coefficients, the maximum shared variance (MSV) and average shared variance (ASV) tend to assess it. To specify, the threshold for MSV and ASV values should be less than AVE (Fornell and Larcker 2006). Results of Table 6 show that, in the current study, AVE values are all above MSV and ASV, suggesting that the four constructs achieved satisfactory discriminant validity.

相关系数，最大共享方差（MSV）和平均共享方差（ASV）可以评估判别有效性。具体来说，MSV和ASV值的阈值应小于AVE（Fornell and Larcker 2006）。表6的结果显示，在当前研究中，AVE值均高于

MSV和ASV，表明这四种构面达到了令人满意的判别效度。

Table 6. Correlation and discriminant validity of Buddhism aesthetics scale

佛教美学量表的相关系数和判别有效性

Construct	Mean	SD	CR	AVE	MSV	ASV	BAV	BAA	BAR
BAV	6.49	1.639	0.979	0.904	0.869	0.854	0.951		
BAA	6.40	1.605	0.977	0.897	0.869	0.859	0.932***	0.947	
BAR	6.51	1.540	0.976	0.891	0.850	0.845	0.916***	0.922***	0.944

Note: BAV represents Buddhist Aesthetics Value; BAA represents Buddhist Aesthetics Acumen; BAR represents Buddhist Aesthetics Response; * p<0.1; ** p<0.05; *** p<0.01.　, Buddhist aesthetic appreciation and antecedents are seldom empirically discussed in prior research.

5. Discussion, Conclusions, and Limitations

Buddhist aesthetics, as a profound intrinsic value of pleasure, play a significant role in increasing awareness to the present, decreasing negative feelings, and refreshing the mind, which has continually attracted scholars to shed light on its influential effects (Thompson 2018). It is a frequent phenomenon in countries with Buddhist culture. Indeed, different emerging fields, such as design (Song et al. 2018) and psychotherapy (Cormack et al. 2018), have realized that the Buddhist aesthetic experience tends to positively enhance mental spirituality and 'inner' pleasure (Shimamura and Palmer 2011; Thompson 2018). Its aesthetic nature drew on the underlying laws of Buddhist thoughts; however, still lacks empirically exporting and validating the antecedents (Inada 1994). Though some individual component or factor deriving from Buddhist aesthetics, such as inner peace (Lee et al. 2013) and emptiness (Pelowski 2012), have been developed and exploited in the previous studies, a holistic construct of Buddhist aesthetics remains ambiguous and lacks a pragmatically useable measure.

5. 讨论过程、结果和局限性

佛教美学作为一种思想渊博的内在愉悦价值，可以提高人们对现实的理解，减少负面情绪和净化心灵，不断吸引着学者们揭示它的潜在影响力（Thompson 2018）。它是长久存在于受佛教文化影响的国家。事实上，许多新兴研究领域，如设计（Song et al.2018）和心理治疗（Cormack et al.1188），已经意识到佛教审美经验倾向于积极地增强心理灵性和‘内在’愉悦（Shimamura和Palmer 2011；汤普森2018年）。它的审美本质借鉴了佛教思想的基本规律；然而，它仍缺乏实证性的相关验证前因（Inada 1994）。虽然在过去的研究中已经开发并利用了一些源自佛教美学的个体成分或因素，如内心的平静（Lee et al.2013）和空灵感（Pelowski 2012），但佛教美学的整体构面仍然含糊不清，缺乏实用的测量措施。

In order to get a better understanding of Buddhist aesthetics, the current study fills this gap by developing and validating a Buddhist aesthetics scale. Regarding this, this study has several theoretical contributions. To begin with, it is the first development and validation of a measurement scale of Buddhist aesthetics. To date, Buddhist aesthetics have only been qualitatively explored in different contexts. This study provides a quantitative way to measure the perception of Buddhist aesthetics, at least for the impact of the aesthetic pleasure elicited by Buddhist artworks and objects. Second, it contributes to the Buddhist aesthetics literature by exploring its antecedents and the relationship between each construct since it extends the scope of previous researches which are mainly discussed from the perspective of inner peace or inner pleasure, rather than from a holistic perspective. Also, this study has some practical implications. For example, it can be utilized in measuring the Buddhist aesthetics as a determinant in relevant practices, such as religious psychotherapy, cognitive engineering, and business.

为了更好地理解佛教美学，本研究通过制作和验证佛教美学量表来填补这一缺口。对此，本研究有几个理论贡献。首先，它是佛教美学测量量表的第一次开发和验证。迄今为止，佛教美学只是在不同的背景下进行了定性探索。本研究提供了一种量化方法来衡量佛教美学的感知度，至少是对佛教艺术品和物品引起的审美愉悦的感知影响。其次，它通过探索佛教美学的相关验证前因和每个构面之间的关系来促进佛教美学研究，因为它扩展了以往研究的范围，即主要从内心平静或内心愉悦的角度进行讨论，而不是从整体的角度进行研究。此外，这项研究还有一些实用意义。例如，它可以用来衡量佛教美学作为相关实践的决定因素，如宗教心理治疗，认知工程和商业开发等等。

To specify, this study has explored the relevant constructs and factors by reviewing previous literature and studies. Finally, three prominent determinants have been revealed, namely, Buddhist aesthetics value, Buddhist aesthetics acumen, and Buddhist aesthetics response (see Table 1). Total of fifteen items has been found valid and reliable to measure these three determinants. These items were tested to be reliable, valid and generalizable. Therefore, this scale tends to capture a holistic measurement for objects associated with the aesthetic pleasure of Buddhism, ranging from experiential cognition to behavior level.

为了说明，本研究通过回顾以前的文献和研究，探索了相关的构面和因素。最后，揭示了三个突出的决定因素，即佛教美学价值，佛教美学敏锐度和佛教美学反应（见表1）。已经发现总共十五个项目对于测量这三个决定因素是有效和可靠的。这些项目经过测试，可靠，有效且可推广。因此，这种尺度倾向于捕捉与佛教审美愉悦相关的物体的整体测量，从经验认知到行为水平。

The scale developed in this study has been aimed to measure the immediate perceptions when observing an object and is, however, not necessarily restricted to use in the visual condition solely. Since it measures the Buddhist aesthetic experience and pleasure as such, it could, therefore, tend to be operated to capture the consequent perceptions of various kinds of other multimodal instances, whether they are a Buddhist poem, a Buddhist song, or a Buddhist movie clip. Studies in other diverse fields are encouraged to test its generalizability further.

本研究中开发的量表旨在测量观察物体时的直接感知，但不一定仅限于在视觉条件下使用。由于它可以衡量佛教的审美经验和愉悦度，因此，它可以被用来捕捉各种其他多模式的感知效应，无论是佛教诗歌，佛教音乐还是佛教电影片段。我们鼓励其他不同领域的研究进一步测试其通用性。

Conceptually, Buddhist aesthetics has been argued as concrete and singular senses in this study. From a practical perspective, however, as a latent construct, it cannot be directly and objectively observed. Consequently, choosing more items from our scale would be more effective and accurate to capture a holistic construct of Buddhist aesthetics.

从概念上讲，佛教美学在这项研究中被认为是具体而独特的感觉。然而，从实际的角度来看，作为潜在的构面，不能直接和客观地观察它。因此，从我们的量表中选择更多的项目将更有效和准确地捕捉佛教美学的整体构面。

This study has some limitations. Firstly, this scale has been validated only in the context of an Asian country, to be specific, China. The Buddhist diversity, nevertheless, should be taken into considerations in further studies as scholars have noted that the thinking and practices of Buddhism are prominently different across regions (Padgett 2000; Prebish and Baumann 2013). Moreover, it would be theoretically significant to compare the difference in the perceptions across different Buddhist regions. Secondly, the validity of the scale in different languages remains ambiguous. Additional studies are needed to test the generalizability when translating the scale into different languages.

这项研究存在一些局限性。首先，本量表只是在亚洲国家，具体来说是在中国的背景下，得到了验证。然而佛教的多样性应该在进一步的研究中加以考虑，此前学者们已经注意到佛教的思想和实践在不同地区之间存在显著差异（Padgett 2000; Prebish and Baumann 2013）。此外，比较不同佛教地区的观念差异在理论上也具有重要意义。其次，本量表在不同语言翻译下的有效性仍然有待确认。在将本量表翻译成不同语言时，需要进行额外的研究来测试其通用性。

Author Contributions: Conceptualization, research design, formal Analysis writing-review & editing, Z.Q.; Data collection, methodology and data Processing, data Curation Y.S.

Funding: This research received no external funding.

Conflicts of Interest: The authors declare no conflict of interest.

References 参考文献

1.A.Helman-wazny, E Pakhoutova; 2012. Tools of Persuasion: The Art of Sacred Books. Orientations Magazine 43 (2): 124-29.

2. Adorno, Theodor W. 2004. Aesthetic Theory. A&C Black. A&C Black, 416.

3. Friederike Assandri. 2019. Conceptualizing the Interaction of Buddhism and Daoism in the Tang Dynasty: Inner Cultivation and Outer Authority in the Daode Jing Commentaries of Cheng Xuanying and Li Rong. Religions 10 (1). Multidisciplinary Digital Publishing Institute: 66.

4. Bahm, Archie J. 1957. Buddhist Aesthetics. The Journal of Aesthetics and Art Criticism 16 (2): 249-52.

5.Bloch, Peter H., Frédéric F. Brunel, and Todd J. Arnold. 2003. Individual Differences in the Centrality of Visual Product Aesthetics: Concept and Measurement. Journal of Consumer Research 29 (4): 551-65.

6. Brown, Kendall H. 2019. Japanese Gardens and Landscapes, 1650-1950 by Wybe Kuitert. The Journal of Japanese Studies 45 (1). Society for Japanese Studies: 204-9.

7. Bychkov, Oleg. 2019. 'He Who Sees Does Not Desire to Imagine': The Shifting Role of Art and Aesthetic Observation in Medieval Franciscan Theological Discourse in the Fourteenth Century. Religions 10 (3): 205.

8.Churchill, Gilbert A. 1979. A Paradigm for Developing Better Measures of Marketing Constructs. Journal of Marketing Research 16 (1): 64.

9. Cooper, David E. 2017. Buddhism, Beauty and Virtue. In Artistic Visions and the Promise of Beauty, 125-37. Springer, Cham.

10. Cormack, Dulcie, Fergal W. Jones, and Michael Maltby. 2018. A 'Collective Effort to Make Yourself Feel Better': The Group Process in Mindfulness-Based Interventions. Qualitative Health Research 28 (1): 3-15.

11. Dam, Nicholas T Van, Marieke K van Vugt, David R Vago, Laura Schmalzl, Clifford D Saron, Andrew Olendzki, Ted Meissner, et al. 2018. Mind the Hype: A Critical Evaluation and Prescriptive Agenda for Research on Mindfulness and Meditation. Perspectives on Psychological Science 13 (1):

36-61.

12.DeVellis, Robert F. 2017. Scale Development : Theory and Applications. Edited by Sage Publications. 16thed. Sage Publications.

13.Dewey, John. 2005. Art As Experience. Berkley Pub. Group.

14.Fornell, Claes, and David F. Larcker. 2006. Structural Equation Models with Unobservable Variables and Measurement Error: Algebra and Statistics. Journal of Marketing Research 18 (3): 382.

15.Garrett, Stephen M. 2012. Theological Aesthetics. The Encyclopedia of Christian Civilization, no. November 2011: 1-3.

16.Gerbing, David W., and James C. Anderson. 1988. An Updated Paradigm for Scale Development Incorporating Unidimensionality and Its Assessment. Journal of Marketing Research 25 (2): 186-92.

17.Gheorghe, Huza, Gheorghe, and Huza. 2018. The Psychometric Properties of a Romanian Version of the Centrality of Religiosity Scale (CRS 15). Religions 10 (1). Multidisciplinary Digital Publishing Institute: 11.

18.Groeneveld, Richard A., and Glen Meeden. 1984. Measuring Skewness and Kurtosis. The Statistician 33 (4): 391.

19.Guang, Xing. 2013. Buddhist Impact on Chinese Culture. Asian Philosophy 23 (4). Routledge : 305-22.

20.Hallman, Ralph J. 2006. The Art Object in Hindu Aesthetics. The Journal of Aesthetics and Art Criticism 12 (4): 493.

21.Hekkert, Paul, T. W. Allan Whitfield, Lin-Lin Chen, Helmut Leder, Janneke Blijlevens, and Clementine Thurgood. 2017. The Aesthetic Pleasure in Design Scale: The Development of a Scale to Measure Aesthetic Pleasure for Designed Artifacts. Psychology of Aesthetics, Creativity, and the Arts 11 (1): 86-98.

22.Hooper, D, Joseph Coughlan, and Michael Mullen. 2008. Structural Equation Modelling: Guidelines for Determining Model Fit. Electronic Journal of Business Research Methods. Electronic Journal of Business Research Methods 6 (1): 53-59.

23.Huang, Chun-Che, Yu-Min Wang, Tsin-Wei Wu, and Pei-An Wang.

2013. An Empirical Analysis of the Antecedents and Performance Consequences of Using the Moodle Platform. International Journal of Information and Education Technology 3 (2): 217–21.

24.Hummel, Leonard M. 2010. Handbook of Religion and Mental Health. The Journal of Clinical Psychiatry 61 (10). Academic Press: 789.

25.Inada, Kenneth K. 1994. The Buddhist Aesthetic Nature: A Challenge to Rationalism and Empiricism. Asian Philosophy 4 (2): 139–50.

26.Kim, Sungwon. 2017. Development and Validation of a Scale for Christian Character Assessment of University Students. Religions 8 (5). Multidisciplinary Digital Publishing Institute: 82.

27. Kraft, Kenneth Lewis. 1992. Inner Peace, World Peace: Essays on Buddhism and Nonviolence. SUNY Series in Buddhist Studies. State University of New York Press.

28.Kyle, M, and C William. 2016. Scale Development and Factor Structure Confirmation of Constructs within Durkheim's Theoretical Framework of Emotional Solidarity. Travel and Tourism Research Association 34 (34).

29. Lee, Sangwon, and Richard J. Koubek. 2010. Understanding User Preferences Based on Usability and Aesthetics before and after Actual Use. Interacting with Computers 22 (6): 530–43.

30.Lee, Lin, Huang, and Fredrickson. 2013. The Construct and Measurement of Peace of Mind. Journal of Happiness Studies 14 (2). Springer Netherlands: 571–90.

31.Li, Miao, Yun Lu, Fenggang Yang, Miao Li, Yun Lu, and Fenggang Yang. 2018. Shaping the Religiosity of Chinese University Students: Science Education and Political Indoctrination. Religions 9 (10). Multidisciplinary Digital Publishing Institute: 309.

32.Lim, Hui, Lim, and Hui Ling. 2019. Environmental Revolution in Contemporary Buddhism: The Interbeing of Individual and Collective Consciousness in Ecology. Religions 10 (2). Multidisciplinary Digital Publishing Institute: 120.

33. Long, Jeffery. 2019. Religious Experience, Hindu Pluralism, and

Hope: Anubhava in the Tradition of Sri Ramakrishna. Religions 10 (3): 210.

34.Lucas, Michael. 2018. The Need for and Nature of Buddhist Economics. In , 205–21. Springer, Cham.

35.Male, Emile. 2018. The Gothic Image. Routledge.

36.McRoberts, Omar M. 2004. Beyond Mysterium Tremendum: Thoughts toward an Aesthetic Study of Religious Experience. Annals of the American Academy of Political and Social Science 595 (1): 190–203.

37.Meyer, B. 2010. Aesthetics of Persuasion: Global Christianity and Pentecostalism's Sensational Forms. South Atlantic Quarterly 109 (4): 741–63.

38.Meyer, Birgit. 2006. Religious Sensations: Why Media, Aesthetics and Power Matter in the Study of Contemporary Religion. In Inaugural Lecture. New York: Fordham University Press.

39. Milligan, and Matthew D. 2018. Corporate Bodies in Early South Asian Buddhism: Some Relics and Their Sponsors According to Epigraphy. Religions 10 (1). Multidisciplinary Digital Publishing Institute: 4.

40.Padgett, Douglas. 2000. 'Americans Need Something to Sit On,' or Zen Meditation Materials and Buddhist Diversity in North America. Journal of Global Buddhism 1 (1): 61–81.

41.Parsons, M. J. 1987. How We Understand Art: A Cognitive Developmental Account of Aesthetic Experience. – PsycNET. New York: Cambridge University Press.

42.Patnaik, Priyadarshi. 2017. The 'Aesthetic in Everyday Life': An Exploration Through the Buddhist Concept of Vikalpa. 237–50. Springer, Cham.

43.Pelowski, Matthew. 2012. Satori, Koan and Aesthetic Experience: Exploring The 'Realization Of Emptiness' In Buddhist Enlightenment Via An Empirical Study Of Modern Art. Psyke & Logos 2 (2): 236–68.

44.Prebish, Charles S., and Martin Baumann. 2013. Westward Dharma: Buddhism beyond Asia. Choice Reviews Online 40 (11). University of California Press: 40–6368–40–6368..

45. Prohl, Inken. 2010. Religious Aesthetics in the German-Speaking

World Central Issues, Research Projects, Research Groups. Material Religion 6 (2): 237–39.

46. Ramachandran, V. S., & Hirstein, W. 1999. The Science of Art: A Neurological Theory of Aesthetic Experience. Journal of Consciousness Studies 6 (6–7): 15–51.

47. Roemer, Lizabeth, and Kim L Gratz. 2004. Multidimensional Assessment of Emotion Regulation and Dysregulation: Development, Factor Structure, and Initial Validation of the Difficulties in Emotion Regulation Scale. Journal of Psychopathology and Behavioral Assessment 30 (4): 41–54.

48. Schopen, Gregory. 2006. The Buddhist 'Monastery' and the Indian Garden: Aesthetics, Assimilations, and the Siting of Monastic Establishments. Journal of the American Oriental Society 126 (4): 487–505.

49. Shimamura, Arthur P., and Stephen E. Palmer. 2011. Aesthetic Science :Connecting Minds, Brains, and Experience. Oxford University Press.

50. Song, Xiao, Zhaoqi Wu, Li Ouyang, and Jei Ling. 2018. Influence of Song Porcelain Aesthetics on Modern Product Design. 166–74. Springer, Cham.

51. Tabachnick, Barbara G., and Linda S. Fidell. 1996. Using Multivariate Statistics. Harper Collins, 980.

52. Thompson, Geoffrey. 2018. Aesthetic Experience and Mindfulness. Human Science Perspectives 2 (1): 18–32.

53. Vera, Vicente, Carmen Ávila, Vicente Jara Vera, and Carmen Sánchez Ávila. 2017. Four Versions of the Christus by the Massys: Deciphering the Meaning of the Letters. Religions 8 (2). Multidisciplinary Digital Publishing Institute: 19.

54. Voyce, Malcolm. 2015. From Ethics to Aesthetics: A Reconsideration of Buddhist Monastic Rules in the Light of Michel Foucault's Work on Ethics. Contemporary Buddhism 16 (2): 299–329.

55. Wang, Dianhong. 1987. Overview of Buddhist aesthetic studies in recent years. Journal of Central China Normal University: Humanities and Social Sciences Edition, 1987(4):98–102., no. 4: 98–102.

56. Wang, and Weng. 2002. Evaluating the Use of Exploratory Factor Analysis in Taiwan: 1993-1999. Chinese Journal of Psychology. 44 (2): 239-51.

57.Wanzer, Dana Linnell, Kelsey Procter Finley, Steven Zarian, and Noreen Cortez. 2018. Experiencing Flow While Viewing Art: Development of the Aesthetic Experience Questionnaire. Psychology of Aesthetics, Creativity, and the Arts.

58.Winchester, Daniel. 2017. 'A Part of Who I Am' : Material Objects as 'Plot Devices' in the Formation of Religious Selves. Journal for the Scientific Study of Religion 56 (1): 83-103.

59.Workman, Jane E., and Lark F. Caldwell. 2007. Centrality of Visual Product Aesthetics, Tactile and Uniqueness Needs of Fashion Consumers. International Journal of Consumer Studies 31 (6): 589-96.

60. Wu, Freeman, Adriana Samper, Andrea C. Morales, and Gavan J. Fitzsimons. 2017. It's Too Pretty to Use! When and How Enhanced Product Aesthetics Discourage Usage and Lower Consumption Enjoyment. Journal of Consumer Research 44 (3): 651-72.

61.Zhang, Xiaoling. 1988. The Formation and Transformation of the Aesthetic Characteristics of Chinese Buddhist Art, no. 1: 80-86.

收敛和判别有效性都被认为是构面有效性的子类别或子类型。

对于量表的制作来说，适应范围通常是需要明确讨论的。

一般来说研究局限性可以从以下方面考虑：样本特征局限、方法局限，心理测量上的局限，定性研究的局限，缺失数据，规模简单，难以控制所有变量等等。

附录　研究成果整理汇总

在完成整个研究之后，研究人员还需面对痛苦的论文撰写过程。

一、准备阶段

某种程度而言，论文的撰写与发表是一项非常专业的工作，需要清晰地规划与执行。因此，大部分有经验的学者都会建议在开始动笔之前先确定目标投稿期刊。其中的原因在于即使是同一个领域的学术期刊，录用稿件的标准也会大相径庭。因此，在动笔之前，研究者可以登录浏览目标期刊官方网站阅读以下内容：

1.阅读期刊的收稿范围。

一般来说，期刊都会明确列出自己的稿件需求。研究者可以自己研读，考虑自己的研究是否契合。

2.文章类型。

每个期刊收录的稿件类型也有所不同，研究者可以查看期刊文章类型，确定自己需要撰写全长论文（Full length）、简短论文（Short paper），或是综述文章（Review）。

①全长论文：一篇完整的文章是一个更加彻底，深入的研究，可以独立存在。通过正交技术报告和验证主要发现。

②简短论文：适用于正处在研究进行中的重大研究项目的简要报告，或是小规模的实验论文。

③综述文章：总结概述目前对某个主题的研究状况的文章。综述文章

调查并总结以前发表的研究，而不是报告原创的研究或分析。

3. 检查期刊的审核和发表时间。

有一些期刊会在文章中标记审稿时间，研究者可以根据自己的时间安排选择目标期刊。

4. 阅读或下载作者指南。

在确定自己的研究内容契合之后，研究者需要找到期刊网站中的作者指南，一定要按照期刊要求的格式撰写文稿。

二、成果描述

1. 时态。

使用现在完成时态介绍此前的相关研究时，可以凸显研究的“新近度”或“时效性”。例如：

This has been highlighted by a number of authors over the course of design research history, including Dorst (2008), Blessing and Chakrabarti (2009) and others (Finger and Dixon, 1989a, 1989b, Reich, 1994, 1995).

用过去时态描述所做的事情（比如研究方法部分）。在方法部分，习惯上使用简单过去时的形式来描述研究中所做的事情，通常使用被动语态，例如：

The final selection of the participants was used as the dependent variable.

在结果部分中，使用过去时来详细说明您获得的结果，例如：

The transcriptions were segmented into short phrases, and a total of 559 segments were identified(Nazli Cila, Paul Hekkert, 2014).

用现在时描述数字、表格和图表。

现在时态来解释研究结果的重要性。在讨论部分，需要使用现在时态解释研究结果的学术贡献。例如：

A good user-testing engineer must understand the points in the development cycle at which certain methods should be used to address particular problems, and convince development teams of the general value of data collected through user testing.

最后使用时态的组合突出过去的研究和未来的研究方向。在论文或报告的最后一部分，需要总结研究的主要发现和主要含义、指出局限性、并为未来的研究提供建议。可以使用时态的组合来描述。

The limitations of this research include that the suggested strategies are based solely on the responses from the interviews.

2.句式。

学术文章的拘束应尽可能清晰、简明地报告研究者的发现和结论。尽量避免不必要的单词或短语，保持简单。以下列举了一些常用句式结构供研究者参考（Wallwork，2016）：

①阐述当前研究的重要性。

X is recognized as being / believed to be / widely considered to be the most important ...

X被认为是/被认为是/被广泛认为是最重要的……

It is well known / generally accepted / common knowledge that X is ...

众所周知/普遍接受/常识X是……

X is increasingly becoming / set to become a vital factor in ...

X越来越多地成为/成为……的重要因素。

Xs are undergoing a revolution / generating considerable interest in terms of ...

Xs正在经历一场革命/产生相当大的兴趣……

Xs are attracting considerable / increasing / widespread interest due to ...

由于……，Xs吸引了相当大的/越来越多的广泛兴趣。

X has many uses / roles / applications in the field of ...

X在……领域有许多用途/角色/应用程序

②概述研究话题的研究历史（并不是具体的列举相关研究）。

Scientists / Researchers / Experts have always seen X as ...

Until now / For many years / Since 1993 Xs have been considered as ...

X has received much attention in the last two years / in the past decade / over the last two decades ... For the past five years / Since 2011 there has been a rapid rise in the use of Xs

The past decade / last year has seen a renewed importance in X ...

X has become a central / an important / a critical issue in ...

③点明此前研究的缺口。

A basic / common / fundamental / crucial / major issue of ...

……的基本/共同/基本/关键/重大问题

Many hypotheses regarding X appear to be ill-defined / unfounded / not well grounded / unsupported / questionable / disputable / debatable

关于X的许多假设似乎是不明确的/没有根据的/没有良好的基础/不支持/可疑/有争议/有争议的

The characteristics of X are not well understood / are misunderstood / have not been dealt with in depth.

X的特征未被充分理解/被误解/未得到深入处理。

④陈述本研究论文的目标和贡献。

This paper examines / seeks to address / focuses on / discusses / investigates how to solve ...

本文探讨/寻求解决/关注/讨论/研究如何解决……

The present paper aims to validate / call into question / refute Peng's findings regarding ...

本文旨在验证/质疑彭先生关于……的调查结果。

This paper calls into question / takes a new look at / re-examines / revisits / sheds new light on ... With this in mind / Within the framework of these criteria / In this context we tried to ...

本文提出质疑/重新审视/重新审视/揭示新的亮点……考虑到这一点/在这些标准的框架内/在此背景下，我们试图……

We undertook this study / initiated this research / developed this methodology to ...

我们进行了这项研究/启动了这项研究/开发了这种方法……

We believe that we have found / developed / discovered / designed an innovative solution to ...

我们相信我们已经找到/开发/发现/设计了一种创新的解决方案……

⑤解释关键概念。

The term ‘X’ is generally understood to mean / has come to be used to refer to / has been applied to ...

术语“X”通常被理解为/已经被用于指代/已经应用于……

In the literature, X usually refers / often refers / tends to be used to refer to ...

在文献中，X通常指/经常指/倾向于用来指……

X is defined by XXX （1990）to refer to / to mean ...

X由XXX （1990）定义，用于表示/表示……

XXX（2015）has provided / put forward / proposed a new definition of X, in which ...

XXX（2015）提供/提出/提出了X的新定义，其中……

X is defined / identified / described as ...[XXX 2004].

X被定义/识别/描述为……[XXX 2004]。

In the literature there seems to be no general definition of X / a general definition of X is lacking /there is no clear definition of X.

在文献中似乎没有X的一般定义/缺乏X的一般定义/没有明确的X定义。

In broad / general terms, X is / can be defined as a way to ...

在广义/一般术语中，X是/可以定义为……的方式

The broad / general / generally accepted use of the term X refers to ...

广泛/一般/普遍接受的术语X的使用是指……

X is sometimes equated with / embodies a series of ...

X有时等同于/体现了一系列……

X, Y and Z are three kinds / types / categories / classes of languages.

X，Y和Z是三种/类型/类别/类别的语言。

⑥描述本文的结构。

This paper is organized as follows / divided into five sections.

本文的结构如下/分为五个部分。

The first section / Section 1 gives a brief overview of ...

第一部分/第1部分简要介绍了……

The second section examines / analyses ...

第二部分检查/分析……

In the third section a case study is presented / analyzed ...

在第三部分中，提出/分析了一个案例研究……

We / I propose a new procedure in Section 4.

我们/我在第4节提出了新的程序。

Some / Our conclusions are drawn in the final section.

一些/我们的结论在最后一节中得出。

This paper / chapter / section / subsection begins by examining ...

本文/章节/章节/小节从检查……开始

Problems / Questions / Issues regarding X are discussed in later sections.

有关X的问题/问题/问题将在后面的章节中讨论。

A discussion of Y is / falls outside the scope of this paper.

对Y的讨论不属于本文的范围。

⑦回顾后续和更近期的文献。

XXX and co-workers （2011） measured / calculated / estimated ...

XXX和同事（2011）测量/计算/估计……

In [67] the authors investigated / studied / analyzed ...

在[67]作者调查/研究/分析……

A recent review of the literature on this topic / subject / matter / area 〔2012〕 found that ...

最近对该主题/主题/问题/领域〔2012〕的文献进行了审查，发现……

Several studies, for example / instance [1], [2], and [6], have been carried out / conducted /performed on X.

已经在X上进行了几项研究，例如/实例[1]，[2]和[6]。

More recent evidence [XXX, 2013] shows / suggests / highlights / reveals / proposes that ...

最近的证据[XXX，2013]显示/建议/亮点/揭示/提出……

It has now been suggested / hypothesized / proposed / shown / demonstrated that ... [XXX 2010] Many attempts have been made [XX 2009, XXXXX 2010, XX 2011] in order to / with the purpose of /aimed at ...

现在已经建议/假设/提议/显示/证明……[XXX 2010]已经进行了许多尝试[XX 2009，XXXXX 2010，XX 2011]，目的是/旨在……

⑧直接陈述此前研究。

In her analysis / review / overview / critique of X, XXXX [2] questions the need for ...

在她对X的分析/评论/概述/批评中，XXXX [2]质疑……的必要性

In his introduction to / seminal article on / investigation into X, XX [3] shows that ...

在他的介绍/开篇文章/调查X，XX [3]表明……

XX [4] developed / reported on a new method for X and concluded that ...

XX [4]开发/报告了X的新方法并得出结论……

XXX's group [5] calls into question some past assumptions / hypotheses / theories about X. Burgess [6], an authority on X, notes / mentions / highlights / states / affirms that ...

XXX的小组[5]质疑过去关于X的一些假设/假设/理论.Burgess [6]，X的权威，注释/提及/亮点/州/肯定……

He traces the advances in / development of / history of / evolution of X

他追溯了X的发展历史/进化历史

They draw our attention to / focus on X.

他们将注意力集中在X上

They make / draw a distinction between ...

他们在……之间做出区分

He claims / argues / maintains / suggests / points out / underlines that ...

他声称/辩称/维持/暗示/指出/强调……

She concludes / comes to the conclusion / reaches the conclusion that ...

她总结/得出结论/得出结论……

She lists / outlines / describes / provides several reasons for ...

她列出/概述/描述/提供了几个理由……

⑨解释所采用的研究方法。

We chose this particular apparatus because / on account of the fact that / due to / since ...

我们之所以选择这种特殊的设备，是因为/由于/由……

It was decided that the best procedure / method / equipment for this investigation / study was to ...An X approach was chosen / selected in order to ...

决定这项调查/研究的最佳程序/方法/设备是……选择/选择X方法以便……

The design of the X was based on / is geared towards ...

X的设计基于/面向……

We opted for / chose a small sample size because / due to / on the basis of ...

我们选择/选择了一个小样本，因为/由于/基于……

By having / By exploiting / Through the use of X, we were able to ...

通过利用/通过使用X，我们能够……

Having an X enabled us to / allowed us to / meant that we could do Y.

有一个X使我们/允许我们/意味着我们可以做Y.

⑩陈述研究发现。

There was a significant positive / no correlation between ...

……之间存在显著的正相关/无相关性

This result is significant only / exclusively at an X level.

该结果仅在X级别上是显著的。

Further analysis / analyses / tests / examinations / replications showed that ...

进一步的分析/分析/测试/检查/复制表明……

⑪陈述本研究发现与此前文献研究结果一致。

Our experiments confirm / corroborate / are in line with / are consistent with previous results [XXX, 2009].

我们的实验证实/证实/符合以前的结果/ [XXX, 2009]。

This is in good agreement / in complete agreement / consistent with ...

这是完全一致/完全一致/与……一致

This fits / matches / concurs well with [65] and also confirms our earlier / previous findings [39, 40, 41].

这符合/匹配/同意[65]并且也证实了我们之前/之前的发现[39,40,41]。

This confirms / supports / lends support to / substantiates previous findings in the literature ... These values correlate favorably / satisfactorily / fairly well with XXX 〔2009〕 and further support the idea / role / concept of ...

这证实/支持/支持/证实文献中的先前发现……这些价值与XXX 〔2009〕有利/令人满意/相当好地相关，并进一步支持……的想法/作用/概念。

Our results share / have a number of similarities with XXX et al.'s 〔2012〕 findings ...

我们的结果与XXX等人的〔2012〕研究结果共享/有许多相似之处……

⑫陈述研究结果与此前研究的比较。

In contrast to / contradiction with earlier findings [XXX, 2009], we ...

与之前的调查结果相反/相矛盾[XXX，2009]，我们……

This study has not confirmed previous research on X. However / Nevertheless / Despite this, it serves to ...

这项研究尚未证实以前对X的研究。然而/尽管如此/尽管如此，它还有助于……

⑬描述研究的局限性。

Our work clearly has some limitations. Nevertheless / Despite this we believe our work could be the basis / a framework / a starting point / a springboard for X.

我们的工作显然有一些局限性。尽管如此/尽管如此，我们相信我们的工作可以成为X基础/框架/起点/跳板。

Despite the fact that there are / In spite of the fact that / Although there are limitations due to Y, we ...

尽管有/尽管事实上/虽然由于Y有限制，但我们……

The most important limitation lies in / is due to / is a result of the fact that ...

最重要的限制在于/是由于/是……的结果

The current study was limited by / unable to / not specifically designed to...

目前的研究受到/无法/非专门设计的限制……

The present study has only investigated /examined X. Therefore / Consequently ...

本研究仅调查/检验了X.因此/因此……

The project / analysis / testing / sampling was limited in several ways. First ...

项目/分析/测试/抽样在几个方面受到限制。首先，……

Finally, a number of potential limitations / weaknesses / shortfalls / shortcomings / weak points need to be considered. First ...

最后，需要考虑一些潜在的限制/弱点/不足/缺点/弱点。首先，……

However, given the small sample size, caution must be exercised / taken / used / applied.

但是，由于样本量较小，必须谨慎行事/采取/使用/应用。

⑭概括研究结果的应用方向。

This study is the first step / has gone some way towards enhancing our understanding of ...

这项研究是第一步/已经在某种程度上加强了我们对……的理解

These observations have several / three main / many implications for research into ...

对于……的研究，这些观察有几个/三个主要/很多影响。

This work has revealed / shown / highlighted / demonstrated / proved that ...

这项工作已经揭示/显示/突出显示/证明/证明……

⑮描述未来的研究方向。

To further our research we plan / are planning / intend to ...

为了进一步研究，我们计划/计划/打算……

Future work will concentrate on / focus on / explore / investigate / look into ...

未来的工作将集中于/关注/探索/调查/研究……

Further studies, which take X into account, will need to be undertaken / performed.

需要进行/执行进一步的研究，其中考虑到X.

We hope that further tests will prove our theory / confirm our findings.

我们希望进一步的测试能证明我们的理论/确认我们的研究结果

These topics are reserved for / deferred to future work.

这些主题将保留/延迟到将来的工作中。